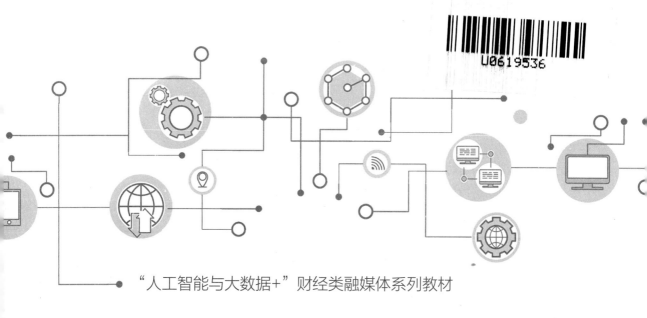

"人工智能与大数据+"财经类融媒体系列教材

FUNDAMENTALS OF FINANCE
AND TAXATION

财税基础

颜仕文　张雯淼　刘佳丽 ◎主编

安　文　王小雨　刘一璇　高浩楠　陈　怡 ◎副主编

ZHEJIANG UNIVERSITY PRESS
浙江大学出版社
·杭州·

图书在版编目（CIP）数据

财税基础 / 颜仕文，张雯淼，刘佳丽主编. -- 杭州 ：
浙江大学出版社，2024. 11. -- ISBN 978-7-308-25457-1

Ⅰ. F810

中国国家版本馆 CIP 数据核字第 2024M5L623 号

财税基础
CAISHUI JICHU

颜仕文　张雯淼　刘佳丽　主编

策划编辑	李　晨
责任编辑	高士吟
责任校对	胡佩瑶
封面设计	春天书装
出版发行	浙江大学出版社
	（杭州市天目山路148号　　邮政编码　310007）
	（网址：http://www.zjupress.com）
排　　版	杭州林智广告有限公司
印　　刷	杭州宏雅印刷有限公司
开　　本	787mm×1092mm　1/16
印　　张	16.75
字　　数	361千
版 印 次	2024年11月第1版　2024年11月第1次印刷
书　　号	ISBN 978-7-308-25457-1
定　　价	49.80元

P R E F A C E

前　言

  在当今快速发展变化的经济环境中，财税知识对于财经商贸类专业的学生来说，已经不再是会计专业的专属领域。非会计专业的学生同样需要具备一定的财税基础知识和技能，以更好地适应未来的职业挑战和自主创业的需求。正是基于这样的背景，我们编写了这本《财税基础》，旨在为非会计专业的学生提供一本全面、精练且实用的财税知识参考书。

  在深入学习贯彻党的二十大精神，特别是关于加快构建新发展格局、推动高质量发展的战略部署下，财税知识作为现代化经济体系的重要支撑，其重要性愈发凸显。党的二十大报告明确指出："必须完整、准确、全面贯彻新发展理念，坚持社会主义市场经济改革方向，坚持高水平对外开放，加快构建以国内大循环为主体、国内国际双循环相互促进的新发展格局。""健全现代预算制度，优化税制结构，完善财政转移支付体系。""加大税收、社会保障、转移支付等的调节力度。""完善个人所得税制度，规范收入分配秩序，规范财富积累机制，保护合法收入，调节过高收入，取缔非法收入。"[①]上述精神为我们编写本教材提供了根本遵循和时代要求。

  本教材作为财经商贸类专业新课标中的基础课程配套教材，主要面向高等职业教育财经商贸类非会计专业的学生和教师。同时，我们也充分考虑到一般读者和成人教育读者的需求，力求使内容既具有专业性又易于理解。在编写过程中，我们紧密结合财经商贸类专业的特点，从实际工作需求出发，采取了全新的编写方式。我们坚持面广、精练、够用的原则，力求在有限的篇幅内，系统地介绍非会计专业学生应知应会的经济法规、内控管理、纳税实务、会计基础、成本核算和财务分析等六个方面的内容。这是一次全新的尝试。

  本教材具有针对性和实用性。我们立足于非会计专业学生毕业后在自主创业或就业过程中所遇到的财税相关问题，逐一进行深入浅出的讲解。这不仅可以拓宽学生的知识面，也使他们能够在实际工作中更加得心应手。同时，我们还注重培养学生的实际操作能力，通过大量的案例分析和实践操作，使学生能够将所学知识运用到实际工作中去。此外，本教材还注重与时俱进，及时更新了最新的财税法规和政策。我们深知财税法规的变动性较大，因此在编写过程中，我们力求确保内容的时效性和准确

---

① 习近平.高举中国特色社会主义伟大旗帜 为全面建设社会主义现代化国家而团结奋斗：在中国共产党第二十次全国代表大会上的报告[N].人民日报，2022-10-26(1).

性，以便为学生提供最新的财税知识。

  本教材由临沂科技职业学院颜仕文、张雯淼，闽南理工学院刘佳丽担任主编，由临沂科技职业学院安文、王小雨、刘一璇、烟台城市科技职业学院高浩楠、湖南邮电职业技术学院陈怡担任副主编。具体分工如下：张雯淼编写项目一并负责书稿校对，刘佳丽编写项目二，安文编写项目三，王小雨和高浩楠编写项目四，颜仕文编写项目五并统筹全稿，刘一璇和陈怡编写项目六。临沂科技职业学院电子商务专业带头人苗娜副教授参与了本书的编写。财智未来（北京）教育科技有限公司山东省区总经理张永娟女士、济南思成网络科技有限公司总经理郑强先生为本教材的编写提供了大量的支持，在此对各位编者和合作企业表示诚挚的感谢！

  本教材是一本兼具专业性和实用性的参考书。它不仅能够满足财经商贸类非会计专业学生的学习需求，也能够为一般读者和成人教育读者提供有益的参考。我们相信，通过本教材的学习，学生能够更好地适应未来的职业挑战和自主创业的需求，为自己的未来发展打下坚实的基础。

  本教材涉及面广、内容繁多，尽管我们在教材的特色建设和内容取舍方面做了许多努力，但由于水平有限，难免会有疏漏和不妥之处，敬请广大读者批评指正。我们也期待广大读者在使用过程中提出宝贵的意见和建议，以便我们不断完善和提高教材的质量。

编者

2024 年 10 月

CONTENTS

目 录

项目五　应知应会的成本核算知识

项目六　应知应会的财务分析知识

◎ 学习目标

知识目标：

1. 了解包括合伙企业、公司等不同企业的类型及特征；

2. 理解不同企业的设立条件；

3. 了解企业注册的流程和相关要求；

4. 了解不同类型合同的特征和适用条件；

5. 掌握合同签订的过程；

6. 了解经济纠纷解决的途径和方法。

能力目标：

1. 能够在创业时根据自身实际情况选择合适的企业类型；

2. 能够分析不同类型合伙人在合伙企业中的责任和义务；

3. 能够界定股东在公司制企业中享有的权利和承担的责任；

4. 具备对合同的格式与内容进行审查的能力；

5. 能够按照合同订立的程序进行合同签订；

6. 能够在遇到经济纠纷时合理选择解决的途径和方式。

素质目标：

1. 具备合法合规意识，养成遵纪守法的习惯；

2. 具备诚实守约意识，依法履行经济合同；

3. 具有一定的创新创业意识；

4. 具有较强的使命感和责任心。

▣ 情境导入

赵磊在大学读书期间，学的是电子商务专业，毕业后决定自主创业。听说企业有很多不同的类型，他不知道该注册哪种类型的企业更适合创业，相关法律法规对此都有哪些规定？于是赵磊到当地的市场监督管理部门进行咨询。市场监督管理局的张科长对赵磊的困惑做了耐心的解答。

任务实施

任务一　企业类型及特征认知

张科长介绍,作为市场主体的企业有很多种类型,常见的企业类型包括个体工商户、个人独资企业、合伙企业、公司制企业等,其中合伙企业又分为普通合伙企业和有限合伙企业两种,公司制企业分为有限责任公司、股份有限公司等不同类型。

一、个人独资企业

(一)个人独资企业的概念

个人独资企业是指依据《中华人民共和国个人独资企业法》(以下简称《个人独资企业法》)在中国境内设立的,由一个自然人投资,财产为投资人个人所有,投资人以其个人财产对企业债务承担无限责任的经营实体。

所谓"无限责任",是指当企业的资产不足以清偿其到期债务时,投资人应将其个人的全部财产用于清偿。例如,王某投资设立甲个人独资企业,现甲企业欠乙企业到期债务100万元,应当先以甲企业的财产清偿:假定甲企业有财产200万元,应以甲企业的财产清偿乙企业100万元;假定甲企业仅有财产20万元,亦应先以甲企业的20万元清偿乙企业,不足清偿部分,投资人王某应以其他个人财产清偿。无限责任属于补充责任,应当先企业后个人。

个人独资企业符合我国"大众创业、万众创新"的发展政策,可以更好地激活经济,丰富国民经济形态,促进就业。

(二)个人独资企业的特征

1.个人独资企业的投资者仅为一个自然人

在我国,能够作为民事主体的有自然人、法人和其他组织。个人独资企业的投资人仅为一个自然人,因此对企业出资多少、是否追加投资或减少投资、采取什么样的经营方式等事项均由投资人一人决定。

2.个人独资企业不具有法人资格

尽管个人独资企业有自己的名称或商号,并以企业名义从事经营行为和参加诉讼活动,但它不具有独立的法人地位。其一,个人独资企业本身不是财产所有权的主体,不享有独立的财产权利;其二,个人独资企业不独立承担债务责任,而是由投资人对企业债务承担无限责任。与此同时,如果投资人在申请企业设立登记时明确以家庭共有财产作为个人出资的,应当依法以家庭共有财产对企业债务承担无限责任。

3.个人独资企业组织结构简单

个人独资企业的内部机构设置简单,经营管理方式灵活。个人独资企业的投资人既可以是企业的所有者,又可以是企业的经营者。尽管个人独资企业有时会聘用经理或其他职员,但其投资者对企业的经营管理拥有绝对的控制权,有权决定企业的停业、关闭等事项。

小贴士

自然人与法人的区别

自然人是基于自然规律出生、生存的人，具有一国国籍的自然人称为该国的公民。所谓法人，是具有民事权利能力和民事行为能力，依法独立享有民事权利和承担民事义务的组织。简言之，法人是具有民事权利主体资格的社会组织。因此法人作为民事法律关系的主体，是与自然人相对应的。

两者相比较有不同的特点：

第一，法人是社会组织在法律上的人格化，是法律意义上的"人"，而不是实实在在的生命体，其依法产生和消亡；自然人的生老病死依自然规律进行，具有自然属性，而法人不具有这一属性。

第二，虽然法人、自然人都是民事主体，但法人是集合的民事主体，即法人是一些自然人的集合体；相比之下，自然人则是以个人本身作为民事主体的。

第三，法人的民事权利能力、民事行为能力与自然人也有所不同。根据《中华人民共和国民法典》第五十七条、第五十八条的规定，法人必须同时具备四个条件，缺一不可，包括依法成立，有必要的财产和经费，有自己的名称、组织结构和场所以及能够独立承担民事责任。

（三）个人独资企业的优缺点

1.个人独资企业的优点

（1）有利于企业资产所有权、控制权、经营权、收益权的高度统一，有利于发扬出资人的创业精神。

（2）个人独资企业的设立手续简单。个人独资企业一般规模都比较小，只有一个自然人作为出资人，成立组建的程序简单，所需时间也很短。

（3）个人独资企业解散和清算程序简单。不论是出资人的主观原因还是企业经营的客观原因，个人独资企业都可以解散，而且程序简单。

（4）个人独资企业免收企业所得税。

2.个人独资企业的缺点

（1）不便于扩大经营规模。个人独资企业的规模有限，一定程度上限制了企业的扩展和大规模经营。

（2）出资人需承担无限责任，风险巨大。当企业的资产不足以清偿其债务时，投资人需要以其个人其他财产偿付企业债务，这在一定程度上限制了个人独资企业向风险较大的行业发展，对新兴产业的形成和发展较为不利。

（3）企业连续性差。企业经营权与所有权高度统一的产权结构，虽使企业拥有充分的自主权，但出资人患病死亡，或其个人知识和能力的缺乏等，都可能导致企业危机。

（4）企业抗风险能力较差。个人独资企业的财力取决于出资人个人的财力情况，受企业规模、财力的影响，抗风险能力较差。

（四）个人独资企业的设立条件

1.投资人为一个自然人

个人独资企业的投资人，应是具有完全民事行为能力的自然人，且在我国该自然人特指具有中华人民共和国国籍的自然人。此外，我国法律、法规规定的禁止从事营利性活动的自然人，不得作为投资人申请设立个人独资企业，如法官、检察官、警察以及其他国家公务员。

2.合法的企业名称

企业名称是本企业与其他企业相区别的标志。企业名称作为一种符号，除具有识别功能外，还具有经济、文化等多方面的意义。个人独资企业的名称不得使用"有限""有限责任"和"公司"等字样。一般情况下，企业名称由行政区划、字号、行业和企业形式四部分构成，企业形式可以是某某厂、某某店、某某部、某某中心等。

3.投资人申报的出资

资本是企业存续的重要物质基础，也是企业盈利的重要物质条件，任何企业的设立都必须具有一定的资本，个人独资企业也不例外。《个人独资企业法》对个人独资企业的出资形式和最低资本额均无强制性要求。按照鼓励发展、方便设立的原则，投资人申报的出资额应当与企业的生产经营规模相适应。设立个人独资企业可以用货币、实物、土地使用权、知识产权或其他财产权利出资。采取实物、土地使用权、知识产权或其他财产权利出资的，应将其折算成货币数额。投资人可以个人财产出资，也可以家庭共有财产作为个人出资。以家庭共有财产作为个人出资的，投资人应在设立（变更）登记申请书上予以注明。

4.固定的生产经营场所和必要的生产经营条件

有固定的生产经营场所和必要的生产经营条件是个人独资企业存续与经营的基本物质条件。任何市场经济组织对外开展经营活动，必须具备固定的生产经营场所。个人独资企业以其主要办事机构所在地为住所。

5.必要的从业人员

个人独资企业需要有与企业的经营范围和经营规模相适应的从业人员。

【案例分析1-1】王某决定成立个人独资企业，在筹备企业设立事宜中，他做出以下规划，其中有哪些违反法律规定？

（1）王某自己财力不足，让邻居张某也加入成为企业主；

（2）企业的名称为"绝对旺公司"；

（3）王某向企业出资10万元，企业负债后不再以自己的其他财产清偿。

【解析】个人独资企业只能由一个自然人设立，所以第（1）点违反法律规定；

个人独资企业不是公司制企业，不能在企业名称里出现"公司"的字样，所以第

（2）点违反法律规定；

个人独资企业不具有法人资格，企业的资产不足以偿还负债时需要投资人以其个人其他资产偿还企业负债，所以第（3）点也违反法律规定。

（五）个人独资企业的设立程序

1. 提出申请

提出设立申请是个人独资企业设立活动的第一步。个人独资企业的设立，可以由投资人本人提出申请，也可以由投资人所委托的代理人代为申请。个人独资企业的设立采取直接登记制，由投资人或者其委托的代理人向个人独资企业所在地的登记机关提交下列文件：投资人签署的个人独资企业设立申请书、投资人身份证明、企业住所证明、国家市场监督管理总局规定提交的其他文件。

从事法律、行政法规规定须报经有关部门审批的业务，应当提交有关部门的批准文件。委托代理人申请设立登记时应当出具投资人的委托书和代理人的合法证明。

个人独资企业设立申请书应当载明下列事项：企业的名称和住所、投资人的姓名和居所、投资人的出资额和出资方式、经营范围。

2. 工商登记

登记机关应当在收到设立申请文件之日起15日内，对符合《个人独资企业法》规定条件的，予以登记，发给营业执照；对不符合《个人独资企业法》规定条件的，不予登记，并发给企业登记驳回通知书。也就是说，无论登记机关是否对设立申请予以批复，登记机关都应当给予答复，履行告知义务。对于符合登记条件的，登记机关的批复本身就是一种说明；而对于不符合条件的，给予书面答复并说明理由，有利于投资人了解自己的设立申请有何不足，以便予以补救，以期获得批准。

个人独资企业营业执照的签发日期，为个人独资企业的成立日期，在领取个人独资企业营业执照前，投资人不得以个人独资企业名义从事经营活动。

3. 分支机构登记

个人独资企业设立分支机构主要包括三项内容：一是设立申请；二是登记备案；三是责任承担。

个人独资企业设立分支机构，应当由投资人或者其委托代理人向分支机构所在地的登记机关申请登记，领取营业执照。分支机构经核准登记后，应将登记情况报该分支机构所属的个人独资企业的登记机关备案。分支机构的民事责任由设立该分支机构的个人独资企业承担。

4. 变更登记

个人独资企业存续期间登记事项发生变更的，应当在作出变更决定之日起15日内，依法向登记机关申请办理变更登记。个人独资企业分支机构比照个人独资企业申请变更、注销登记的有关规定办理。

【案例分析1-2】2021年，张某从自己拥有的420万元资产中拿出200万元开办了一家个人独资企业。2024年该企业经营失败欠下300万元的债务，当债权人主张债权时，企业剩余的所有资产仅100万元，显然不足以清偿其300万元的债务。那么，对企业不能清偿的200万元债务，张某要用其个人财产来偿还吗？

【解析】个人独资企业的投资人以其个人财产对企业债务承担无限责任，所以对企业不能清偿的200万元债务，需要张某用个人其他财产来偿还。

> **📖 小贴士**
>
> ### 个体工商户和个人独资企业的区别
>
> 个体工商户是指在法律允许的范围内，依法经核准登记，从事工商业经营的自然人或家庭。在创业越来越火热的今天，越来越多的人选择成立公司或者是成为个体工商户。和公司相比，个体工商户在人数、规模等方面的准入门槛相对较低，也成为很多人的不二选择，那么个体工商户有什么特点？
>
> 第一，个体工商户是从事工商业经营的自然人或家庭。以自然人为单位，或以家庭为单位从事工商业经营的，均为个体工商户。
>
> 第二，自然人从事个体工商业经营必须依法核准登记。个体工商户的登记机关是县以上市场监督管理机关。个体工商户经核准登记，取得营业执照后，才可以开始经营。个体工商户转业、合并、变更登记事项或歇业，也应办理登记手续。个体工商户和个人独资企业的区别如表1-1所示。
>
> 表1-1　个体工商户和个人独资企业的区别
>
> | 区别 | 个体工商户 | 个人独资企业 |
> |---|---|---|
> | 适用法律不同 | 《中华人民共和国民法典》 | 《中华人民共和国个人独资企业法》 |
> | 投资者地位不同 | 经营者和投资者必须为同一个人 | 经营者和投资者可以不是同一个人 |
> | 法律地位不同 | 以投资者的个人名义进行法律活动 | 以企业的名义进行法律活动 |

二、合伙企业

（一）合伙企业的概念

合伙企业是指两个以上的民事主体依据《中华人民共和国合伙企业法》（以下简称《合伙企业法》）设立的，为了共同的目的，约定共同出资、共同经营、共享收益、共担风险，并对企业债务承担无限连带责任的经营组织。比如律师事务所多是合伙企业。

合伙企业的类型有普通合伙企业和有限合伙企业两种。

合伙企业需要在企业名称中注明合伙性质，如企业名字中加"普通合伙""有限合伙"字样。

合伙企业不能转为有限公司或股份公司，不能上市。

（二）合伙企业的特征

1.设立主体具有多样性

合伙企业是人合性企业，其基础是人的信用联合，因此必须有两个或两个以上的合伙人才能组成合伙企业。自然人、法人和其他组织均可参与设立合伙企业，但《合伙企业法》第三条规定："国有独资公司、国有企业、上市公司以及公益性的事业单位、社会团体不得成为普通合伙人。"也就是说，国有独资公司、国有企业、上市公司及公益性的事业单位、社会团体这四类主体可以成为合伙企业的合伙人，但只限于有限合伙人。

2.企业类型具有法定性

《合伙企业法》明确将合伙企业分为普通合伙企业和有限合伙企业。普通合伙企业由普通合伙人组成，合伙人对合伙企业的债务承担无限连带责任。有限合伙企业由普通合伙人和有限合伙人组成，普通合伙人对合伙企业的债务承担无限连带责任，有限合伙人以其认缴的出资额为限对合伙企业的债务承担责任。

3.合伙基础具有合意性

合伙协议是合伙人通过协商来确定相互间权利义务关系的法律文件，是合伙企业设立的基础，应当遵循自愿、平等、公平、诚实信用原则，依法由全体合伙人协商一致、以书面形式订立。同时，合伙协议也是企业成立后调整合伙关系、规范合伙人权利义务、处理合伙纠纷等的依据。合伙企业的设立以全体合伙人合意订立的合伙协议为起点。

4.合伙企业具有非法人性

合伙企业不具有法人资格，属于非法人组织，但能够依法以自己的名义从事民商事活动。《合伙企业法》第三十九条规定："合伙企业不能清偿到期债务的，合伙人承担无限连带责任。"这进一步体现了合伙企业的非法人性，这一特征是合伙企业与具有法人资格的公司的最主要的区别。

（三）普通合伙企业

普通合伙企业是指由普通合伙人组成，合伙人对合伙企业的债务承担无限连带责任的合伙企业。

1.普通合伙企业的设立条件

（1）有两个以上合伙人。合伙人为自然人的，应当具有完全民事行为能力。合伙企业成立后，合伙人被依法认定为无民事行为能力人或者限制民事行为能力人的，经其他合伙人一致同意，可以依法转为有限合伙人，普通合伙企业依法转为有限合伙企业。其他合伙人未能一致同意的，该无民事行为能力或者限制民事行为能力的合伙人应退伙。

（2）有书面合伙协议。合伙协议除了具有合意性外，还应属于要式合同。《合伙企业法》第十八条规定："合伙协议应当载明下列事项：合伙企业的名称和主要经营场所的地点；合伙目的和合伙经营范围；合伙人的姓名或者名称、住所；合伙人的出资方式、数额和缴付期限；利润分配、亏损分担方式；合伙事务的执行；入伙与退伙；争议解决办法；合伙企业的解散与清算；违约责任。"合伙协议经全体合伙人签名、盖章后生效。合伙人按照合伙协议享有权利，履行义务。修改或者补充合伙协议，应当经全体合伙人一致同意；但是，合伙协议另有约定的除外。合伙协议未约定或者约定不明确的事项，由合伙人协商决定；协商不成的，依照《合伙企业法》和其他有关法律法规的规定处理。

（3）有合伙人认缴或者实际缴付的出资。合伙人可以用货币、实物、知识产权、土地使用权或者其他财产权利出资，也可以用劳务出资。合伙人以实物、知识产权、土地使用权或者其他财产权利出资，需要评估作价的，可以由全体合伙人协商确定，也可以由全体合伙人委托法定评估机构评估。合伙人以劳务出资的，其评估办法由全体合伙人协商确定，并在合伙协议中载明。合伙人应当按照合伙协议约定的出资方式、数额和缴付期限，履行出资义务。以非货币财产出资的，依照法律、行政法规的规定，需要办理财产权转移手续的，应当依法办理。

（4）有合伙企业的名称和生产经营场所。合伙企业应当有自己的名称，这既是对外开展生产经营活动所必备的条件，也是合伙企业相对独立人格的体现。合伙企业名称中应当标明"普通合伙"字样。未标明"普通合伙""特殊普通合伙"等字样的，由企业登记机关责令限期改正，处以 2 000 元以上 1 万元以下的罚款。生产经营场所是合伙企业从事生产经营活动的主要场所，需要在合伙协议中载明。该场所在企业登记机关一经登记，即成为企业的住所。

（5）法律、行政法规规定的其他条件。

2.普通合伙企业的设立程序

设立普通合伙企业不仅需要满足《合伙企业法》规定的上述条件，还必须符合法定的程序。普通合伙企业设立程序包括申请、审查和登记三个环节。

（1）申请。申请设立合伙企业，应当向企业登记机关提交登记申请书、合伙协议书、合伙人身份证明等文件。合伙企业的经营范围中有属于法律、行政法规规定在登记前须经批准的项目的，该项经营业务应当依法经过批准，并在登记时提交批准文件。

（2）审查。企业登记机关负责审查合伙企业的登记申请材料，并作出决定。企业登记机关审查申请材料，分为当场审查和在法定时间内审查两种。当场审查，是在申请人提交申请材料时审查，并根据审查情况作出是否准予登记的决定；在法定时间内审查，是在受理申请之日起 20 日内对申请材料审查完毕并作出是否准予登记的决定。

（3）登记。申请人提交的登记申请材料齐全、符合法定形式，企业登记机关能够当场登记的，应予当场登记，发给营业执照。除上述情形外，企业登记机关应当自受理申请之日起 20 日内，作出是否登记的决定。予以登记的，发给营业执照；不予登记的，应当给予书面答复，并说明理由。

合伙企业的营业执照签发日期，为合伙企业成立日期。合伙企业领取营业执照前，合伙人不得以合伙企业名义从事经营业务。合伙企业设立分支机构，应当向分支机构所在地的企业登记机关申请登记，领取营业执照。

合伙企业设立过程中，除了设立登记以外，还有变更登记的要求。合伙企业在经营过程中，由于主客观原因发生变化，会出现与原登记事项不一致的现象，因此应当及时向登记机关办理变更登记。《合伙企业法》第十三条规定："合伙企业登记事项发生变更的，执行合伙事务的合伙人应当自作出变更决定或者发生变更事由之日起十五日内，向企业登记机关申请办理变更登记。"合伙企业登记事项发生变更时，未按规定办理变更登记的，由企业登记机关责令限期登记；逾期不登记的，处以2 000元以上2万元以下的罚款。合伙企业登记事项发生变更，执行合伙事务的合伙人未按期申请办理变更登记的，应当赔偿由此给合伙企业、其他合伙人或者善意第三人造成的损失。

【案例分析1-3】甲、乙、丙三人拟设立一普通合伙企业，订立了合伙协议，部分内容如下：

（1）甲的出资为现金5 000元和劳务作价4万元；

（2）乙的出资为现金10万元，于合伙企业成立后半年内缴付；

（3）丙的出资为作价20万元的房屋一栋，不办理财产权转移手续，且丙保留对该房屋的处分权。

请分析：该协议中的上述三项内容是否符合《合伙企业法》的规定？

【解析】（1）甲以现金和劳务出资，符合《合伙企业法》的规定；

（2）《合伙企业法》规定，设立合伙企业各合伙人应认缴或者实际缴付的出资，合伙人可以实际一次性缴付出资，也可以认缴的形式分期出资，乙的出资于合伙企业成立后半年内缴付符合《合伙企业法》的规定；

（3）根据《合伙企业法》的规定，丙以房屋出资，但不办理财产权转移手续，且保留对该房屋的处分权，则该房屋并未成为合伙企业的财产，因此丙的出资不符合《合伙企业法》的规定。

3.普通合伙企业的入伙与退伙

（1）入伙。入伙是指合伙企业存续期间，不具有合伙人身份的自然人、法人或其他组织加入合伙企业，取得合伙人资格的行为。根据《合伙企业法》的规定，入伙必须具备一定的条件：一是应当经原合伙人一致同意。新合伙人入伙，除合伙协议另有约定外，应当经全体合伙人一致同意，并依法订立书面入伙协议。订立入伙协议时，原合伙人应当向新合伙人如实告知原合伙企业的经营状况和财务状况。入伙的新合伙人与原合伙人享有同等权利，承担同等责任，入伙协议另有约定的，从其约定。新合伙人对入伙前合伙企业的债务承担无限连带责任。二是应当办理变更登记手续。新合伙人入伙，执行合伙事务的合伙人应当自作出变更决定或者发生变更事由之日起15日内，向企业登记机关申请办理变更登记。

（2）退伙。退伙是指合伙企业存续期间，合伙人依法退出合伙企业，丧失合伙人资格的法律行为。基于退伙的原因不同，退伙可以分为自愿退伙、法定退伙和除名退伙。

一是自愿退伙，即合伙人基于自愿而退伙。自愿退伙可以分为合伙协议约定合伙期限的退伙和未约定合伙期限的退伙两种类型。合伙协议约定合伙期限的，在合伙企业存续期间，有合伙协议约定的退伙事由出现、经全体合伙人一致同意、发生合伙人难以继续参加合伙的事由、其他合伙人严重违反合伙协议约定的义务等情形的，合伙人可以退伙；合伙协议未约定合伙期限的，合伙人在不给合伙企业事务执行造成不利影响的情况下，可以退伙，但应当提前 30 日通知其他合伙人。

二是法定退伙，即合伙人因为出现法定的客观情况而退伙。《合伙企业法》第四十八条规定："合伙人有下列情形之一的，当然退伙：作为合伙人的自然人死亡或者被依法宣告死亡；个人丧失偿债能力；作为合伙人的法人或者其他组织依法被吊销营业执照、责令关闭、撤销，或者被宣告破产；法律规定或者合伙协议约定合伙人必须具有相关资格而丧失该资格；合伙人在合伙企业中的全部财产份额被人民法院强制执行。"合伙人被依法认定为无民事行为能力人或者限制民事行为能力人的，经其他合伙人一致同意，可以依法转为有限合伙人，普通合伙企业依法转为有限合伙企业。其他合伙人未能一致同意的，该无民事行为能力或者限制民事行为能力的合伙人退伙，退伙事由实际发生之日为退伙生效日。

三是除名退伙，指经其他合伙人一致同意，将符合法律规定除名条件的合伙人强制清除出合伙企业的情形。合伙人有下列情形之一的，经其他合伙人一致同意，可以决议将其除名：未履行出资义务；因故意或者重大过失给合伙企业造成损失；执行合伙事务时有不正当行为；发生合伙协议约定的事由。对合伙人的除名决议应当书面通知被除名人。被除名人接到除名通知之日，除名生效，被除名人退伙。被除名人对除名决议有异议的，可以自接到除名通知之日起 30 日内，向人民法院起诉。

合伙人退伙，其他合伙人应当与该退伙人按照退伙时的合伙企业财产状况进行结算，退还退伙人的财产份额。退伙人对给合伙企业造成的损失负有赔偿责任的，相应扣减其应当赔偿的数额。退伙时有未了结的合伙企业事务的，待该事务了结后进行结算。退伙人对基于其退伙前的原因发生的合伙企业债务，承担无限连带责任。合伙人退伙时，合伙企业财产少于合伙企业债务的，退伙人应当依法分担亏损。

【案例分析1-4】被告甲与另一被告乙合伙经营砖厂。一年后，由于经营理念分歧，双方经过合伙清算达成退伙协议，甲退出砖厂经营，协议还约定自退伙后合伙期间的债权债务将与甲无关。合伙经营期间，原告丙向该砖厂供应煤泥20车，价款共计10万元。原告丙多次向被告乙索要剩余煤泥款无果，遂决定将砖厂合伙人甲和乙诉至法院，请求支付剩余煤泥款。

请思考：被告甲退伙后是否需要对合伙期间债务承担连带责任？为什么？

【解析】被告甲退伙后仍需要对合伙期间债务承担连带责任。水泥厂所欠原告煤泥款是两被告合伙经营期间的债务，根据《合伙企业法》第五十三条规定："退伙人对基于其退伙前的原因发生的合伙企业债务，承担无限连带责任。"由此可见，合伙人甲和乙之间签订的退伙协议虽然约定了退伙后合伙期间的债权债务与甲无关，但该约定只在合伙人之间发生法律效力，不能对抗债权人即本案原告，故两被告互负连带责任，应支付原告丙煤泥款。

（四）有限合伙企业

有限合伙企业是由普通合伙企业发展而来的一种合伙形式，是指由普通合伙人和有限合伙人组成，普通合伙人对合伙企业的债务承担无限连带责任，有限合伙人以其认缴的出资额为限对合伙企业的债务承担责任的合伙企业。与普通合伙企业相比，有限合伙企业可以适用《合伙企业法》关于普通合伙企业的一般规定，但在设立、事务执行以及入伙、退伙等方面又有着特殊规定。

1.有限合伙企业的设立

有限合伙企业的合伙人既有普通合伙人，也有有限合伙人。另外，《合伙企业法》第六十一条还规定了合伙人人数限制，要求有限合伙企业由两个以上五十个以下合伙人设立，但是，法律另有规定的除外。有限合伙企业至少应当有一个普通合伙人。

有限合伙企业名称中应当标明"有限合伙"字样。有限合伙人对有限合伙企业债务只承担有限责任，为保护交易相对人利益，应对具体企业类型予以公示。

有限合伙企业的合伙协议除符合普通合伙企业中关于合伙协议的规定外，还应当载明下列事项：普通合伙人和有限合伙人的姓名或者名称、住所；执行事务合伙人应具备的条件和选择程序；执行事务合伙人权限与违约处理办法；执行事务合伙人的除名条件和更换程序；有限合伙人入伙、退伙的条件、程序以及相关责任；有限合伙人和普通合伙人相互转变程序。

有限合伙人可以用货币、实物、知识产权、土地使用权或者其他财产权利作价出资，但不得以劳务出资。有限合伙人应当按照合伙协议的约定按期足额缴纳出资；未按期足额缴纳的应当承担补缴义务，并对其他合伙人承担违约责任。另外，有限合伙企业登记事项中应当载明有限合伙人的姓名或者名称及认缴的出资数额。

2.有限合伙企业的事务执行

在普通合伙企业中，合伙人对执行合伙事务享有同等的权利。但有限合伙企业不同，合伙事务由普通合伙人执行。执行事务合伙人可以要求在合伙协议中确定执行事务的报酬及报酬提取方式。有限合伙人不执行合伙事务，不得对外代表有限合伙企业。有限合伙人的下列行为，不视为执行合伙事务：

（1）参与决定普通合伙人入伙、退伙；

（2）对企业的经营管理提出建议；

（3）参与选择承办有限合伙企业审计业务的会计师事务所；

（4）获取经审计的有限合伙企业财务会计报告；

（5）对涉及自身利益的情况，查阅有限合伙企业财务会计账簿等财务资料；

（6）在有限合伙企业中的利益受到侵害时，向有责任的合伙人主张权利或者提起诉讼；

（7）执行事务合伙人怠于行使权利时，督促其行使权利或者为了本企业的利益以自己的名义提起诉讼依法为本企业提供担保。

3.有限合伙人的入伙与退伙

在新入伙的合伙人对入伙前合伙企业债务承担的问题上，有限合伙企业与普通合伙企业的规定不同，新入伙的有限合伙人对入伙前有限合伙企业的债务，以其认缴的出资额为限承担责任。

有限合伙人的退伙主要涉及以下三个方面问题：

一是当然退伙。有限合伙人具有以下情形之一的，当然退伙：作为合伙人的自然人死亡或者被依法宣告死亡；作为合伙人的法人或者其他组织依法被吊销营业执照、责令关闭、撤销，或者被宣告破产；法律规定或者合伙协议约定合伙人必须具有相关资格而丧失该资格；合伙人在合伙企业中的全部财产份额被人民法院强制执行。但是，作为有限合伙人的自然人在有限合伙企业存续期间丧失民事行为能力的，其他合伙人不得因此要求其退伙。

二是资格继承。作为有限合伙人的自然人死亡、被依法宣告死亡或者作为有限合伙人的法人及其他组织终止时，其继承人或者权利承受人可以依法取得该有限合伙人在有限合伙企业中的资格。

三是责任承担。有限合伙人退伙后，对基于其退伙前的原因发生的有限合伙企业债务，以其退伙时从有限合伙企业中取回的财产承担责任。

《合伙企业法》在2006年修订时引进有限合伙企业，其目的是为发展风险投资提供一种更实用的组织形式。有限合伙企业有非常突出优点，这种组织形式可以让普通合伙人以较少的资本获得企业的控制权。另外，有限合伙企业组建和解散程序简单，内部治理结构和投资权益设置由合伙协议决定，具有较强的灵活性，而且合伙企业不必缴纳企业所得税，具有节税优势。就目前发展情况看，有限合伙企业已经成为我国私募投资基金最常采用的一种组织形式。

【案例分析1-5】假如某合伙企业注册资本10万元，其中合伙人A投资1%，合伙人B投资69%，合伙人C投资30%。

运营一段时间后该合伙企业负债100万元，那么这个时候企业应偿还10万元还是100万元的负债？

【解析】如果该合伙企业为普通合伙企业，A、B、C都是普通合伙人，合伙企业需要偿还100万元债务。普通合伙人需要承担无限连带责任，所以债权人可以要求A还100万元或B还100万元或C还100万元。如果A和B没有钱，债权人可以要求C偿还全部的100万元，此后C可以向A、B追讨70万元。

如果该合伙企业是有限合伙企业，A是普通合伙人，B、C是有限合伙人，合伙企业仍然需要偿还 100 万元债务。由于普通合伙人承担无限连带责任，有限合伙人以出资额为限承担有限责任，所以普通合伙人 A 需要为这 100 万元承担无限连带责任，有限合伙人 B、C 以其出资额 6.9 万元、3 万元为限分别承担有限责任。由于普通合伙人 A 承担了如此高的风险，A 可以享有与此对等的权利，即 A 可以对这个企业说了算，这与 A 本身的持股比例无关，即 A 以较少的资本获得企业的控制权。

三、公司制企业

在我国公司是指依照《中华人民共和国公司法》（以下简称《公司法》）在中华人民共和国境内设立的以营利为目的的企业法人，是人们从事商业经营活动的主要企业组织形式。人们选择成立公司制企业，是因为公司制度带来了投资、融资和商业经营上的便利。

（一）公司的种类及特征

根据股东对公司所负责任的不同，可以将公司分为五类：一是无限责任公司，是由两个以上的股东组成，股东对公司的债务承担连带无限清偿责任的公司；二是有限责任公司，是指由一定数量的股东组成，股东以其出资额为限对公司的债务承担责任的公司；三是股份有限公司，是指由一定数量的股东组成，公司资本等分形成公司的股份，股东以其认购的股份为限对公司的债务承担责任的公司；四是两合公司，是指由无限责任股东和有限责任股东组成的公司。无限责任股东对公司债务负无限连带清偿责任，有限责任股东只以其出资额为限对公司债务承担责任；五是股份两合公司，是指由无限责任股东和股份有限责任股东共同组成的公司。

《公司法》只规定了有限责任公司和股份有限公司两种类型。其中有限责任公司中包括一人有限公司和国有独资公司两种特殊的类型。

公司一般具有以下基本特征。

1. 公司是依法设立的经济组织，具有法定性

只有依照《公司法》规定的条件和程序设立的经济组织，才能称之为公司。公司的这个特征使得公司与其他经济组织有所不同。

2. 公司是以营利为目的的经济组织，具有营利性

公司是从事商品生产和经营活动的经济组织。公司的设立、运营都是为了获取利润，股东依法可以获得分红，取得投资收益。

3. 公司以股东投资行为为基础设立

公司以股东的投资行为为基础设立，股东投资行为形成的权利为股东权。公司股东依法享有资产收益、参与重大决策和选择管理者等权利。

4. 公司是具有法人资格的经济组织，具有人格独立性

公司是企业法人，是具有独立的财产、组织机构并独立承担财产责任的经济实体，具有独立的民事主体资格，依法独立享有民事权利和承担民事义务。

（二）有限责任公司

有限责任公司，简称有限公司，是指全部资本不区分为等额股份，股权转让通常受法律或章程限制，股东承担有限责任，公司以其全部资产对公司债务承担责任的企业法人。所谓的"有限责任"，是指企业以自己的独立财产承担清偿债务的直接责任，投资者仅以自己的投资财产为限对公司法人债务承担有限责任。例如，王某是甲有限责任公司的股东，现甲公司欠乙企业到期债务 100 万元，应当以甲公司的财产清偿。假定甲公司有财产 200 万元，应以甲公司的财产清偿乙企业 100 万元；假定甲公司仅有财产 20 万元，仍以甲公司财产清偿，但不足清偿的部分不能向公司股东王某主张。

有限责任公司均为发起设立的。股东可以用货币出资，也可以用实物、知识产权、土地使用权等可以用货币估价并可以依法转让的非货币财产作价出资，但是，法律、行政法规规定不得作为出资的财产除外。同时要注意，股东不得以劳务、信用、自然人姓名、商誉、特许经营权或者设定担保的财产等作价出资。

（三）股份有限公司

股份有限公司，简称股份公司，是指全部资本分成等额股份，股东承担有限责任，公司以其全部资产对公司债务承担责任的企业法人。现代公司制企业的典型形态就是股份公司。

股份有限公司可以采取发起设立或者募集设立的方式设立：以发起设立方式设立的股份有限公司，在其发行新股之前，其全部股份都由发起人持有，公司的全部股东都是设立公司的发起人；以募集设立方式设立股份有限公司的，在公司设立时，认购公司应发行股份的人不仅有发起人，而且还有发起人以外的人。有限公司和股份公司的主要区别如表 1-2 所示。

表 1-2　有限公司和股份公司的主要区别

项目	有限公司	股份公司
股东人数	50 人以下	发起人有 2 ～ 200 人
融资方式	发起人集资	可以向社会公开募集资金
股份流动性	转让前须征求其他股东意见	资本划分为等额股份，股份转让相对便捷、自由
应成立的决策机构	可以只设 1 名执行董事，1 名监事	必须成立董事会和监事会

综合而言，两种公司的区别集中体现在融资方式和股份流动性上。除此之外，两者在设立程序、出资要求、内部组织结构、分立、合并、解散、清算等方面区别不大。因此，企业选择有限公司还是股份公司形式，多半是基于自身的融资需求而作出的选择。

（四）公司的设立

1.公司设立的条件

有限责任公司和股份有限公司两类公司的设立条件基本一致，但也有一定的差别。

（1）有限责任公司设立的条件。根据《公司法》的规定，设立有限责任公司，应当具备下列条件：

①股东符合法定人数。《公司法》第四十二条规定："有限责任公司由一个以上五十个以下股东出资设立。"

②有符合公司章程规定的全体股东认缴的出资额。有限责任公司的注册资本为在公司登记机关登记的全体股东认缴的出资额。法律、行政法规以及国务院决定对有限责任公司注册资本实缴、注册资本最低限额另有规定的，从其规定。

③有股东共同制定的公司章程。有限责任公司章程是公司股东依法订立的规定公司组织和活动原则、经营管理方法等重大事项的文件，是公司的行为准则，也是确定股东权利义务的依据。因此，公司章程应当由股东一致同意制定。股东应当在公司章程上签名、盖章。公司章程对公司、股东、董事、监事、高级管理人员具有约束力。

有限责任公司章程应当载明下列事项：公司名称和住所；公司经营范围；公司注册资本；股东的姓名或者名称；股东的出资方式、出资额和出资时间；公司的机构及其产生办法、职权、议事规则；公司法定代表人；股东会会议认为需要规定的其他事项。股东应当在公司章程上签名、盖章。

④有公司名称，建立符合有限责任公司要求的组织机构。公司作为法人必须有自己的名称，否则就难以对外进行正常的往来。公司的名称中，必须标明有限责任公司字样，符合法律、行政法规的规定。公司还必须建立符合要求的内部机构，包括股东会、董事会、经理和监事会等，以保证公司的正常运作。

⑤有公司住所。设立公司必须有住所，没有住所的公司，不得设立。公司以其主要办事机构所在地为住所。这是保证公司进行正常生产经营活动的基础，也是避免因滥设公司影响社会经济秩序的有效措施。

（2）股份有限公司设立的条件。

①发起人符合法定人数。应当有 2 人以上 200 人以下为发起人，其中须有半数以上的发起人在中国境内有住所。

②有符合公司章程规定的全体发起人认购的股本总额或者募集的实收股本总额。股份有限公司采取发起设立方式设立的，注册资本为在公司登记机关登记的全体发起人认购的股本总额。在发起人认购的股份缴足前，不得向他人募集股份。股份有限公司采取募集方式设立的，注册资本为在公司登记机关登记的实收股本总额。法律、行政法规以及国务院决定对股份有限公司注册资本实缴、注册资本最低限额另有规定的，从其规定。

③股份发行、筹办事项符合法律规定。发起人为了设立股份有限公司而发行股份时，以及在进行其他的筹办事项时，都必须符合法律规定的条件和程序，不得有所违反。如向社会公开募集股份，应当依法报国务院证券监督管理机构核准，并公告招股说明书、认股书；应当同依法设立的证券公司签订承销协议，通过证券公司承销其发行的

股份；应当在法定的期限内召开创立大会，依法决定有关事项；应当在法定的期限内依法向公司登记机关申请设立登记等。

④发起人制订公司章程，采用募集方式设立的经创立大会通过。股份有限公司章程应当载明下列事项：公司名称和住所；公司经营范围；公司设立方式；公司注册资本、已发行的股份数和设立时发行的股份数，面额股的每股金额；发行类别股的每一类别股的股份数及其权利和义务；发起人的姓名或者名称、认购的股份数、出资方式；董事会的组成、职权和议事规则；公司法定代表人的产生、变更办法；监事会的组成、职权和议事规则；公司利润分配办法；公司的解散事由与清算办法；公司的通知和公告办法；股东会认为需要规定的其他事项。

⑤有公司名称，建立符合股份有限公司要求的组织机构。

⑥有公司住所。

2.公司设立的方式

有限责任公司的设立方式为有限公司的发起人申请设立。股份有限公司的设立方式有发起设立和募集设立两种类型。发起设立是指公司的发起人认购全部股份而设立公司的形式；募集设立是指公司的发起人认购公司股份的一部分，其余向社会募集而设立公司的形式。以募集设立方式设立股份有限公司的，发起人认购的股份不得少于公司股份总数的35%，但是，法律、行政法规另有规定的，从其规定。

拓展阅读

企业注册

如果你选择自主创业，你了解企业如何进行注册吗？下面以有限责任公司设立为例进行企业注册的介绍。

一、企业注册的准备

（一）选择注册性质与名称

初创企业一般有两种选择，即注册为合伙企业或公司。公司的形象更好一些，有利于业务的开展。

企业类型的选择

公司名称通常由四个部分组成，包括行政区域、字号、行业、组织形式。比如"山东天元物流有限公司"，"山东"为行政区域，"天元"为字号，"物流"为行业，"有限公司"为组织形式。

（二）考虑优惠条件

创业者在注册企业前一定要做一个全面了解，很多地方对注册企业都是有优惠政策的。个体经营优惠更多，有限公司优惠可能比较少。具体需要了解当地市场监督管理部门相关文件的内容。

（三）材料准备

1.公司法定代表人签署的《公司设立登记申请书》；

2.全体股东签署的公司章程；

3.法人股东资格证明或者自然人股东身份证及其复印件；

4.董事、监事和经理的任职文件及身份证复印件；

5.指定代表或委托代理人证明；

6.代理人身份证及其复印件；

7.住所使用证明。

住所使用证明材料的准备，分为以下三种情况：若是自己的房产，需要房产证复印件、自己的身份证复印件；若是租房，需要房东签字的房产证复印件、房东的身份证复印件、双方签字盖章的租赁合同以及租金发票；若是租的某个公司名下的写字楼，需要该公司加盖公章的房产证复印件、该公司营业执照复印件、双方签字盖章的租赁合同以及租金发票。

上述材料在市场监督管理部门的官方网站上都有统一模板，建议使用官方模板。

二、注册公司

（一）核准名称

注册公司首先要进行名称核准。确定公司类型、名字、注册资本、股东及出资比例后，可以去市场监督管理局现场或线上提交核名申请。审核时间一般为1～3个工作日。

（二）提交材料

核名通过后，确认地址信息、高管信息、经营范围，在线提交预申请。预审时间一般为5～15个工作日。

在线预审通过之后，按照预约时间去市场监督管理局递交申请材料。材料经过现场审核无误后，将收到准予设立登记通知书。

（三）领取执照

根据预约的时间，携带准予设立登记通知书、办理人身份证原件，到市场监督管理局领取营业执照正、副本。

（四）刻章等事项

凭营业执照，到公安局指定刻章点办理公司公章、法人代表章、财务章、发票章、合同章；至此，一个公司注册完成。

📋 小贴士

实施"多证合一、一照一码"登记制度改革

"多证合一、一照一码"是指商事主体的营业执照、组织机构代码证、税务登记证、刻章许可证、社保登记证、统计登记证、住房公积金缴存单位登记等，在商事登记部门"一表申请、一门受理、一次审核、信息互认、多证合一、档案共享"模式的基础上，只发放记载有统一社会信用代码的营业执照，赋予营业执照具有以上证（照）的全部功能。

实施"多证合一、一照一码"改革，是贯彻落实中央关于推进供给侧结构性改革，推进简政放权、放管结合、优化服务的重要内容，对建立程序更为便利、内容更为完善、流程更为优化、资源更为集约的市场准入新模式，进一步降低市场主体创设的制度性成本，培育发展新动能，重塑营商环境具有重要意义。

📱 素养提升

自主创业是大学生就业的重要增长点，创业难度很大，潜力也很大。政府正在逐步加大政策扶持力度和服务力度，鼓励更多的毕业生走自主创业之路，发挥创业带动就业的倍增效应。我们则要充分了解并灵活运用相关税收缴纳、金融贷款、企业运营等方面的优惠政策，加快创新创业项目的转化落地。

任务二　合同法及经济纠纷解决

市场监督管理局的张科长还介绍说，市场主体在开展业务时，签订经济合同是一个非常重要的手段，可以有效保护当事人的法定权利。发生了经济纠纷也不要害怕，要采取相应的措施和渠道进行解决，最大限度地保障当事人的合法权益。

一、合同法概述

（一）合同法律制度概述

1.合同的概念

《中华人民共和国民法典》（以下简称《民法典》）所称"合同"，是指民事主体之间设立、变更、终止民事法律关系的协议。根据这个定义，合同是平等主体之间的民事法律关系，任何一方不论其所有制性质及行政地位，都不能将自己的意志强加给对方。同时由于合同是双方民事法律行为，因此合同成立不但需要当事人有意思表示，而且要求当事人之间的意思表示一致。

2.合同的分类

根据不同的分类标准，可将合同分为不同的种类。合同的分类有助于正确理解法

律、订立和履行合同，有助于正确地适用法律处理合同纠纷，还可对合同法律制度的完善起到促进作用。通常合同有以下几种分类。

（1）有名合同与无名合同。以合同是否有确定的名称与调整规则为标准，可将合同分为有名合同与无名合同。有名合同是立法上规定了确定名称与规则的合同，又称典型合同，如买卖合同、赠与合同、借款合同、租赁合同等各类合同。无名合同是立法上尚未规定有确定名称与规则的合同，又称非典型合同。

（2）单务合同与双务合同。根据合同当事人是否相互负有对价义务为标准，可将合同分为单务合同与双务合同。此处的对价义务并不要求双方的给付价值相等，而只是要求双方的给付具有相互依存、相互牵连的关系即可。单务合同是指仅有一方当事人承担义务的合同，如赠与合同。双务合同是指双方当事人互负对价义务的合同，如买卖合同、承揽合同、租赁合同等。区分两者的法律意义在于：双务合同中当事人之间的给付义务具有依存和牵连关系，故双务合同中存在同时履行抗辩权和风险负担的问题，而单务合同则无这些问题。

（3）诺成合同与实践合同。根据合同成立除当事人的意思表示以外，是否还要以其他现实给付为标准，可以将合同分为诺成合同与实践合同。诺成合同是指当事人意思表示一致即可认定合同成立的合同。实践合同是指在当事人意思表示一致以外，尚需有实际交付标的物或者有其他现实给付行为才能成立的合同。确认某种合同属于实践合同必须法律有规定或者当事人之间有约定。常见的实践合同有保管合同、自然人之间的借贷合同、定金合同。根据《民法典》的规定，赠与合同、质押合同不是实践合同。

区分两者的法律意义在于：除了两种合同的成立要件不同以外，实践合同中作为合同成立要件的给付义务的违反不产生违约责任，至多构成缔约过失责任。

此外，合同还可以分为有偿合同与无偿合同、要式合同与非要式合同、主合同与从合同等类型。

（二）合同的订立

合同的订立是指当事人之间依法就合同的内容经过协商，达成一致的行为。合同的订立以成立合同为目标，是合同生效的前提，也是享受权利、履行义务、解决纠纷和请求法律保护的依据。

1.合同的形式

合同的形式是指当事人设立、变更、终止民事权利义务关系的表现形式。当事人订立合同，可以采取书面形式、口头形式和其他形式。合同采用书面形式对于固定证据、警告当事人郑重其事、区分磋商与缔约两个阶段均有重要意义。采用口头形式的合同虽方便易行，但缺点是发生争议时难以举证确认责任，不够安全。当事人未以书面形式或者口头形式订立合同，但从双方从事的民事行为能够推定双方有订立合同意愿的，除法律另有规定外，人民法院可以认定是以"其他形式"订立的合同。

2.合同订立程序

当事人订立合同应当具备相应的资格，即应具有相应的民事权利能力和民事行为能力。除依据合同性质不能代理的以外，当事人可以委托代理人订立合同。当事人订立合同的一般程序包括要约和承诺两个阶段。

（1）要约。要约是指希望和他人订立合同的意思表示。要约可以向特定人发出，也可以向非特定人发出。要约应具备的核心条件包括两个：一是内容具体确定。要约的内容必须具有足以使合同成立的主要条件，包括主要条款，如标的、数量、质量、价款或者报酬、履行期限、地点和方式等。二是表明经受要约人承诺，要约人即受该意思表示的约束。

①要约邀请。要约邀请是希望他人向自己发出要约的表示。寄送的价目表、拍卖公告、招标公告、招股说明书、债券募集办法、基金招募说明书、商业广告和宣传等，性质均为要约邀请。但若商业广告的内容符合要约的规定，如悬赏广告，则视为要约。《民法典》第四百九十九条规定："悬赏人以公开方式声明对完成特定行为的人支付报酬的，完成该行为的人可以请求其支付。"

在实践中要注意要约与要约邀请的区分，如根据《最高人民法院关于审理商品房买卖合同纠纷案件适用法律若干问题的解释》的规定，商品房的销售广告和宣传资料为要约邀请，但是出卖人就商品房开发规划范围内的房屋及相关设施所作的说明和允诺具体确定，并对商品房买卖合同的订立以及房屋价格的确定有重大影响的，构成要约。该说明和允诺即使未载入商品房买卖合同，亦应当为合同内容，当事人违反的，应当承担违约责任。

②要约的生效时间。以对话方式作出的要约，相对人知道其内容时生效。以非对话方式作出的要约，到达相对人时生效。以非对话方式作出的采用数据电文形式的要约，相对人指定特定系统接收数据电文的，该数据电文进入该特定系统时生效；未指定特定系统的，相对人知道或者应当知道该数据电文进入其系统时生效。当事人对采用数据电文形式的意思表示的生效时间另有约定的，按照其约定。

③要约的撤回与撤销。要约可以撤回。撤回要约的通知应当在要约到达受要约人之前或者与要约同时到达受要约人。撤回要约是在要约尚未生效的情形下发生的。如果要约已经生效，则非要约的撤回，而是要约的撤销。

要约也可以撤销。撤销要约的意思表示以对话方式作出的，该意思表示的内容应当在受要约人作出承诺之前为受要约人所知道；撤销要约的意思表示以非对话方式作出的，应当在受要约人作出承诺之前到达受要约人。但是，下列情形下的要约不得撤销：一是要约人以确定承诺期限或者以其他形式明示要约不可撤销；二是受要约人有理由认为要约是不可撤销的，并已经为履行合同作了合理准备工作。

④要约的失效。有下列情形之一的，要约失效：要约被拒绝；要约被依法撤销；承诺期限届满，受要约人未作出承诺；受要约人对要约的内容作出实质性变更。

（2）承诺。承诺是受要约人同意要约的意思表示。承诺应当由受要约人向要约人作出，并在要约确定的期限内到达要约人。

①承诺期限。要约确定的期限称为承诺期限。对于承诺期限的起算日期，《民法典》第四百八十条规定："要约以信件或者电报作出的，承诺期限自信件载明的日期或者电报交发之日开始计算。信件未载明日期的，自投寄该信件的邮戳日期开始计算。要约以电话、传真、电子邮件等快速通讯方式作出的，承诺期限自要约到达受要约人时开始计算。"

要约没有确定承诺期限的，承诺应当依照下列规定到达：要约以对话方式作出的，应当即时作出承诺；要约以非对话方式作出的，承诺应当在合理期限内到达。所谓合理期限，是指依通常情形可期待承诺到达的期限，一般包括要约到达受要约人的期限、受要约人作出承诺的期限、承诺通知到达要约人的期限。

②承诺的生效时间。承诺自通知到达要约人时生效。承诺不需要通知的，自根据交易习惯或者要约的要求作出承诺的行为时生效。承诺生效时合同成立。

③承诺的撤回。承诺人发出承诺后反悔的，可以撤回承诺，其条件是撤回承诺的通知应当在承诺通知到达要约人之前或者与承诺通知同时到达要约人，即在承诺生效前到达要约人。承诺生效，合同成立，这时承诺不存在撤销的问题。

④承诺的迟延与迟到。受要约人超过承诺期限发出承诺，或者在承诺期限内发出承诺，按照通常情形不能及时到达要约人的，为迟延承诺，除要约人及时通知受要约人该承诺有效以外，迟延的承诺为新要约。受要约人在承诺期限内发出承诺，按照通常情形能够及时到达要约人，但因其他原因使承诺到达要约人时超过承诺期限的，为迟到承诺，除要约人及时通知受要约人因承诺超过期限不接受该承诺的以外，迟到的承诺为有效承诺。

⑤承诺的内容。承诺的内容应当与要约的内容一致，但在实践中，受要约人可能对要约的文字乃至内容作出某些修改，此时承诺是否具有法律效力需根据具体情况予以确认。《民法典》规定，受要约人对要约的内容作出实质性变更的，为新要约。有关合同标的、数量、质量、价款或者报酬、履行期限、履行地点和方式、违约责任和解决争议方法等内容的变更，是对要约内容的实质性变更。承诺对要约的内容作出非实质性变更的，除要约人及时表示反对或者要约表明承诺不得对要约的内容作出任何变更的以外，该承诺有效，合同的内容以承诺的内容为准。

3.合同的内容

合同的内容是指通过合同条款表现出来的当事人的权利和义务。合同内容由当事人约定，合同一般应包括以下内容。

（1）当事人的姓名或者名称和住所。为明确当事人身份，合同应写明自然人当事人的姓名，法人或非法人组织订立合同的，应写明名称。住所是判断当事人履行情况和追究违约责任的依据，应当在合同中写明。

（2）标的。标的是合同当事人权利义务所指向的对象。合同标的可以是物、行为或智力成果。但法律禁止的行为或禁止转让的物不得成为合同的标的。

（3）数量。数量是标的在量上的具体化。在数量条款中，应根据标的的种类，规定计量标的的单位和计算方法。

（4）质量。质量是标的在质上的规定化，是对标的在标准和技术方面的要求，应当明确标的的技术指标、质量要求、规格、型号等。质量标准必须符合国家有关规定和标准化要求，当事人也可以根据合同目的约定特别的质量标准。

（5）价款或者报酬。价款是取得标的物所应当支付的对价，报酬是获得服务所付的代价。价款或者报酬是有偿合同的必备条款。

（6）履行期限、地点和方式。履行期限是规定当事人履行义务的时间界限，合同可以约定及时履行、定时履行或在一定期限内履行。履行地点是当事人履行义务的地方，是确定运输费用由谁负担、风险由谁承受的依据，也是确定标的物所有权是否转移、何时转移的依据，在诉讼发生时是确定地域管辖的依据之一。履行方式是为实现合同目的所确定的交货方式、付款方式、运输方式、结算方式等。

（7）违约责任。违约责任是指合同当事人一方不履行合同义务或履行合同义务不符合合同约定所应承担的民事责任。违约责任的承担方式有继续履行、采取补救措施和赔偿损失等。

（8）解决争议的方法。在合同履行的过程中，当事人之间的争议应当友好协商解决，协商不成的，可以通过调解、仲裁或诉讼等方式来解决争议。当事人双方在合同中约定的协商解决争议的条款、仲裁条款、选择诉讼法院的条款、选择检验或者鉴定机构的条款等，均属解决争议的方法条款。

【案例分析1-6】甲公司经理张某于2024年3月1日用公司电脑向乙公司发出一份电子邮件，邮件内容为：我公司愿订购特级莱阳梨2 000千克，价格为10元/千克，10日内回复有效。随后张某因公出差，3月15日返回公司后查看电子邮箱，发现乙公司回信，邮件内容为：同意，我公司已准备好莱阳梨，随时准备发货。发送时间为2024年3月8日。张某回信：因我出差，今日才看到回复，我们已不需要莱阳梨，若以后需要，将优先考虑贵公司。

试分析：

（1）甲公司与乙公司间是否存在合同关系？

（2）如果存在合同关系，甲公司与乙公司的合同何时成立？

（3）甲公司的行为是否构成违约？

【解析】（1）甲公司与乙公司之间存在合同关系。合同的订立包括要约与承诺两个必经阶段，甲公司经理张某于2024年3月1日用公司电脑向乙公司发出的电子邮件内容符合要约的成立要件，乙公司于2024年3月8日回复的邮件属于承诺，而且是在约定的时间内作出，该承诺有效。

（2）该合同于 2024 年 3 月 8 日成立。因为承诺生效的时间即合同成立的时间。

（3）甲公司的行为构成违约。因为合同已经成立，甲公司不按照约定履行合同义务即构成违约。

（三）合同的效力

1.合同的生效

合同生效是指合同所产生的法律上的约束力。依法成立的合同，自成立时生效。但是，法律另有规定或者当事人另有约定的除外。例如，当事人可以约定合同经过公证后生效。

依照法律、行政法规的规定，合同应当办理批准等手续的，依照其规定。未办理批准等手续影响合同生效的，不影响合同中履行报批等义务条款以及相关条款的效力。应当办理申请批准等手续的当事人未履行义务的，对方可以请求其承担违反该义务的责任。依照法律、行政法规的规定，合同的变更、转让、解除等情形应当办理批准等手续的，也适用上述规定。

📜 **小贴士**

合同订立、成立与生效的关系

一、订立与成立

合同的订立是一个动态的过程，经历了法定或约定的缔约过程后合同即告成立，合同的成立是结果。然而订立合同并不必然导致合同的成立，例如合同当事人之间没有就合同内容协商一致。

二、成立与生效

合同成立是合同生效的前提。然而合同成立后并非一定生效，例如附生效要件的合同，条件成就时合同才发生法律效力。

2.合同效力的特别规定

（1）无权代理人订立合同的法律后果。代理制度存在于经济生活的方方面面，有权代理产生有效的法律后果，但无权代理人订立的合同也并非绝对无效。《民法典》第五百零三条规定："无权代理人以被代理人的名义订立合同，被代理人已经开始履行合同义务或者接受相对人履行的，视为对合同的追认。"

（2）法定代表人超越权限订立合同的效力。《民法典》第五百零四条规定："法人的法定代表人或者非法人组织的负责人超越权限订立的合同，除相对人知道或者应当知道其超越权限外，该代表行为有效，订立的合同对法人或者非法人组织发生效力。"

（3）超越经营范围订立的合同效力。公司应当在核准登记的经营范围内从事经营活动，如果公司的经营范围属于法律、行政法规规定须经批准的项目，应当依法经过批准。所以，公司不得超越经营范围订立合同。但当事人超越经营范围订立的合同并非绝对无效。

《民法典》第五百零五条规定，当事人超越经营范围订立的合同的效力，应当依据民事法律行为效力的一般规定来确定，不得仅以超越经营范围确认合同无效。

【案例分析1-7】张某是甲公司的董事长兼法定代表人，李某向银行借款需要提供担保，遂求助于好友张某。出于兄弟义气，张某很爽快地答应以甲公司资产为李某的贷款提供抵押担保。贷款期限届满后，李某无力偿还，银行决定行使抵押权。此时，甲公司的其他股东以张某的行为不符合公司章程为由，主张担保合同无效。据查，公司章程约定："以公司资产对外提供担保的，需经股东会表决权过半数通过。"请分析该担保合同是否有效。

【解析】该担保合同是否有效，主要取决于银行是否知道或应当知道张某超越权限以公司资产为李某提供担保。如果公司股东能证明银行事先知情或应当知情，则银行非善意，担保合同无效。反之，担保合同有效。

（四）合同的履行

合同的履行是当事人按照约定全面履行自己的义务以实现合同权利的行为。合同的履行以合同生效为前提，无效合同自订立时就不具备法律效力，无须履行。履行合同是为了实现合同目的，是合同法律关系的核心。

在合同履行过程中，当事人应当遵循诚实信用原则，根据合同的性质、目的与交易习惯履行通知、协助与保密等义务。当事人在履行合同过程中，应当避免浪费资源、污染环境和破坏生态，这一原则被称为绿色原则。

1.合同履行的规则

（1）合同履行过程中条款的补充和确定。合同生效后，当事人就质量、价款或者报酬、履行地点等内容没有约定或者约定不明确的，可以协议补充；不能达成补充协议的，按照合同有关条款或者交易习惯确定。按照上述规则仍不能确定的，适用《民法典》第五百一十一条的规定。

（2）电子合同交付时间的认定。随着互联网经济的迅速发展，电子合同频繁地出现在工作生活中，如电商平台的购物成立买卖合同，扫码骑行共享单车成立租赁合同，外卖点餐成立服务合同等。电子合同的交付时间直接影响合同的生效与履行，《民法典》第五百一十二条明确了电子合同交付时间的认定规则。

通过互联网等信息网络订立的电子合同的标的为交付商品并采用快递物流方式交付的，收货人的签收时间为交付时间。电子合同的标的为提供服务的，生成的电子凭证或者实物凭证中载明的时间为提供服务时间。前述凭证没有载明时间或者载明时间与实际提供服务时间不一致的，以实际提供服务的时间为准。电子合同的标的物为采用在线传输方式交付的，合同标的物进入对方当事人指定的特定系统且能够检索识别的时间为交付时间。电子合同当事人对交付商品或者提供服务的方式、时间另有约定的，按照其约定。

（3）执行政府定价或指导价的合同价格确定。在市场经济的大背景下，商品价格主要由市场调节。国家为实现对经济的宏观调控，保障与改善民生，在某些领域或行业出台了政府定价或指导价。例如，水、电、气的价格，旅游景点的票价，出租车收费标准等，该价格随政策变化而调整。

合同执行政府定价或者政府指导价的，在合同约定的交付期限内政府价格调整时，按照交付时的价格计价。逾期交付标的物的，遇价格上涨时，按照原价格执行；价格下降时，按照新价格执行。逾期提取标的物或者逾期付款的，遇价格上涨时，按照新价格执行；遇价格下降时，按照原价格执行。

2. 合同履行中的抗辩权

抗辩权是指双务合同中一方当事人在法定条件下暂时行使的对抗另一方当事人的请求权，以达到暂停履行债务，保障自身债权的目的。合同履行中的抗辩权主要有以下三种。

（1）同时履行抗辩权。同时履行抗辩权是指合同当事人的债务履行没有先后顺序时，一方在对方未给付前，可以拒绝对方的履行要求。《民法典》第五百二十五条规定："当事人互负债务，没有先后履行顺序的，应当同时履行。一方在对方履行之前有权拒绝其履行要求。一方在对方履行债务不符合约定时，有权拒绝其相应的履行要求。"

（2）先履行抗辩权。先履行抗辩权是指合同当事人双方的债务履行有先后顺序，先履行一方在未给付前，后履行一方有权拒绝其履行要求。先履行抗辩权是后履行一方的权利，也称后履行抗辩权、顺序履行抗辩权。《民法典》第五百二十六条规定："当事人互负债务，有先后履行顺序，先履行一方未履行的，后履行一方有权拒绝其履行要求。先履行一方履行债务不符合约定的，后履行一方有权拒绝其相应的履行要求。"

（3）不安抗辩权。不安抗辩权是指合同当事人双方的债务履行有先后顺序，依约定应先履行债务的当事人在有确切证据证明对方难以给付且未提供担保之前，有权拒绝对方的履行要求。《民法典》第五百二十七条规定："应当先履行债务的当事人，有确切证据证明对方有下列情形之一的，可以中止履行：经营状况严重恶化；转移财产、抽逃资金，以逃避债务；丧失商业信誉；有丧失或者可能丧失履行债务能力的其他情形。"

当事人行使不安抗辩权，必须提供确切的证据，没有确切证据中止履行合同的，当事人应当承担违约责任。当事人依法中止履行合同债务后，应当及时通知对方。对方提供适当担保时，应当恢复履行。中止履行后，对方在合理期限内未恢复履行能力并且未提供适当担保的，视为以自己的行为表明不履行主要债务，即构成根本违约。中止履行的一方可以解除合同并可以请求对方承担违约责任。

【案例分析1-8】A公司与B公司签订买卖合同，约定由A公司向B公司交付一批货物，B公司预先向A公司支付货款总额40%的预付款。在B公司支付预付款的前两天，

B公司得知A公司的仓库由于保管员操作不慎发生火灾，有可能无法按期交货。

请思考：B公司可以采取什么措施保护自身权益？

【解析】A公司仓库发生火灾导致其丧失或者有可能丧失履行债务能力，B公司在得到确切的火灾证据后，可以行使不安抗辩权。B公司可以暂停支付预付款，在A公司提供适当担保后，B公司应当继续履行合同。若A公司在合理期限内未恢复履行能力并且未提供适当担保的，视为根本违约，B公司可以解除合同并请求A公司承担违约责任。

3.合同的保全

合同保全是指法律为防止因债务人财产的不当减少致使债权人债权的实现受到危害而设置的保全债务人责任财产的法律制度。债权人通过对债务人或者第三人行使代位权或撤销权的方式，保障其债权的实现。

（1）代位权。代位权是指因债务人怠于行使其债权或者与该债权有关的从权利，对债权人造成损害的，债权人可以向人民法院请求以自己的名义代位行使债务人对相对人的权利。

债权人不得代位行使专属于债务人自身的债权。具有人身专属性的债权主要有基于扶养、抚养、赡养、继承关系产生的给付请求权和劳动报酬、退休金、养老金、抚恤金、人身伤害赔偿、安置费等权利，这些都不属于代位权行使的标的。

代位权的行使范围以债权人的到期债权为限。债权人行使代位权的必要费用，由债务人负担。相对人对债务人的抗辩，可以向债权人主张，如诉讼时效、不可抗力、债务人违约等抗辩事由。

（2）撤销权。撤销权是指债权人对债务人滥用其处分权而损害债权人债权的行为，可以请求法院予以撤销的权利。因债务人放弃其债权、放弃债权担保、无偿转让财产等方式无偿处分财产权益，或者恶意延长其到期债权的履行期限，影响债权人的债权实现的，债权人可以请求人民法院撤销债务人的行为。债务人以明显不合理的低价转让财产、以明显不合理的高价受让他人财产或者为他人的债务提供担保，影响债权人的债权实现，债务人的相对人知道或者应当知道该情形的，即使受让人存在过错，债权人也可以请求人民法院撤销债务人的行为。

撤销权的行使范围以债权人的债权为限。债权人行使撤销权的必要费用，由债务人负担。撤销权自债权人知道或者应当知道撤销事由之日起一年内行使。自债务人的行为发生之日起五年内没有行使撤销权的，该撤销权消灭。

拓展阅读

明显不合理的"高价"与"低价"

根据相关司法解释，交易时转让价格达不到交易地的指导价或者市场交易价70%的，一般可以视为明显不合理的低价；对转让价格高于当地指导价或者市场交易价30%的，一般可以视为明显不合理的高价。但是，被转让的财产性质各异，转让行为本身也具有复杂性，很难用一个固定的标准来衡量。实务中，当事人可以提出相反事实和证据予以推翻，人民法院也会综合考虑各方因素。

（五）合同的变更、转让与终止

1.合同的变更

合同的变更有广义与狭义之分。广义的合同变更包括合同主体的变更和合同内容的变更。狭义的合同变更仅指合同内容的变更。《民法典》合同篇所称合同的变更是狭义的，即合同内容的变更，将合同主体的变更称为合同的转让。

经当事人协商一致，可以变更合同内容。当事人对合同变更的内容约定不明确的，推定为未变更，当事人仍然有义务履行尚未变更的合同。法律、行政法规规定变更合同应当办理批准、登记等手续的，还应依照规定办理相关手续。例如，延长专利权质押合同期限的，除当事人协商一致外，还应向国家知识产权局办理变更登记手续。

2.合同的转让

合同的转让即合同主体的变更，是当事人依法将其合同权利或义务全部或部分转让给第三人的行为。根据转让标的的不同，合同转让可分为债权转让、债务承担和债权债务概括转移。

（1）债权转让。债权转让是指当事人将合同权利全部或部分转让给第三人。一般情况下，债权人可以自行决定将合同权利转让给第三人，无须征得债务人同意。因债权转让增加的履行费用，由让与人负担。但有下列情形之一的，债权不得转让：一是根据合同性质不得转让的；二是按照当事人约定不得转让的；三是依照法律规定不得转让的。

（2）债务承担。债务承担是指当事人将合同义务全部或部分转移给第三人，或者第三人加入债务的行为。为保护债权人的受偿利益，免除的债务承担应当经债权人同意。否则债务转移的行为对债权人不发生效力，债权人有权拒绝第三人向其履行债务，同时有权要求债务人履行并承担延迟履行的法律责任。债务人或者第三人可以催告债权人在合理期限内予以同意，债权人未作表示的，视为不同意。

（3）债权债务概括转移。除单纯的债权转让和债务承担外，当事人一方经对方同意，还可以将自己在合同中的权利和义务一并转让给第三人，即债权债务的概括转移。当事人将自己在合同中的权利和义务一并转让给第三人时，适用上述有关债权转让与债务承担的有关规定。

3.合同的终止

合同的终止是指在合同关系建立后，因为一定法律事实的出现，导致合同权利义务关系消灭，合同法律效力终止。《民法典》第五百五十七条规定，有下列情形之一的，债权债务终止。

（1）债务已经履行。当事人已经按照合同约定的标的、质量、数量、价款或报酬、履行期限、地点和方式等全面履行完毕，缔约目的完全实现，因此合同权利义务终止，这是合同终止最常见的情形。

（2）债务相互抵销。合同当事人互负债务且符合法定条件的可以相互抵销，债权债务关系消灭。《民法典》第五百六十八条规定："当事人互负到期债务，该债务的标的物种类、品质相同的，任何一方可以将自己的债务与对方的债务抵销，即法定抵销；但是，根据债务性质、按照当事人约定或者依照法律规定不得抵销的除外。"当事人互负债务，标的物种类、品质不相同的，经双方协商一致，也可以抵销，即约定抵销。

（3）债务人依法将标的物提存。提存是指由于债权人的原因而无法向其交付合同标的物时，债务人将该标的物交给提存机关以消灭合同债务的制度。合同标的物在办理提存手续后，债务视为已经履行完毕，合同法律关系消灭。

（4）债权人免除债务。债权人可以放弃全部或者部分债权，通过免除债务人全部或者部分债务的方式，合同的权利义务全部或者部分终止。债权人免除债务属于单方法律行为，应当由债权人向债务人或债务人的代理人作出明确的意思表示。债权人作出免除债务的意思表示不得撤回。但是，债务人在合理期限内拒绝的，不产生债务免除的法律后果。

（5）债权债务同归于一人。债权债务同归于一人，也称债的混同，是指某种事实的发生，使原来由一方当事人享有的债权，另一方当事人负担的债务，统归于一方当事人。该当事人既是合同的债权人，又是合同的债务人，从而使合同关系及其他债的关系消灭。例如，儿子向父亲借款，父亲去世后，儿子依法继承父亲的遗产和生前债权，债权债务同归于儿子一人。

（6）合同解除的。合同的解除是指合同尚未履行完毕，当事人经协商一致同意提前终止合同关系或者一方当事人基于法定事由行使解除权提前终止合同关系。

（7）法律规定或者当事人约定终止的其他情形。

（六）违约责任

违约责任是指当事人一方不履行合同义务或者履行合同义务不符合约定的，应当向相对方承担的法律后果。合同生效后，当事人应适当履行合同，违反合同义务的，违约方应向相对方提供相应的补偿或接受惩罚。违约责任是一种民事责任，主要表现为财产责任。

1.违约责任的主要形式

（1）继续履行。继续履行也称强制实际履行，是违约方根据对方当事人的请求继续履行合同规定的义务的违约责任形式。为保证当事人缔约目的的实现。一方当事人在违约的情况下，对方当事人可以要求违约方继续履行合同义务，违约方仍拒不履行的，对方当事人还可以请求人民法院强制其实际履行。

（2）赔偿损失。赔偿损失也称违约损害赔偿，是合同一方当事人不履行合同义务或者履行义务不符合约定时赔偿相对方所受损失的责任。赔偿损失是违约责任中最常见的形式之一，也是充分保护受害人利益的主要方式。

（3）违约金责任。违约金责任是指合同一方当事人不履行合同义务或者履行义务不符合约定时，向对方当事人支付一定数额的货币。违约金责任是一种约定责任，应当事先在合同中明确约定。如果合同中没有违约金条款，就不能追究违约方的违约金责任，只能以其他形式追究违约方责任。《民法典》第五百八十五条规定："当事人可以约定一方违约时应当根据违约情况向对方支付一定数额的违约金，也可以约定因违约产生的损失赔偿额的计算方法。"

（4）定金责任。定金是指合同当事人一方以保证合同履行为目的，在合同成立时或者未履行前，由一方向另一方支付的一定数额的金钱。

一方当事人通过预先给付对方当事人一定数量的金钱使当事人心理产生压力，合同的履行与定金的得失挂钩，从而积极适当地履行债务，以发挥担保和惩罚违约的作用。因此，定金既是违约责任的承担方式，又是一种债权担保形式。

定金的成立具有实践性，即定金合同自实际交付时成立。定金是由合同当事人约定的，但只有当事人关于定金的约定，而无定金的实际交付，定金担保并不能成立。只有合同当事人将定金实际交付给对方，定金才能成立。

（5）采取其他补救措施。经济活动中其他补救措施主要包括受损害方可以要求对方承担修理、更换、重作、退货、减少价款或者报酬等违约责任。当事人一方不履行合同义务或者履行合同义务不符合约定的，在履行义务或者采取补救措施后，对方有其他损失的，还应当赔偿损失。

2.违约责任的免除

在合同履行的过程中，出现法律规定或者当事人约定的免责事由致使当事人不能履行合同义务或者履行合同义务不符合约定的，当事人可以免于承担违约责任。违约责任的免除事由包含法定免责事由和约定免责事由。

（1）法定免责事由。《民法典》第五百九十条规定："当事人一方因不可抗力不能履行合同的，根据不可抗力的影响，部分或者全部免除责任，但法律另有规定的除外。因不可抗力不能履行合同的，应当及时通知对方，以减轻可能给对方造成的损失，并应当在合理期限内提供证明。当事人迟延履行后发生不可抗力的，不能免除责任。"例如，法院根据疫情期间受新型冠状病毒感染影响的实际情况，对租赁合同的租金酌定减免。

（2）约定免责事由。当事人可以在合同中以免责条款的方式约定排除或者限制未来的合同责任，即约定免责事由。以不违反法律、行政法规的强制性规定为前提，当事人可以自由约定免责事由。《民法典》对违约免责条款的效力未作一般性规定，仅对格式合同中免责条款的效力作出相关规定。

二、经济纠纷解决

相关数据显示，2023年双十一活动依然火爆。京东数据显示：截至11月11日23时59分，成交额、订单量、用户数创新高，累计超过60个品牌销售额破10亿元，近2万个品牌成交额同比增长超3倍，新商家成交单量环比增长超5倍。天猫数据显示：截至11月12日零时，用户规模和商家规模显著增长，带动订单量和成交总额增长。共有402个品牌成交额破亿元，其中有243个是国货品牌，3.8万个品牌成交额同比增长超过100%。[①]高成交额的背后我们也不能忽视与客户产生的纠纷，在网络购物涉及的纠纷中，电子产品类和食品类是涉诉最频繁的领域，争议焦点往往围绕价格欺诈，虚假宣传，生产、销售不符合食品安全标准，生产、销售不合格产品等内容。

那么，一旦遇到经济纠纷，电商商家应该如何处理呢？

（一）经济纠纷的概念

经济纠纷又称经济争议，是指平等的经济法律主体之间发生的，以经济权利义务为内容的社会纠纷。经济法主体是指在经济法律关系中享有一定权利、承担一定义务的当事人或参加者，包括国家机关、企业、事业单位、社会团体、个体工商户、农村承包经营户、公民等。

（二）经济纠纷的基本类型

1.经济合同纠纷

经济合同纠纷是指平等的经济法律关系主体因合同的生效、解释、履行、变更、终止等行为而引起的合同当事人的所有争议。经济合同纠纷的内容主要表现在争议主体对于导致合同法律关系产生、变更与消灭的法律事实以及法律关系的内容有着不同的观点与看法。合同纠纷的范围涵盖了某项合同从成立到终止的整个过程。

2.经济损害赔偿纠纷

经济损害赔偿纠纷是指经济法律关系主体在经济活动当中侵犯他人合法的权利而引起的纠纷，如知识产权（专利权、商标权等）侵权纠纷、所有权侵权纠纷、经营权侵权纠纷等。

3.经济权属纠纷

经济权属纠纷是指在经济活动当中，经济法律关系主体对于某种性质的权利归属问

---

① 王珂.品质消费趋势凸显，新场景、新业态、新模式涌现："双十一"助力消费持续恢复[N].人民日报，2023-11-14（6）.

题所产生的纠纷，如土地使用权纠纷、票据权利纠纷等。

（三）经济纠纷解决机制

事实证明，经济纠纷以及引起纠纷原因的多样化必然摈弃单一化的解决机制，正是基于这样的原因，我国立法机关在法律层面上设定多元化的纠纷解决机制，这种解决机制在平衡各方经济主体利益的冲突当中发挥着越来越重要的积极作用。以下四种经济纠纷解决方式在我国被广泛地运用。

1. 协商

协商方式是指经济纠纷争议当事人在自愿、互谅的基础上，直接进行协商，自行解决纠纷。自行协商有时也可以请第三人从中调解，但以双方当事人的意思一致作为达成协议的根据，第三人只是在当事人之间起"牵线搭桥"的作用，实质上并不参与当事人之间的协商。经过协商达成的和解协议必须不违背法律及行政法规禁止性规定，不违背社会公序良俗以及不侵犯第三人合法权益，且充分体现争议双方当事人的自由意志。否则，会被司法机关撤销。当然，协商所达成的和解协议在性质上仍然是契约，不具有国家强制力保证执行的特征，实际被执行只能是双方彼此理解与信任的结果，如果一方反悔，拒绝执行，遵守方只得提请有关部门进行调处或者直接向人民法院提起诉讼。

2. 调解

调解方式是指经济纠纷当事人就争议的实体权利义务，以国家法律、法规和政策以及社会公德为依据，在无利益关联的第三者的主持下，自愿进行协商，通过教育疏导，促成各方达成协议、解决纠纷的办法。我国现有的调解形式主要有：法院调解、仲裁调解、人民调解、行政调解、律师调解及其他社会团体组织的调解，不管何种形式的调解，基于调解所达成的协议必须以当事人自愿、不违反法律禁止性规定以及尊重社会公序良俗为总的指导原则，否则会被认定为违法而被撤销。

3. 经济仲裁

经济仲裁是指经济纠纷当事人在纠纷发生之前或发生之后，签订书面协议，自愿将纠纷提交双方所同意的仲裁委员会予以裁决，以解决纠纷的一种方式。仲裁协议有两种形式：一种是在争议发生之前订立的，它通常作为合同中的一项仲裁条款出现；另一种是在争议之后订立的，它是把已经发生的争议提交仲裁的协议。这两种形式的仲裁协议，其法律效力是相同的。根据我国现行相关仲裁法的规定，我国仲裁委员会是公断性质的、非政府性的专门组织，对仲裁实行一裁终局的制度。即裁决作出后当事人就同一纠纷再申请仲裁或者向人民法院起诉的，仲裁委员会或者人民法院不予受理。

4. 民事诉讼

民事诉讼是指公民之间、法人之间、其他组织之间以及他们相互之间（平等的民事主体之间）因财产关系和人身关系提起的诉讼。民事诉讼是人民法院、当事人和其他诉讼参与人，在审理民事案件的过程中，所进行的各种诉讼活动，以及由这些活动所产生的各种关系的总和。

经济纠纷是众多民事纠纷之中常见的纠纷之一，基于民事法律领域充分尊重当事人意思自治原则的前提下，当事人可自愿选择这四种方式之一，但必须依法进行。

素养提升

　　大学生刘某与他的创业团队结识了某品牌手机区域代理商赵某，刘某和他的创业团队决定跟赵某订购 220 台手机，对方保证在 5 天内交付完手机，但约定的时间过去了，这批货却迟迟没到。在与该区域其他院校的大学生创业团队沟通后，刘某才发现自己被骗了。被骗的大学生创业者向警方报案，但由于交易合同签订不完善，甚至有的学生团队在交易时根本没有签订书面合同，交货时的凭证也保存得不够详细完整，调查取证变得非常困难。赵某被拘留了一段时间后，检察院以证据不足为由作出了不予批捕的决定，赵某获释。

经济仲裁与民事诉讼

　　近年来，由大学生就业、创业引发的纠纷日益增多。对此，"职场菜鸟"需要有一双"法眼"，树立合同意识和法律意识，依法维护自身权益，应对就业、创业中的各种"陷阱"。

💡项目检测

一、单项选择题

1.个人独资企业的投资人对企业的债务（　　　　）。

　　A.以出资额为限承担责任　　　　　　　B.以企业财产为限承担责任

　　C.以其个人财产承担无限责任　　　　　D.以其家庭财产承担无限连带责任

2.设立有限责任公司时，股东人数应当符合《公司法》的规定，法定人数应为（　　　　）。

　　A.50 人以下　　　　　B.200 人以下　　　　　C.2 人以上　　　　　D.2～50 人

3.依照《个人独资企业法》的规定，个人独资企业分支机构的民事责任由（　　　　）承担。

　　A.分支机构独立承担

　　B.设立分支机构的个人独资企业和其投资人共同承担

　　C.设立分支机构的个人独资企业承担

　　D.设立分支机构的个人独资企业的投资人承担

4.我国《合伙企业法》规定，合伙人属于当然退伙的情形的有（　　　　）。

　　A.合伙协议约定的退伙事由出现

　　B.其他合伙人严重违反合伙协议约定的义务

　　C.经全体合伙人同意退伙

　　D.在合伙企业中的全部财产份额被人民法院强制执行

5.合伙企业登记事项发生变更的，执行合伙事务的合伙人应当自作出变更决定或者发生变更事由之日起（　　）日内，向企业登记机关申请办理变更登记。

    A. 5　　　　　　　B. 10　　　　　　　C. 15　　　　　　　D. 20

6.设立股份有限公司时，股东人数应当符合《公司法》的规定，法定人数应为（　　）。

    A. 50人以下　　　　B. 200人以下　　　C. 2人以上　　　D. 2～50人

7.我国《公司法》规定的公司类型包括（　　）。

    A.有限责任公司和股份有限公司

    B.有限责任公司和无限责任公司

    C.两合公司和有限责任公司

    D.股份两合公司和股份有限公司

8.根据合同成立除当事人的意思表示以外，是否还要以其他现实给付为标准，可以将合同分为（　　）。

    A.主合同与从合同　　　　　　　B.单务合同与双务合同

    C.有名合同与无名合同　　　　　D.诺成合同与实践合同

9.下列哪种情形下，要约依然有效（　　）。

    A.要约被拒绝

    B.要约被依法撤销

    C.承诺期限届满，受要约人未作出承诺

    D.受要约人对要约的内容作出非实质性变更

10.以下哪项不属于经济仲裁的特点（　　）。

    A.自愿性　　　　　B.公开性　　　　　C.专业性　　　　　D.灵活性

二、多项选择题

1.下列各项中，可以作为有限责任公司股东出资的有（　　）。

    A.劳务　　　　　　B.知识产权　　　　C.土地使用权　　　D.特许经营权

2.下列意思表示中属于要约的有（　　）。

    A.甲公司向乙公司寄送笔记本电脑产品的价目表，称若乙公司需要，可与甲公司
      联系

    B.乙公司选中某型号笔记本电脑10台，但考虑价格较高，致电甲公司是否可以
      便宜每台200元

    C.甲公司经过充分考虑，同意以每台笔记本电脑便宜100元的价格卖给乙公司

    D.乙公司接受甲公司报价，决定购买10台该型号的笔记本电脑

3.下列各项中，可以成为经济法主体的有（　　）。

    A.政府机关　　　　B.各类企业　　　　C.非营利组织　　　D.公民

4.下列合同中，属于实践合同的有（　　　　）。

    A.保管合同　　　　　　　　　　　B.自然人之间的借贷合同

    C.赠与合同　　　　　　　　　　　D.质押合同

5.经济纠纷解决机制有（　　　　）。

    A.协商　　　　　　B.调解　　　　　　C.经济仲裁　　　　D.民事诉讼

三、判断题

1.个人独资企业是指由一个自然人或一个法人投资设立的企业。（　　　　）

2.个人独资企业具有法人资格。（　　　　）

3.国有独资公司、国有企业、上市公司及公益性的事业单位、社会团体可以成为合伙企业的普通合伙人。（　　　　）

4.合同仅有口头与书面两种形式。（　　　　）

5.股份有限公司采取发起设立方式设立的，注册资本为在公司登记机关登记的全体发起人认购的股本总额。（　　　　）

6.有限责任公司的投资者可以是自然人或法人。（　　　　）

7.合伙企业可以转为有限公司或股份公司。（　　　　）

8.赠与合同属于单务合同。（　　　　）

9.商品房的销售广告和宣传资料属于要约。（　　　　）

10.普通合伙企业由普通合伙人组成，他们对合伙企业债务承担无限连带责任。（　　　　）

四、简答题

1.普通合伙企业和一般合伙企业的异同主要有哪些？

2.有限公司和股份公司的主要区别有哪些？

3.合同一般包含哪些内容？

项目一项目检测参考答案

项目二　应知应会的内控管理知识

◎ 学习目标

知识目标：

1. 了解企业不同组织结构的特点和适用情况；
2. 理解企业风险管理的基本思路；
3. 掌握风险识别的基本方法；
4. 掌握风险应对的不同方法；
5. 了解企业内部控制的常用方法；
6. 掌握具体业务活动控制的流程和制度。

能力目标：

1. 能够结合企业实际情况识别或选择公司的组织架构；
2. 能够识别企业所面临的各种风险；
3. 能够针对企业所面临的风险设计具体应对方案；
4. 能够识别不同业务流程中的不兼容岗位；
5. 能够分析、评估不同业务活动的关键内部风险控制点；
6. 能够根据业务流程和风险控制点设计相应的内部控制方案。

素质目标：

1. 具有一定的战略思维，理解企业内部控制的重要意义；
2. 具备较高的风险管理意识，能正确应对企业面临的各种风险；
3. 具有较强的规则意识，能正确认识规范业务流程的重要性；
4. 具备较强的职业沟通和协调能力，能妥善处理内部机构之间相互制约与合作的关系；
5. 具备一定的职业判断能力，能灵活应对不断变化的企业外部环境。

▣ 情境导入

赵磊的企业终于注册成功了，他感到非常高兴。可是，企业开张的兴奋劲一过，赵磊又犯难了，该怎样设置企业的组织架构，又该如何进行运营管理？赵磊的确没有经验。通过朋友介绍，赵磊认识了一家企业管理咨询公司的钱经理，对此进行了深入的沟通交流。

📊 任务实施

任务一　企业组织架构及风险管理认知

企业要实施发展战略，必须有科学的组织架构，主要包括治理结构和内部机构设置。如果企业治理结构形同虚设，缺乏科学的决策、良性的运行机制和执行力，就可能导致经营失败；此外，如果内部机构设计不科学，权责分配不合理，也可能导致机构重叠、职能交叉或缺失，运行效率低下。

一、企业组织架构

组织架构是指企业按照国家有关法律、法规、股东会决议、企业章程，结合本企业实际情况，明确董事会、监事会、经理层和企业内部各层级机构设置职责权限、人员编制、工作程序和相关要求的制度安排。

（一）治理结构

治理结构即企业治理层面的组织架构，是与外部主体发生各项经济关系的法人所必备的组织基础，公司治理结构用来协调公司所有的权利主体之间的制衡关系。现代企业治理结构分类如图 2-1 所示。

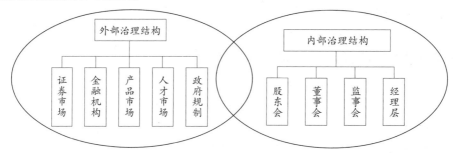

图 2-1　现代企业治理结构分类

为防范和化解组织架构设计和运行中存在的风险，企业在进行组织架构设计时应重点注意以下几个方面的问题。

1. 完善公司治理结构

企业应当根据国家有关法律法规的规定，明确董事会、监事会和经理层的职责权限、任职条件、议事规则和工作程序，确保决策、执行和监督相互分离，相互制衡。

董事会对股东会负责，依法行使企业的经营决策权。可按照股东会的有关决议，设立战略、审计、提名、薪酬与考核等专门委员会，明确各专门委员会的职责权限、任职资格、议事规则和工作程序，为董事会科学决策提供支持。

监事会对股东会负责，监督企业董事、经理和其他高级管理人员依法履行职责。

经理层对董事会负责，主持企业的生产经营管理工作。经理和其他高级管理人员的职责分工应当明确。

董事会、监事会和经理层的产生程序应当合法合规，其人员构成、知识结构、能力素质应当满足履行职责的要求。

同时应强调，企业的重大决策、重大事项、重要人事任免及大额资金支付等业务（即通常所说的"三重一大"），应当按照规定的权限和程序实行集体决策审批或者联签制度，任何个人不得单独进行决策或者擅自改变集体决策意见。

2.合理设置内部职能机构

企业应当按照科学、精简、高效、透明、制衡的原则，综合考虑企业性质、发展战略、文化理念和管理要求等因素，合理设置内部职能机构，明确各机构的职责权限，避免职能交叉、缺失或权责过于集中，形成各司其职、各负其责、相互制约、相互协调的工作机制。

3.明确岗位分工和职权

企业应当对各机构的职能进行科学合理的分解，确定具体岗位的名称、职责和工作要求等，明确各个岗位的权限和相互关系。

企业在确定职权和岗位分工过程中，应当体现不相容职务相互分离的原则。不相容职务通常包括：可行性研究与决策审批；决策审批与执行；执行与监督检查等。企业应当制定组织结构图、业务流程图、岗（职）位说明书和权限指引等内部管理制度或相关文件，使员工了解和掌握组织架构设计及权责分配情况，正确履行职责。

4.规范内部机构运行机制

企业应当根据组织架构的设计规范，对现有治理结构和内部机构设置进行全面梳理，确保本企业治理结构、内部机构设置和运行机制等符合现代企业制度的要求。

企业梳理治理结构，应当重点关注董事、监事、经理及其他高级管理人员的任职资格和履职情况，以及董事会、监事会和经理层的运行效果。治理结构存在问题的，应当采取有效措施加以改进。

5.建立科学的投资管控制度

企业拥有子公司的，应当建立科学的投资管控制度，通过合法有效的形式履行出资人职责、维护出资人权益，重点关注子公司特别是异地、境外子公司的发展战略、年度财务预决算、重大投融资、重大担保、大额资金使用、主要资产处置、重要人事任免、内部控制体系建设等重要事项。

（二）内部机构

内部机构是企业内部分别设置不同层次的管理人员及由各专业人员组成的管理团队。组织结构是组织的全体成员为实现组织目标，在管理工作中进行分工协作，在职务范围、责任、权力等方面所形成的结构体系。组织结构的基本构成要素是分工与整合。

1.分工

分工是指企业为创造价值而对其人员和资源进行的分配。对不同的人分配不同的工作，将不同的人群划分成不同的部门，并确定其职责，就是分工。

（1）纵向分工是指从企业最高层扩展至最基层，明确谁向谁报告工作。它能够回答员工"我有问题时，去找谁""我对谁负责"等问题。纵向分工主要涉及职权的分配。例如，"10万元以上付款审核是由财务经理审批还是财务总监审批"就是由纵向分工解决的。

（2）横向分工是企业资源的分配，公司所有的资源都在这条线上进行专业化分配，并保障业务部门能够获得支持。横向分工主要涉及资源的分配，不同的企业组织形式也不同，目前企业中普遍采用的组织形式有直线式、职能式、矩阵式和事业部式。

①直线式组织结构是一种最古老也是最简单的企业管理组织形式，企业的一切管理工作从上到下都由总经理直接管理指挥。直线式组织结构比较简单、权责分明、命令统一、决策快速、指挥灵活、管理费用低。但是，这种组织结构形式弹性较小并缺乏专业分工，其成功主要依赖于该核心人员的个人能力，要求管理者掌握多种知识和技能，人的精力有限，通常情况下管理者很难深入、全面地思考每一个问题，继任的管理者也难以立即着手工作。这种组织结构通常适用于企业刚刚成立、刚刚起步的阶段。直线式组织结构如图2-2所示。

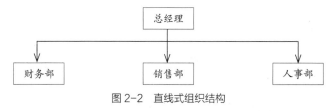

图 2-2　直线式组织结构

②职能式组织结构，通过在企业内部设立各职能部门，由专业化管理者做指挥管理工作。职能式的每个管理者只需要对其专业内的工作负责，能起到专家的作用，将管理工作做到精细。其缺点是职能部门之间的协作性和配合性较差，不重视横向沟通，如果授权过大，会对直线指挥形成干扰。这种组织结构主要适用于中小型的、产品品种比较单一、生产技术发展较慢、外部环境比较稳定的企业。职能式组织结构如图2-3所示。

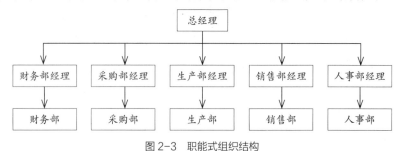

图 2-3　职能式组织结构

③矩阵式组织结构是在按职能划分的垂直指挥管理系统的基础上再加上按产品或项目划分的横向领导关系，既包含职能专业化又包含产品或项目专业化的二元组织结构。矩阵式组织结构是为了改进职能式组织结构横向联系差、缺乏弹性的缺点而形成的一种组织结构形式。矩阵式组队结构通常是为了完成某一个项目，临时从各个职能部门抽调

相关人员组成，项目完成后，该组织也就取消了。矩阵式组织结构机动性好、灵活，能够加强各部门之间的横向联系，可以更好地利用人力和物力。但由于其有临时性，对工作效率有一定影响，而且要接受多重领导，如果出现问题，有时责任会难以判定。矩阵式组织结构如图 2-4 所示。

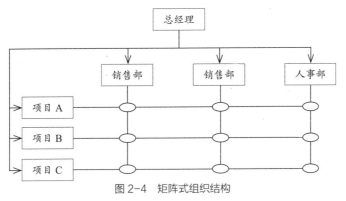

图 2-4　矩阵式组织结构

④事业部式组织结构是在总公司领导下设立多个事业部，把分权管理与独立核算结合在一起，按产品、地区或市场（顾客）划分为多个不同的事业部。每个事业部都有自己的产品和特定的市场，能够完成某种产品从生产到销售的全部职能，它们独立核算、自负盈亏。该组织结构实行"集中决策、分散经营"，是一种高度集权下的分权管理体制。事业部式最早是由美国通用汽车公司副总经理斯隆于 1924 年提出的，又称"斯隆模型"。事业部式是欧美、日本大型企业所采用的典型组织形式。事业部式把公司统一管理、多种经营和专业分工更好地结合起来，还能为企业不断培养出高级管理人才。采用事业部式的企业需要很多素质较高的专业人才，管理人员占比较大，事业部经理必须有扎实的专业知识并熟悉多方面业务，但多个事业部之间协调难度较大。事业部式组织结构如图 2-5 所示。

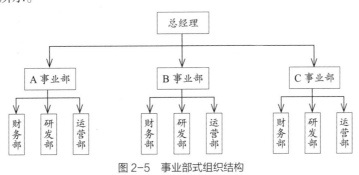

图 2-5　事业部式组织结构

企业选择哪一种组织结构形式没有绝对的好坏之分，要根据企业具体的生产经营活动特点和自身的实际情况而定，切勿随大流、好攀比、充场面，只有合适的才是最好的。

2. 整合

为了避免分工所带来的诸如部门间的脱节、各行其是、部门间利益冲突、横向协调难等问题，需要通过整合把企业内部各部门、各环节进行必要的调整或重建，协调它们之间的关系，使各部门相互支持、相互配合，以实现企业的组织协同。

没有组织结构的公司将是一盘散沙，组织结构不合理会严重阻碍公司的正常运作，甚至导致公司经营的彻底失败。相反，适宜、高效的组织结构能够最大限度地释放公司的能量，更好地发挥协同效应，达到"1＋1＞2"的合理运营状态。

二、风险管理

内部控制的目的是帮助企业加强风险管理，提高管理水平，提升企业竞争力。也可以说，内部控制的核心就是风险管理。企业经营中面临的风险可以分为以下两个层面：一是企业决策面临的重大风险，需要管理层根据风险偏好确定风险应对策略；二是业务层面的风险，需要企业内部制定相应的工作程序、工作流程，明确管控措施、岗位权责，通过规范的程序，保证风险得以防控，最终形成企业风险从战略到运营的立体防控格局。

（一）目标设定

目标设定是指企业在识别和分析实现目标的风险并采取行动来管理风险之前，采取恰当的程序去设定目标，确保所选定的目标支持和切合企业的发展使命，并且与企业的风险承受能力相一致。

内部控制的目标是合理保证企业经营管理合法合规、资产安全、财务报告及相关信息真实完整、提高经营效率和效果、促进企业实现发展战略。在这五大目标中，战略目标是最高层次的目标，经营目标、资产安全目标、财务报告目标与合规目标是建立在战略目标基础上的业务层面目标。在企业内部控制目标的设定过程中，企业要根据自己的风险偏好和风险承受能力首先制定企业层面的目标，即战略目标，然后再制定业务层面目标。对已经制定的目标进行审阅，以保证这些目标与企业的风险偏好、风险承受能力相一致，具体如图2-6所示。

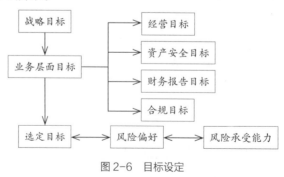

图2-6 目标设定

（二）合理确定风险承受能力

目标设定是否科学、有效，取决于其是否符合企业的风险偏好和风险承受度。

1.风险偏好

风险偏好是指企业在实现其目标的过程中愿意接受的风险的数量，可以从定性和定量两个角度对风险偏好加以度量。风险偏好与企业的战略直接相关，在战略制定阶段，企业应进行风险管理，考虑将该战略的既定收益与企业的风险偏好结合起来，目的是帮助企业的管理者在不同的战略之间选择与企业的风险偏好相一致的战略。

2.风险承受度

风险承受度是指在企业目标实现的过程中对差异的可承受风险限度，是企业在风险偏好的基础上设定的对相关目标实现过程中所出现的差异的可接受水平，也被称作风险承受能力。风险承受度包括整体风险承受能力和业务层面的可承受风险水平。例如，一家公司的目标市场份额是15%，同时公司还规定了对于市场份额的可接受范围，即10%～20%。又如，收入增长率的目标是40%，但允许有一定的偏差，比如35%～45%的收入增长率都可以接受。再如，要求产品的废品率是3%，但是最多允许5%的产品是废品。

在确定各目标的风险承受能力时，企业应考虑相关目标的重要性，并将其与企业风险偏好联系起来。企业在风险承受能力之内经营，能够使其在风险偏好之内向管理层提供更大的保证，进而对企业实现其目标提供更高程度的保证。

此外，企业应以风险组合的观点看待风险。对企业内每个单位而言，其风险可能落在该单位的风险承受度范围内，但从企业总体来看，总风险可能超过企业总体的风险偏好范围。因此，应从企业总体的风险组合的观点看待风险。

（三）风险识别

1.风险识别内容

风险识别的主要内容包括两方面：一是感知风险事项。通过调查和了解，识别风险事项的存在。二是分析风险事项。通过归类分析，掌握风险事项产生的原因和条件以及风险事项具有的性质。感知风险事项和分析风险事项构成风险识别的基本内容，两者是相辅相成、相互联系的。感知到风险事项的存在才能进一步有意识、有目的地分析风险，进而掌握风险的存在及导致风险事项发生的原因和条件。

2.风险来源识别

按风险的来源不同，企业可能存在的风险事项可以划分为内部风险和外部风险。企业的内部风险来源于企业的决策和经营活动。企业决策的风险一方面表现在与外界环境不相适应，另一方面表现在企业本身的经营活动中，经营活动中的风险来自企业的各个流程和各个部门。企业的外部风险来自企业经营的外部环境，包括外部环境本身和外部环境的变化对企业目标的影响，如社会政治风险、供应链风险、市场风险、竞争对手风险、技术创新风险、法律法规风险、自然地理环境风险、灾害风险等。

　　企业开展风险评估，应当准确识别与实现控制目标相关的内部风险和外部风险。例如，一家服装鞋类进口商确定了企业的一个总体目标，要成为高档时装业的领头羊，企业层面需要考虑到的风险有：供货渠道（包括质量、数量和外国制造商）的稳定性；外汇汇率的波动；接收运货的及时性以及海关查验耽搁的影响；海运公司的可靠性以及运费；国际上敌对事件和贸易禁运的可能性；来自客户和投资者的压力。除此之外，还应该考虑的风险有：经济状况是在好转还是在恶化，市场对产品是否接受，在该企业的市场范围内是否出现新的竞争对手以及环境或监管的法律、法规是否发生改变等。

　　（1）内部风险识别。企业识别内部风险，应当关注下列因素。

　　①董事、监事、经理及其他高级管理人员的职业操守，员工专业胜任能力等人力资源因素。

　　②组织机构、经营方式、资产管理、业务流程等管理因素。

　　③研究开发、技术投入、信息技术运用等自主创新因素，包括增加资源以应对批量变动、安全故障以及潜在的系统停滞，它们会导致订货减少、欺诈性的交易以及不能持续经营业务等。

　　④财务状况、经营成果、现金流量等财务因素。

　　⑤营运安全、员工健康、环境保护等安全环保因素，包括工作场所的意外事故、欺诈行为以及劳动合同到期，它们会导致企业失去可利用的人员、货币性或者声誉性的损失以及生产中断等。

　　⑥其他有关企业识别内部风险的因素。

　　（2）外部风险识别。企业识别外部风险，应当关注下列因素。

　　①经济形势、产业政策、融资环境、市场竞争、资源供给等经济因素，包括价格变动、资本的可获得性，或者竞争性准入的较低障碍，它们会导致更高或更低的资本成本以及新的竞争者。

　　②法律、法规、监管要求等法律因素，包括新的法律和监管，它们会导致诸如对国外市场的新的开放或限制进入，或者更高或更低的税收。

　　③安全稳定、文化传统、社会信用、教育水平、消费者行为等社会因素。

　　④技术进步、工艺改进等科学技术因素，包括电子商务的新方式，它会导致数据可取得性的提高、基础结构成本的降低以及对以技术为基础的服务的需求增加。

　　⑤自然灾害、环境状况等自然环境因素，包括洪水、水灾或地震，它们会导致建筑物的损失，限制获取原材料，或者人力资本的损失。

　　⑥其他有关外部风险的因素。

　　需要注意的是，这些影响企业风险状况的事项通常不是孤立的，一个事项可能引发另一个事项。在事项识别的过程中，企业应清楚事项彼此之间的关系，通过评估这种关系，才能确定采取何种风险应对措施是恰当的。

（四）风险分析

风险分析是结合企业特定条件（如企业规模、经营战略等）在风险识别的基础上，运用定量或定性方法进一步分析风险发生的可能性和对企业目标实现的影响程度，并对风险的状况进行综合评价，以便为制定风险管理策略、选择应对方案提供依据。

风险分析是风险应对的基础，并为制定合理的风险应对策略提供依据，没有客观、充分、合理的风险分析，风险应对将是无的放矢、效率低下的。企业应当采用定性与定量相结合的方法，按照风险发生的可能性及其影响程度等，对识别的风险进行分析和排序，确定关注重点和优先控制的风险。

1.定性分析

定性分析法是目前风险分析中采用比较多的方法，它具有很强的主观性，往往需要凭借分析者的经验和直觉，或者国际标准和惯例，对风险因素的大小或高低程度进行定性描述，譬如高、中、低三级。

定性分析的操作方法多种多样，有问卷调查、集体讨论、专家咨询、人员访谈等。最常见的定性分析法是风险评估图法。风险评估图法是把风险发生的可能性、风险发生后对目标的影响程度，作为两个维度绘制在同一个平面上（即绘制成直角坐标系）。

影响企业目标实现的风险因素很多，但每项风险因素对目标的影响程度又各不相同，不同的管理人员对同一风险因素的重要性的认识也会不一致。为了统一评估标准，可采用风险评估图法。风险评估图法是通过识别某一风险因素是否会对企业目标产生重大影响，并将此结论与风险发生的可能性联系起来，进而为确定风险因素的优先次序提供框架。如图2-7所示，与影响较小且发生的可能性较低的风险（图中的点B）相比，具有重大影响且发生的可能性较高的风险（图中的点A）亟待关注。例如，营业外收入额、净利润额、每股收益等因素的变化，会直接影响企业经营目标的实现；资产负债率、现金流量等风险因素指标的变化，会直接影响企业偿债义务的执行，甚至会给企业带来致命的影响。因此，企业需要重点关注这些风险。此外，每种风险的重大程度及影响会因企业结构的不同而有所差别。所以企业应根据自身的经营特点来确定各风险因素影响程度的等级。

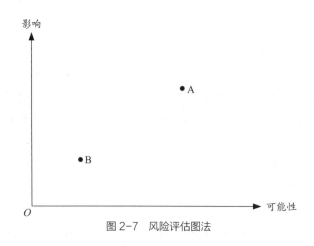

图 2-7　风险评估图法

2.定量分析

定量分析法，就是对构成风险的各个要素和潜在损失的水平赋予数值或货币计量的金额，从而量化风险分析的结果。比较常用的定量分析法有情景分析、敏感性分析、风险价值（value-at-risk，简称"VaR"）、压力测试等。

（五）风险应对

风险应对，是指在风险分析的基础上，针对企业所存在的风险因素，根据风险分析的原则和标准，运用现代科学技术知识和风险管理方面的理论与方法，提出各种风险解决方案，经过分析论证与评价，从中选择最优方案并予以实施，以达到降低风险目的的过程。

在风险识别和风险分析的基础上，企业应当综合运用风险规避、风险降低、风险分担和风险承受等风险应对策略，实现对风险的有效控制。

1.风险规避

风险规避（risk avoidance）是指企业对超出风险承受度的风险，通过放弃或者停止与该风险相关的业务活动以避免和减轻损失的策略。风险规避能将特定风险造成的各种可能损失完全消除，因此也有人将其称为最彻底的风险管理技术。

风险规避一般有以下三种方式。

（1）完全放弃。完全放弃是指企业拒绝承担某种风险，根本不从事可能产生某些特定风险的活动。

（2）中途放弃。中途放弃是指企业终止承担某种风险。例如，开发出的新产品，经试销后，发现其市场前景黯淡，于是中途停止试验和研究，以避免承受更大的新产品开发风险。这种风险规避通常与环境的较大变化和风险因素的变动有关。由于发生了新的不利情况，企业经过权衡利弊后，认为得不偿失，故而放弃。

（3）改变条件。改变条件是指改变生产活动的性质、改变生产流程或工作方法等。其中，生产性质的改变属于根本性变化。

2.风险降低

风险降低（risk reduction）是指企业在权衡成本效益之后，准备采取适当的控制措施降低风险或者减少损失，将风险控制在风险承受度之内的策略。风险降低的目的在于积极改善风险特性，使其能为企业所接受，从而使企业不丧失获利机会。因此，相对于风险规避而言，风险降低是较为积极的风险处理策略。

依据目的的不同，风险降低可以划分为损失预防和损失抑制两类。前者以降低损失概率为目的，后者以缩小损失程度为目的。如避雷针的装设是损失预防措施，而自动过滤器的装设则是损失抑制措施。

3.风险分担

风险分担（risk sharing）又称风险转移，是企业准备借助他人的力量，采取业务分包、购买保险等方式和适当的控制措施，将风险控制在风险承受度之内的策略。风险分担是一种事前的风险应对策略，即在风险发生前，通过各种交易活动，如业务外包、购买保险、租赁等，把可能发生的风险转移给其他人承担，避免自己承担全部风险损失。通过分担方式应对风险，风险本身并没有减少，只是风险承担者发生了变化。

4.风险承受

风险承受（risk acceptance）是企业对风险承受度之内的风险，在权衡成本效益之后，不准备采取控制措施降低风险或者减少损失的策略。风险承受是一种风险财务技术，企业明知可能有风险发生，但在权衡了其他风险应对策略之后，出于经济性和可行性的考虑将风险留下，若出现风险损失，则依靠企业自身的财力去弥补。风险承受的前提是自留风险可能导致的损失比转移风险所需代价小。

风险承受对策包括非计划性风险承受和计划性风险承受两种。非计划性风险承受是非计划的和被动的，主要是由于风险识别过程的失误、风险的评价结果认为可以忽略、风险管理决策延误等原因造成的。如果在风险管理规划阶段已对一些风险有了准备，当风险事件发生时马上执行应急计划，自留风险就是计划性风险承受。风险自留的计划性主要体现在风险自留水平和损失支付方式两方面。风险自留水平，是指选择风险事件作为风险自留的对象。确定风险承受的水平可以从风险发生的概率及损失期望值大小的角度考虑，一般应选择风险发生概率小、损失期望值小的风险事件作为风险自留的对象。损失支付方式，是指风险承受方应预先制订损失支付计划。常见的损失支付方式有从现金净收入中支出、建立非常基金储备、建立风险准备金等。

外贸企业的信用之殇

德国有一家机械制造企业，其产品原料部分从中国进口。由于其需要的数量很大，中国共有 7 家机械公司向其供货。到 2010 年，每家机械公司的出口规模已经达到七八千万美元，而货款结算以赊销为主。2012 年 4 月，7 家机械公司突然接到从德国法院发来的关于这家德国企业的破产通知书。此时，7 家机械公司合计有 3 亿多美元的应收账款还没有收回。

据查，该企业将自己的大量产品赊销给客户，致使自己的流动资金短缺。同时，由于大幅度增加企业规模，该企业向银行申请了巨额的银行贷款。在德国，如果企业在接到银行发出的催款通知后一段时间内不能按期偿付本息，银行就有权向法院申请欠款企业破产。这家德国企业因此被法院强制破产，我国的 7 家机械公司的损失都在 50% 以上。

其实，上述损失本可以预先防范，至少可以使损失降到最低。该企业虽然利润很高，但其资产多为固定资产和应收账款，银行存款等流动资产很少。而其负债金额却非常庞大，且多为必须马上偿付的短期借款。因此，该企业很容易在某一段时间出现不能偿付的状况。如果我国的企业事先得到其财务报表并认真地进行分析，就应该能充分了解其财务状况并有所警觉，降低给予该公司的信用额度或采用其他付款方式，从而降低和避免上述损失。

对于我国的企业来说，上述信用风险事件值得深刻反思，风险管理更是企业发展不可或缺的一环。

资料来源：方红星，池国华.内部控制[M].5 版.大连：东北财经大学出版社，2022:84.

投资的三要素：时间、风险和收益，三者无法兼得。要时间快、收益高，风险就一定会大，比如股票；要时间快、风险小，收益就不会高，比如货币基金；要收益高、风险小，时间周期就需要很长，比如年金保险。在实际生活和工作中，我们要清醒认识风险、认真评估不同投资决策，选择最优风险应对策略。

任务二　企业内控流程设计及内控制度建设

财政部等五部委联合发布的《企业内部控制基本规范》将内部控制的内容归纳为内部环境、风险评估、控制活动、信息与沟通、内部监督五大方面，称为内部控制五要素。

一、企业内部控制方法概述

企业内部控制的方法通常有以下七种：不相容职务分离控制、授权审批控制、会计系统控制、财产保护控制、预算控制、运营分析控制和绩效考评控制。

（一）不相容职务分离控制

不相容职务分离控制要求企业全面系统地分析、梳理业务流程中所涉及的不相容职务，实施相应的分离措施；形成各司其职、各负其责、相互制约的工作机制。企业通常有六大类主要的不相容职务需要分离：

（1）授权进行某项经济业务和执行该项业务的职务要分离；

（2）执行某项经济业务和审核这项经济业务的职务要分离；

（3）执行某项经济业务和记录该项业务的职务要分离；

（4）保管某些财产物资和对其进行记录的职务要分离；

（5）保管某些财产物资和使用这些财产物资的职务要分离；

（6）执行某项经济业务与监督这些经济业务的职务要分离。

当然，不相容职务分离需要员工各守其责，如果担任不相容职务的职工之间相互串通勾结，则不相容职务分离就失去作用；如果企业没有适当的职务分离，则发生错误和舞弊的可能性就加大。

（二）授权审批控制

授权审批控制要求企业根据常规授权和特别授权的规定，明确各岗位办理业务和事项的权限范围、审批程序和相应责任。单位应当编制常规授权的权限指引，规范特别授权的范围、权限、程序和责任，严格控制特别授权。企业各级管理人员应当在授权范围内行使职权和承担责任。企业对于重大的业务和事项，应当实行集体决策审批或者联签制度，任何个人不得单独进行决策或者擅自改变集体决策。根据上述规定，授权审批控制的范围通常包括：

（1）企业所有人员不经合法授权，不能行使相应权利；

（2）不经合法授权，任何人不能审批；

（3）有权授权的人应在规定的权限范围内行事，不得越权授权；

（4）企业的所有业务不经授权不能执行。

（三）会计系统控制

会计系统控制要求企业严格执行国家统一的会计制度，加强会计基础工作，明确会计凭证、会计账簿和财务会计报告的处理程序，保证会计资料真实完整。会计系统是为确认、汇总、分析、分类、记录和报告企业发生的经济业务，并保持相关资产和负债的受托责任而建立的各种会计记录手段、会计政策、会计核算程序、财务会计报告制度和会计档案管理制度等。

会计系统控制的内容包括会计机构设置控制、会计人员配备控制、复式记账控制、会计凭证控制、会计账户和会计账簿控制、会计处理程序控制和财务会计报告控制等。企业要建立健全财务管理、成本管理、预算管理、会计核算和会计监督等方面的工作，重要经济问题的分析和决策，企业会计系统控制的具体措施和制度，强化企业会计系统控制的检查监督，不断完善企业会计系统控制体系。

【案例分析2-1】陈某原是某加油站站长兼出纳。近年来，他私自截留销售款、利用现金支票编造各种理由提取现金，将单位公款用于赌博，造成企业直接经济损失70余万元。经调查，陈某挪用公款的手段很简单。

（1）直接挪用销售款。陈某自担任站长起，多次从加油站油款中直接拿走现金，两年的时间里挪用公款50多万元用于赌博。

（2）隐匿其他业务收入共计20万元，将其提现的金额与其隐匿的收入相抵，使13笔收支业务均未在银行存款日记账和银行存款余额调节表中反映。

（3）伪造11张银行对账单，将其提现的整数金额改成带尾数的金额，并将提现的银行代码"11"改成托收的代码"88"。

【解析】本案是一起典型的由于单位内部控制混乱而导致的挪用公款案。对本案例进一步分析不难发现，陈某的舞弊行为实际从整体上暴露了该公司内部控制薄弱的问题。归纳起来，存在的问题主要体现在以下几个方面。

（1）没有加强对销售收入款项的控制。按照《内部会计控制规范——销售与收款》的规定，单位应将销售收入及时入账，不得账外设账，不得擅自坐支现金。销售人员应当避免接触现款。而本案中的陈某却多次从加油款中直接拿取现金用于赌博，严重违反了内部控制制度。

（2）缺乏严格的监督检查制度。根据规定，单位应当建立对销售与收款内部控制的检查制度，明确监督检查机构或人员的职责权限，定期或不定期地进行检查。单位监督检查机构或人员应通过实施符合性测试检查销售与收款业务内部控制制度是否健全，各项规定是否得到有效执行。本案中，在陈某任站长期间，尽管公司每年都对他的经营情况进行审计，但都是走走形式，只是简单地核对账目，未发现任何问题。

（3）没有将不相容的岗位分离。陈某担任出纳兼与银行对账，为其提供了在编制银行存款余额调节表时擅自抵销13笔收支业务的机会。

（4）印鉴管理失控。财务印鉴与行政印鉴合并使用并由行政人员掌管，出纳在加盖印鉴时未能得到有力的监控。

（5）对账单由出纳从银行取得，为陈某提供了伪造对账单的可能。且在本案中，由于人手较少，未能对此进行专项清查。

（6）业务人员缺乏应有的职业道德。单位应当配备合格的人员担任销售与收款、出纳、对账等职务。业务人员应该定期考核、培训并应实行轮岗制度，培养良好的业务素质和职业道德。

（四）财产保护控制

企业应建立财产日常管理制度和定期清查制度，采取财产记录、实物保管、定期盘点、账实核对等措施，确保财产安全完整。严格限制未经授权的人员接触和处置财产。这里所述的财产主要包括企业的货币资金、存货以及固定资产等。它们在企业资产总额中的比重较大，是企业进行经营活动的基础，因此企业应加强实物资产的保管控制，保证实物资产的安全完整，建立安全、科学的保管制度。

【案例分析2-2】A公司为一家水处理设备公司，除总部在深圳外，全国大部分省会城市都设有分支机构进行销售和售后服务。在一次年末的内部控制核查中，该公司发现B分支机构没有执行成本管理和存货清查制度。B分支机构的库存成本居高不下，只要进行库存盘点和资产清查就能发现其中的异常情况。然而B分支机构各部门居然都对此视而不见，特别是仓储人员没有按公司制度履行自己的基本职责：仓库部分货品没有库存明细账以及相应的进出库记录；部分货品核算只有金额账，没有库存数量明细账；还有些货物进出库记录没有登记数量明细，销售成本按估算的毛利率倒挤计算，导致最后库存盘点时，实物结存数量与按产成品总账计算出的产品单位成本超出了销售价格。

【解析】从这个案例中可以看出以下两个问题：

（1）该分支机构的存货台账及明细账存在严重的问题，比如有些货品无库存明细账及相关进出库台账，有些无库存数量明细账，更为荒唐的是根据毛利率来估算销售成本。该分支机构的仓储人员应当严格按公司制度履行自己的基本职责，做好存货的收发台账；相关会计人员也应当完善存货的明细账。

（2）该分支机构并未执行总部规定的定期及不定期盘点清查制度。A公司要想提升整体效益和管理水平，就必须加强对B分支机构的管理和控制。完善B分支机构的存货管理，达到财产保护控制的要求，应是当务之急。

（五）预算控制

企业应实施全面预算管理制度，明确各责任单位在预算管理中的职责权限，规范预算的编制、审定、下达和执行程序，强化预算约束。全面预算是指企业对一定期间的经营活动、投资活动、财务活动等做出的预算安排。全面预算作为一种全方位、全过程、全员参与编制与实施的预算管理模式，凭借其计划、协调、控制、激励、评价等综合管理功能，整合和优化配置企业资源，提升企业运行效率，成为促进企业实现发展战略的重要途径。预算控制使得经营目标转化为各部门、各岗位以至个人的具体行为目标，作为各责任单位的约束条件，预算控制能够从根本上保证企业经营目标的实现。一般来说，企业全面预算体系包括经营预算、资本预算和财务预算。

预算编制是企业实施预算管理的起点，也是预算管理的关键环节。企业采用什么方法、什么编制程序编制预算，对预算目标的实现有着至关重要的影响，从而直接影响预算管理的效果。全面预算一般应按照"上下结合、分级编制、逐级汇总"的程序进行。企业全面预算业务的基本流程一般包括预算编制、预算执行和预算考核三个阶段。其中，预算编制阶段包括预算编制、预算审批、预算下达等具体环节。预算编制完成后，便开始进入执行阶段，预算执行阶段涉及预算指标分解与责任落实、预算执行控制、预算分析、预算调整等具体环节。企业各部门在生产经营及相关的各项活动中，应严格按预算办事。同时，还应明确各项业务的授权审批权限及审批流程，对于无预算或者超预算的项目进行严格控制。预算制度制定后要进行后续管理，要定期检查预算制度执行情况。通过对相关数据的对比分析，找出差异的原因及应采取的措施。最后还应该制定相关的考核指标，定期对预算执行情况进行严格的考核。

（六）运营分析控制

1.运营分析控制的定义及流程

运营分析，是指以统计报表、会计核算、管理信息、计划指标和相关资料为依据，运用科学的分析方法对一段时期内的经营管理活动情况进行系统的分析研究，旨在真实了解经营情况，发现和解决经营过程中的问题，并按照客观规律指导和控制企业经营活动。

《企业内部控制基本规范》第三十四条规定："运营分析控制要求企业建立运营情况分析制度，经理层应当综合运用生产、购销、投资、筹资、财务等方面的信息，通过因素分析、对比分析、趋势分析等方法，定期开展运营情况分析，发现存在的问题，及时查明原因并加以改进。"

运营分析控制流程的四个阶段如图 2-8 所示。

图 2-8　运营分析控制流程

2.运营分析控制的方法

（1）因素分析法，是通过分析影响重要指标的各项因素，计算其对指标的影响程度，来说明指标前后期发生变动或产生差异的主要原因的一种分析方法。

（2）比较分析法，是运营分析最基本的方法，有纵向比较法和横向比较法。纵向比较公司历史数据，可以知道公司某一方面的变动情况，纵向比较法也称为水平分析法；横向比较法是与同行业其他公司比较，可以衡量公司在同行业中的竞争力和地位。

（3）趋势分析法，是根据企业连续若干会计期间（至少 3 期）的分析资料，运用指数或动态比率的计算，比较与研究不同会计期间相关项目的变动情况和发展趋势的一种财务分析方法，也叫动态分析法。

（4）比率分析法，是利用两个或若干相关数据之间的某种关联关系，运用相对数形式来考察、计量和评价，借以评价企业运营状况的一种分析方法。

（5）综合分析法，是指将反映企业运营各个方面的指标纳入一个有机的整体之中，以系统、全面、综合地对企业运营状况进行分析与评价。目前在实践工作当中应用比较广泛的综合分析体系包括杜邦财务分析体系、可持续增长率分析体系、EVA（企业价值评估）价值树分析体系等。

（七）绩效考评控制

绩效考评是绩效考核和评价的总称，通常也称为业绩考评，是针对企业中每个职工所承担的工作，应用各种科学的定性和定量的方法，对职工行为的实际效果及其对企业的贡献或价值进行考核和评价。它是企业人力资源管理的重要内容，更是企业管理强有力的手段之一。绩效考评的目的是通过考核提高每个个体的效率，最终实现企业的经营管理目标。

《企业内部控制基本规范》第三十五条规定："绩效考评控制要求企业建立和实施绩效考评制度，科学设置考核指标体系，对企业内部各责任单位和全体员工的业绩进行定期考核和客观评价，将考评结果作为确定员工薪酬以及职务晋升、评优、降级、调岗、辞退等的依据。"

绩效考评的本质是一个由各个要素组成的具有整体目的性和内在联系性的系统。一个典型的绩效考评系统应由评价主体、评价客体、评价目标、评价指标、评价标准、评价方法、评价报告等基本要素组成。绩效考评系统内容及其关系如图2-9所示。

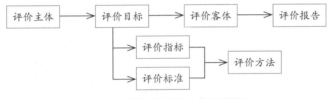

图2-9　绩效考评系统内容及其关系

绩效考评应当与全面预算控制相结合，特别是作为预算考评环节的重要补充，绩效考评也是人力资源控制的重要内容，企业应当有效地运用绩效考评。

二、具体业务活动控制流程和制度

（一）资金活动控制

资金是企业生产经营的血液，是企业生存和发展的重要基础，决定企业的竞争能力和可持续发展能力。资金活动，是企业筹资、投资和资金营运等活动的总称。影响资金活动的因素众多且不确定性较大，一旦风险转变为现实，对企业危害重大，不仅影响企业的可持续发展，甚至事关企业的生死存亡。加强资金活动风险控制，对于促进企业有效地组织资金活动、防范和控制资金风险、保证资金完整和安全、提高资金使用效益等具有重要意义。

企业资金活动包括筹资、投资和资金营运活动。

1.筹资活动

筹资活动的业务流程主要包括拟定筹资方案、筹资方案论证、筹资方案审批、筹资计划的编制与实施等（见图2-10）。

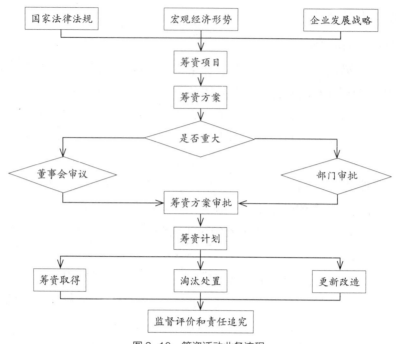

图 2-10　筹资活动业务流程

（1）提出筹资方案。筹资方案一般由财务部门根据企业经营战略、预算情况与资金现状等因素提出，一个完整的筹资方案应包括筹资金额、筹资形式、利率水平、筹资期限、资金用途等内容，提出筹资方案的同时还应与其他生产经营相关业务部门沟通协调，在此基础上才能形成初始筹资方案。

（2）筹资方案论证。初始筹资方案还应经过充分的可行性论证。企业应组织相关专家对筹资方案进行可行性论证，可行性论证是筹资业务内部控制的重要环节。一般可以从以下几个方面进行分析论证。

一是筹资方案的战略评估，主要评估筹资方案是否符合企业整体发展战略，控制企业筹资规模，防止因盲目筹资而给企业造成沉重的债务负担。

二是经济性评估，主要分析筹资成本是否最低，资本结构是否恰当，筹资成本与资金收益是否匹配等。筹资成本是筹资效率的决定性因素，筹集相同的资金，选择股票还是选择债券，会面临不同的筹资成本，选择不同的债券种类或者期限结构，也会面临不同的成本，所以企业必须认真评估筹资成本和资本结构，以寻求最佳资本结构。最佳资本结构是筹资活动控制的核心问题，在实际工作中，影响资本结构的因素很多，各种因素又具有很大的不确定性，如行业特点、企业自身情况等，选择最优的资本结构是非常复杂和困难的。应该根据企业的具体情况确定，在保证实现企业价值最大化的前提下，对不合理的资本结构进行调整，使其趋于合理化。

三是风险性评估，主要分析筹资方案面临哪些风险，风险大小是否适当、可控，是否与收益匹配等。企业通过对利率、汇率、货币政策、宏观经济走势等进行预测，确定筹资方案面临的风险。企业采用财务杠杆系数法，再结合其他方法评价筹资风险，财务杠杆系数越大，企业筹资风险也越大。企业通过银行借款或发行债券筹资，应当重点关注利率、汇率、筹资成本、偿还能力以及流动性风险等；企业在安排短期筹资和长期筹资的比例时，必须在风险与收益之间进行权衡，注意债务期限结构选择不当导致的风险。企业通过发行股票筹集资金，应当重点关注发行风险、市场风险、政策风险以及公司控制权风险等。

2.投资活动

投资活动的业务流程主要包括拟定投资方案、投资方案可行性论证、决策审批、投资计划的编制与实施以及投资项目的到期处置。

企业投资活动是筹资活动的延续，也是筹资的重要目的之一。投资活动作为企业一种营利活动，对于筹资成本补偿和企业利润创造，具有举足轻重的作用。企业应该根据自身发展战略和规划，结合企业资金状况以及筹资可能性，拟定投资目标，制订投资计划，合理安排资金投放的数量、结构、方向与时机，慎选投资项目，突出主业，谨慎从事股票或衍生金融工具等高风险投资。境外投资还应考虑政治、经济、金融、法律、市场等环境因素。如果采用并购方式进行投资，应当严格控制并购风险，注重并购协同效应的发挥。

企业投资活动的内部控制，应该根据不同投资类型的业务流程，以及流程中各个环节体现出来的风险，采用不同的具体措施进行投资活动的内部控制。

（1）拟定投资方案。拟定投资方案应根据企业发展战略、宏观经济环境、市场状况等，提出本企业的投资项目规划。在对规划进行筛选的基础上，确定投资项目。

（2）投资方案可行性论证。对投资项目应进行严格的可行性研究与分析。可行性研究需要从投资战略是否符合企业的发展战略、是否有可靠的资金来源、能否取得稳定的投资收益、投资风险是否处于可控或可承担范围内、投资活动的技术可行性、市场容量与前景是否适合等方面进行论证。

（3）投资方案决策。按照规定的权限和程序对投资项目进行决策审批，要通过分级审批、集体决策进行的，决策者应与方案制订者适当分离。重点审查投资方案是否可行、投资项目是否符合投资战略目标和规划、是否具有相应的资金能力、投入资金能否按时收回、预计收益能否实现以及投资和并购风险是否可控等。重大投资项目，应当报经董事会或股东会批准。投资方案需要经过有关管理部门审批的，应当履行相应的报批程序。

（4）投资计划编制与审批。根据审批通过的投资方案，与被投资方签订投资合同或协议，编制详细的投资计划，落实不同阶段的资金投资数量、投资具体内容、项目进度、完成时间、质量标准与要求等，并按程序报经有关部门批准后签订投资合同。

（5）投资计划实施。投资项目往往周期较长，企业需要指定专门机构或人员对投资项目进行跟踪管理，进行有效控制。在投资项目的执行过程中，必须加强对投资项目的管理，密切关注投资项目的市场条件和政策的变化情况，准确做好投资项目的会计记录和相应处理。企业应及时收集被投资方经审计的财务报告等相关资料，定期组织投资效益分析，关注被投资方的财务状况、经营成果、现金流量以及投资合同履行情况，发现异常情况的，应当及时报告并妥善处理。同时，在项目实施中，还必须根据各种条件，准确对投资的价值进行评估，根据投资项目的公允价值进行会计记录。如果发生投资减值，应及时提取减值准备。

（6）投资活动评价与责任追究。对已到期投资项目的处置同样要经过相关审批流程，妥善处置以实现企业最大的经济收益。企业应加强投资收回和处置环节的控制，对投资收回、转让、核销等决策和审批程序做出明确规定。企业应重视投资到期本金的回收；转让投资应当由相关机构或人员合理确定转让价格，报授权批准部门批准，必要时可委托具有相应资质的专门机构进行评估；核销投资应当取得不能收回投资的法律文书和相关证明文件。

3.资金营运活动

资金营运活动主要是指从资金流入形成货币资金开始，经过采购业务、生产业务、销售业务、还本付息、利润分配以及税收等不断循环的过程，企业资金营运活动应按照所设计的严密的流程进行控制。

（1）资金收付需要以业务发生为基础。企业资金收付，应该有根有据，不能凭空付款或收款。所有收款或者付款需求，都由特定的业务引起，因此有真实的业务发生是资金收付的基础。

（2）企业授权部门审批。收款方应该向对方提交相关业务发生的票据或者证明，收取资金。资金支付涉及企业经济利益流出，应严格履行授权分级审批制度。不同责任人应该在自己授权范围内审核业务的真实性、金额的准确性以及申请人提交票据或者证明的合法性，严格监督资金支付情况。

（3）财务部门复核。财务部门收到经过企业授权部门审批签字的相关凭证或证明后，应再次复核业务的真实性、金额的准确性，以及相关票据的齐备性、相关手续的合法性和完整性，并签字复核。

（4）出纳或资金管理部门在收款人签字后，根据相关凭证支付资金。

（二）采购业务控制

采购，是指购买物资（或接受劳务）及支付款项等相关活动。采购环节是企业生产经营活动的起点，是企业"实物流"的重要组成部分，同时又与"资金流"密切相关。企业采购业务涉及请购、审批、供应商选择、物资质量和价格、采购合同订立、验收和支付等众多环节，出现差错和舞弊的风险较大，决定了企业的生存和可持续发展。企业应根据《企业内部控制应用指引第7号——采购业务》的规定，梳理采购流程、明确采购业务的关键风险点、提出针对性的控制措施。

采购业务流程主要包括申请与审批、购买、验收与付款等环节（见图2-11）。

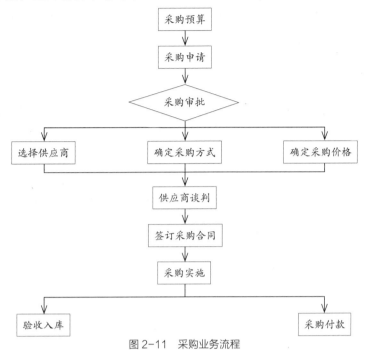

图 2-11　采购业务流程

　　企业在健全采购业务内部控制时，应当比照健全资金、资产业务内部控制，着力从全面梳理相关流程入手。在此过程中，企业应当对采购业务管理现状进行全面分析与评价，既要对照现有采购管理制度，检查相关管理要求是否落实到位，又要审视相关管理流程是否科学合理、是否能够较好地保证物资和劳务供应顺畅、物资采购是否能够与生产和销售等供应链的其他环节紧密衔接。在此基础上，要着力健全各项采购业务管理制度，落实责任制，不断提高制度执行力，确保物资和劳务采购按质按量按时、经济高效地满足生产经营的需求。

　　在实务中，企业至少应当关注涉及采购业务的下列风险：一是采购行为违反国家法律法规，可能遭受外部处罚、经济损失和信誉损失的风险；二是采购未经适当审批或超越授权审批，可能因重大差错、舞弊、欺诈而导致损失的风险；三是采购依据不充分、不合理，相关审批程序不规范、不正确，可能导致企业资产损失、资源浪费或产生舞弊行为的风险；四是采购行为违反法律法规和企业规章制度的规定，可能受到有关部门的处罚造成资产损失的风险；五是验收程序不规范，可能造成账实不符或资产损失的风险；六是付款方式不恰当、执行有偏差，可能导致企业资产损失或信用受损的风险。

（三）资产管理

　　资产是企业生产经营活动的物质基础。《企业内部控制应用指引第8号——资产管理》中所称的资产是指企业拥有或控制的存货、固定资产和无形资产。资产管理贯穿于企业生产经营的全过程，是企业生产经营活动平稳有序进行的重要保障。企业的资产管理不仅包括防范资产被偷被盗、非法占用，还包括提高资产使用效能等。加强各项资产管理，保证资产安全完整，提高资产使用效能，对于维持企业正常生产经营以及促进企业发展战略的实现有重要的意义。

1.存货管理

存货包括原材料、周转材料、在产品、半成品、产成品或商品等。企业代管、代销、暂存、受托加工的存货也应纳入本企业的存货管理。存货管理的业务流程主要有存货取得、验收入库、存货保管、领用发出、盘点清查、销售处置和会计系统控制等（见图 2-12）。

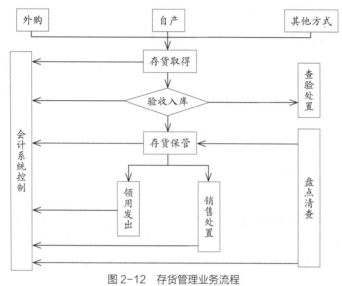

图 2-12　存货管理业务流程

（1）存货取得。存货取得的方式有外购、委托加工、自制等。该环节的主要风险包括：存货预算编制不科学、采购计划不合理，可能造成存货积压或短缺；取得方式不合理，不符合成本效益原则。

主要控制措施包括：第一，企业应当根据各种存货采购间隔期和当前库存，综合考虑企业生产经营计划、市场供求等因素，充分利用信息系统，合理确定存货采购日期和数量，确保存货处于最佳库存状态。第二，企业应当本着成本效益原则，确定不同类型存货的取得方式。

（2）验收入库。该环节的主要风险有：验收程序和方法不规范、标准不明确，可能造成账实不符、质量不合格等问题。

主要控制措施包括：企业应当重视存货验收工作，规范存货验收程序和方法，对入库存货的数量、质量、技术规格等方面进行查验，验收无误方可入库。企业应针对不同的存货取得方式，关注不同的验收重点：一是外购存货的验收，应当重点关注合同、发票等原始单据与存货的数量、质量、规格等的核对是否一致。涉及技术含量较高的货物，必要时可委托具有检验资质的机构或聘请外部专家协助验收。二是自制存货的验收，应当重点关注产品质量。只有通过检验合格的半成品、产成品才能办理入库手续；不合格品应及时查明原因、落实责任、报告处理。三是其他方式取得存货的验收，应当重点关注存货来源、质量状况、实际价值是否符合有关合同或协议的约定。

（3）存货保管。该环节的主要风险有：存货储存保管方式不当、监管不严，可能造成存货被盗、流失、变质损坏、贬损、浪费等。

主要控制措施包括：企业应当建立存货保管制度，定期对存货进行检查。重点关注下列事项：企业内部除存货管理、监督部门及仓储人员外，其他部门和人员接触存货，应当经过相关部门特别授权；存货在不同仓库之间流动时应当办理出入库手续；应当按仓储物资所要求的储存条件贮存，并健全防火、防洪、防盗、防潮、防病虫害和防变质等管理规范；加强生产现场的材料、周转材料、半成品等物资的管理，防止浪费、被盗和流失；对代管、代销、暂存、委托加工的存货，应单独存放和记录，避免与本单位存货混淆；结合企业实际情况，加强存货的保险投保，保证存货安全，合理降低意外事件造成的存货损失风险。

（4）领用发出。该环节的主要风险有存货领用发出审核不严、程序不规范，造成存货流失。

主要控制措施包括：第一，企业应当明确存货发出和领用的审批权限，大批存货、贵重商品或危险品的发出应当实行特别授权。第二，仓储部门应当根据经审批的销售（出库）通知单发出货物。第三，仓储部门应当详细记录存货入库、出库及库存情况，做到存货记录与实际库存相符，并定期与财会等部门进行核对。

（5）盘点清查。存货盘点清查既要关注存货数量，又要关注存货质量。该环节的主要风险有：盘点清查制度不完善、盘点计划不合理以及执行不严等，造成盘点工作流于形式、无法查清存货的真实情况。

主要控制措施包括：第一，企业应当建立存货盘点清查制度，结合本企业的实际情况确定盘点周期、盘点方法、盘点流程等相关内容。第二，企业至少应当于每年年度终了时开展全面盘点清查，存货盘点前要拟订详细的盘点计划，确定盘点方法、时间、人员等。第三，严格按照盘点计划进行盘点清查，核查存货数量，及时发现存货减值迹象。盘点清查结果应当形成书面报告。盘点清查中发现的存货盘盈、盘亏、毁损、闲置以及需要报废的存货，应当查明原因、落实并追究责任，按照规定权限批准后处置。

（6）销售处置。销售处置是指存货的正常对外销售以及存货因变质、毁损等进行的处置。存货销售环节的控制参照之后的销售业务控制。存货报废处置环节的主要风险有处置责任不明确、审批不严等，可能导致企业利益受损。

主要控制措施包括：企业应定期对存货进行检查，及时了解存货的存储状态，对于存货变质、毁损、报废或流失，要分清责任，分析原因，并编制存货处置单，报经批准后及时处置。

（7）会计系统控制。该环节的主要风险有：会计记录和处理不及时、不准确，不能反映存货的实际情况，不能起到加强存货管理的作用。

主要控制措施包括：财务部门应根据原始凭证对各环节存货数量和金额进行及时登记；定期与仓储部门等其他相关部门核对，确保账实相符；对于账实不符或减值现象，及时作出账务处理。

2.固定资产管理

企业的固定资产主要包括为生产商品、提供劳务、出租或经营管理目的持有的房屋、建筑物、机器设备以及运输工具等。固定资产管理的业务流程主要包括资产取得、建档立卡、运行维护、更新改造以及淘汰处置等（见图2-13）。

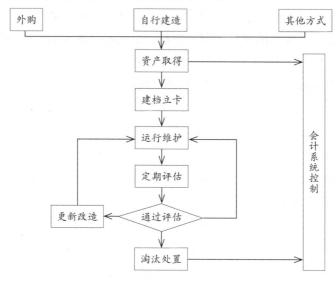

图2-13　固定资产管理业务流程

（1）资产取得。固定资产的取得方式有投资者投入、外购、自行建造、非货币性资产交换以及捐赠等。该环节的主要风险有固定资产预算不科学、审批不严等，造成固定资产购建不符合企业发展战略、利用率不高等。主要控制措施包括：第一，企业应建立固定资产预算制度，固定资产的购建应符合企业的发展战略和投资计划。第二，对于固定资产建造项目应开展可行性研究，提出项目方案，报经批准后确定固定资产项目建造工程立项。

（2）资产验收。不同取得方式以及不同类型的固定资产，其验收程序和技术要求也不同。该环节的主要风险是固定资产验收程序不规范，可能造成资产质量不符合要求，影响资产正常运作。企业应当建立严格的固定资产交付验收制度，确保固定资产数量、质量、规格等符合使用要求。固定资产交付使用的验收工作应由固定资产管理部门、使用部门及建造部门共同实施。

主要控制措施包括以下五个方面。

第一，外购固定资产验收时应重点关注固定资产的品种、数量、规格、质量等是否与合同、供应商的发货单一致，并出具验收单或验收报告。

第二，自行建造固定资产应由建造部门、固定资产管理部门和使用部门联合验收，编制书面验收报告，并在验收合格后填制固定资产移交使用单，移交使用部门投入使用。

第三，对于需要安装的固定资产，收到固定资产经初步验收后要进行安装调试，安装完成后须进行第二次验收。

第四，对于未通过验收的固定资产，不得接收，应按照合同等有关规定办理退货等弥补措施。验收合格的固定资产应及时办理入库、编号、建卡、调配等手续。

第五，对于具有权属证明的资产，取得时必须有合法的权属证书。

（3）登记造册。企业取得资产后应编制固定资产目录，建立固定资产卡片。该环节的主要风险是固定资产登记内容不完整，造成固定资产流失、信息失真等。

主要控制措施包括：企业应当制定固定资产目录，对每项固定资产进行编号，按照单项资产建立固定资产卡片，详细记录各项固定资产的来源、验收、使用地点、责任单位和责任人、运转、维修、改造、折旧、盘点等相关内容。

（4）运行维护。该环节的主要风险包括：固定资产操作不当、维修保养不到位，造成固定资产运作不良、使用效率低下、产品残次率高、生产停顿，甚至出现生产事故等。

主要控制措施包括以下三个方面。

第一，企业应对固定资产实行归口管理和分级管理，坚持"谁使用、谁管理、谁负责"的原则。

第二，企业应当强化对关键设备运转的监控，严格操作流程，实行岗前培训和岗位许可制度，确保设备安全运转。

第三，严格执行固定资产日常维修和大修理计划，定期对固定资产进行维护保养，切实消除安全隐患。

（5）更新改造。该环节的主要风险是固定资产更新改造不及时、技术落后，造成设备落后、市场竞争力下降。

主要控制措施包括以下三个方面。

第一，企业应当定期对固定资产的技术先进性进行评估，结合企业发展的需要，提出技改方案，并经审核批准后执行。

第二，根据发展战略，充分利用国家有关自主创新政策，加大技改投入，不断促进固定资产技术升级，淘汰落后设备，切实做到保持本企业固定资产技术的先进性和企业发展的可持续性。

第三，管理部门需对技改方案实施过程适时监督，加强管理，有条件的企业可以建立技改专项资金并进行定期或不定期审计。

（6）盘点清查。该环节的主要风险是清查制度不完善，造成固定资产流失、毁损等账实不符与资产贬值等问题。

主要控制措施包括以下两个方面。

第一，企业应当建立固定资产清查制度，至少每年进行一次全面清查。

第二，清查结束后应编制清查报告，对清查中发现的问题，应当查明原因，追究责任，妥善处理。

（7）处置。该环节的主要风险包括：处置制度不完善、处置方式不合理、处置定价不恰当等，可能给企业造成损失。

主要控制措施包括以下四个方面。

第一，企业应建立健全固定资产处置制度，加强固定资产处置的控制，按规定程序对处置申请进行严格审批，关注固定资产处置中的关联交易和处置定价，防范资产流失。

第二，对使用期满、正常报废的固定资产，应由固定资产使用部门或管理部门填制固定资产报废单，经本单位授权部门或人员批准后对该固定资产进行报废清理。

第三，对使用期限未满、非正常报废的固定资产，应由固定资产使用部门提出报废申请，注明报废理由、估计清理费用以及可回收残值、预计出售价值等。单位应组织有关部门进行技术鉴定，按规定程序审批后进行报废清理。

第四，对拟出售或投资转出的固定资产，应由有关部门或人员提出处置申请，对固定资产价值进行评估，并出具固定资产评估报告报经企业授权部门或人员批准后予以出售或转让。

（四）销售业务

销售是决定企业经营收入的重要环节，是企业获取利润的来源。企业生存、发展、壮大的过程，在相当程度上就是不断加大销售力度、拓宽销售渠道、扩大市场份额的过程。如果销售枯竭停滞，必将导致企业持续经营受阻、难以为继。正如松下幸之助所说的："大的生产是以大的销售为前提的，如果厂家不能有效地对销售过程进行控制的话，那你的生产线就得不到有效保护，它的产能威力就发挥不出来。"所以，企业应建立和加强销售与收款业务活动的内部控制，规避相关风险，促进企业销售稳定增长和扩大市场份额的完整。

企业销售业务流程，主要包括销售计划管理、客户开发与信用管理、销售定价、订立销售合同、发货、收款、客户服务和会计系统控制等环节。

1.销售计划管理

销售计划是指在进行销售预测的基础上，结合企业生产能力，设定总体目标额及不同产品的销售目标额，进而为能实现该目标而设定具体营销方案和实施计划，以支持未来一定期间内销售额的实现。该环节的主要风险是：缺乏销售计划或销售计划不合理，或未经授权审批，导致产品结构和生产安排不合理，难以实现企业生产经营的良性循环。

主要控制措施包括以下两个方面。

第一，企业应当根据发展战略和年度生产经营计划，结合企业实际情况，制订年度销售计划，在此基础上，结合客户订单情况，制订月度销售计划，并按规定的权限和程序审批后下达执行。

第二，定期对各产品（商品）的区域销售额、进销差价、销售计划与实际销售情况等进行分析，结合生产现状，及时调整销售计划，调整后的销售计划须履行相应的审批程序。

2.客户开发与信用管理

企业应当积极扩大市场份额，加强现有客户维护，开发潜在目标客户，对有销售意向的客户进行资信评估，根据企业自身风险接受程度确定具体的信用等级。该环节的主要风险是：现有客户管理不足，潜在市场需求开发不够，可能导致客户丢失或市场拓展不利；客户档案不健全，缺乏合理的资信评估，可能导致客户选择不当，销售款项不能收回或遭受欺诈，从而影响企业的资金流转和正常经营。

主要控制措施包括以下两个方面。

第一，企业应当在进行充分市场调查的基础上，合理细分市场并确定目标市场，根据不同目标群体的具体需求，确定定价机制和信用方式，灵活运用销售折扣、销售折让、信用销售、代销和广告宣传等多种策略和营销方式，促进销售目标实现，不断提高市场占有率。

第二，建立、不断更新、维护客户信用动态档案，由与销售部门相对独立的信用管理部门对客户付款情况进行持续跟踪和监控，提出划分、调整客户信用等级的方案。根据客户信用等级和企业信用政策，拟定客户赊销限额和时限，经销售、财会等具有相关权限的部门人员审批。对境外客户和新开发客户，应当建立严格的信用保证制度。

3.销售定价

销售定价是指商品价格的确定、调整及相应审批。该环节的主要风险是：定价或调价不符合价格政策，未能结合市场供需状况、盈利测算等进行适时调整，造成价格过高或过低、销售受损；商品销售价格未经恰当审批，或存在舞弊行为，可能损害企业经济利益或者企业形象。

主要控制措施包括以下三个方面。

第一，应根据有关价格政策，综合考虑企业财务目标、营销目标、产品成本、市场状况及竞争对手情况等多方面因素，确定产品基准定价。定期评价产品基准价格的合理性，定价或调价须经具有相应权限的人员的审核批准。

第二，在执行基准定价的基础上，针对某些商品可以授予销售部门一定限度的价格浮动权，销售部门可结合产品市场特点，将价格浮动权向下实行逐级递减分配，同时明确权限执行人。价格浮动权限执行人必须严格遵守规定的价格浮动范围，不得擅自突破。

第三，销售折扣、销售折让等政策的制定应由具有相应权限人员审核批准。销售折扣、销售折让授予的实际金额、数量、原因及对象应予以记录，并归档备查。

4.订立销售合同

企业与客户订立销售合同，明确双方权利和义务关系，以此作为开展销售活动的基本依据。订立销售合同环节的主要风险是：合同内容存在重大疏漏和欺诈，未经授权对外订立销售合同，可能导致企业合法权益受到侵害；销售价格、收款期限等违背企业销售政策，可能导致企业经济利益受损。

主要控制措施包括以下三个方面。

第一，订立销售合同前，企业应当指定专门人员与客户进行业务洽谈、磋商或谈判，关注客户信用状况，明确销售定价、结算方式、权利与义务条款等相关内容。重大的销售业务谈判需要有财会、法律等专业人员参加，并形成完整的书面记录。

第二，企业应当建立健全销售合同订立及审批管理制度，明确签订合同的必要范围，规范合同订立程序，确定具体的审核、审批程序和所涉及的部门人员及相应权责。审核、审批应当重点关注销售合同草案中提出的销售价格、信用政策、发货及收款方式等。重要的销售合同，应当征询法律专业人员的意见。

第三，销售合同草案经审批同意后，企业应授权有关人员与客户签订正式销售合同。

5.发货

发货是指根据销售合同的约定向客户提供商品的环节。发货环节的主要风险是：未经授权发货或发货不符合合同约定，可能导致货物损失或客户与企业的销售争议、销售款项无法收回。

主要控制措施包括以下三个方面。

第一，销售部门应当按照经审核后的销售合同开具相关的销售通知交仓储部门和财会部门。

第二，仓储部门应当落实出库、计量、运输等环节的岗位职责，对销售通知进行审核，严格按照所列的发货品种和规格、发货数量、发货时间、发货方式、接货地点等，按规定时间组织发货，形成相应的发货单据，并应连续编号。

第三，应当以运输合同或条款等形式明确运输方式、商品短缺、毁损或变质的责任、到货验收方式、运输费用承担、保险等内容，货物交接环节应做好装卸和检验工作，确保货物的安全发运，由客户验收确认。

第四，应当做好发货各环节的记录，填制相应的凭证，设置销售台账，实现全过程的销售登记制度。

6.收款

收款是指企业经授权发货后与客户结算的环节。按照发货时是否收到货款，可分为现销和赊销。收款环节的主要风险是：企业信用管理不到位，结算方式选择不当，票据管理不善，账款回收不力，导致销售款项不能收回或遭受欺诈；收款过程中存在舞弊，使企业经济利益受损。

主要控制措施包括以下五个方面。

第一，结合公司销售政策，选择恰当的结算方式，加快款项回收，提高资金的使用效率。对于商业票据，结合销售政策和信用政策，明确应收票据的受理范围和管理措施。

第二，建立票据管理制度，特别是加强商业汇票的管理。一是对票据的取得、贴现、背书、保管等活动予以明确规定；二是严格审查票据的真实性和合法性，防止票据欺诈；三是由专人保管应收票据，对即将到期的应收票据及时办理托收，定期核对盘点；四是票据贴现、背书应经恰当审批。

第三，加强赊销管理。一是需要赊销的商品，应由信用管理部门按照客户信用等级审核，并经具有相应权限的人员审批；二是赊销商品一般应取得客户的书面确认，必要时，要求客户办理资产抵押、担保等收款保证手续；三是应完善应收款项管理制度，落实责任、严格执行。

第四，加强代销业务款项的管理，及时与代销商结算款项。

第五，收取的现金、银行本票、银行汇票等应及时缴存银行并登记入账。防止由销售人员直接收取款项，如必须由销售人员收取的，应由财会部门加强监控。

7.客户服务

客户服务是在企业与客户之间建立信息沟通机制，对客户提出的问题，企业应予以及时解答或反馈、处理，不断改进商品质量和服务水平，以提升客户满意度和忠诚度。客户服务包括产品维修、销售退回、维护升级等。客户服务环节的主要风险是：客户服务水平低，消费者满意度下降，影响公司品牌形象，造成客户流失。

主要控制措施包括以下五个方面。

第一，结合竞争对手客户服务水平，建立和完善客户服务制度，包括客户服务内容、标准、方式等。

第二，设专人或部门进行客户服务和跟踪。有条件的企业可以按产品线或地理区域建立客户服务中心。加强售前、售中和售后技术服务，实行客户服务人员的薪酬与客户满意度挂钩。

第三，建立产品质量管理制度，加强销售、生产、研发、质量检验等相关部门之间的沟通协调。

第四，做好客户回访工作，定期或不定期开展客户满意度调查；建立客户投诉制度，记录所有的客户投诉，并分析产生的原因及解决的措施。

第五，加强销售退回控制。销售退回须经具有相应权限的人员审批后方可执行；销售退回的商品应当参照物资采购入库进行管理。

> ▦ **素养提升**
>
> 　　国内外企业经营管理实践表明，企业内部控制工作的完善程度反映了企业管理水平的高低，同时内部控制体系建设也是提升企业管理水平的有效手段。面对国际市场经济竞争日趋激烈的复杂环境，我国企业必须苦练内功、强化内部控制，建立和有效实施科学的内部控制体系，才能夯实内部管理基础、提升风险控制能力，实现可持续发展。

💡 **项目检测**

一、单项选择题

1.王某个人创办了一家代驾服务社，每接到一笔业务，就临时雇请日间工作单位的非职业驾驶员，为一些晚间聚会人员提供泊车代驾服务。由于业务日渐起色，王某想再找几个搭档，多揽一些业务，同时建立适当的组织结构形式管理企业。根据上述信息判断，该代驾服务社适宜的组织结构形式是（　　　）。

　　A.直线式组织结构　　　　　　　　B.职能式组织结构

　　C.矩阵式组织结构　　　　　　　　D.事业部式组织结构

2.顺阳制衣有限公司自成立以来，生产和经营规模逐步扩大，为了提高工作效率并实现规模经济，该公司应采用的组织结构是（　　　）。

　　A.直线式组织结构　　　　　　　　B.职能式组织结构

　　C.矩阵式组织结构　　　　　　　　D.事业部式组织结构

3.哪种组织结构形式弹性较小并缺乏专业分工，其成功主要依赖于该核心人员的个人能力？（　　　）

　　A.直线式　　　　　B.职能式　　　　　C.矩阵式　　　　　D.事业部式

4.哪种组织结构主要适用于中小型的、产品品种比较单一、生产技术发展较慢、外部环境比较稳定的企业？（　　　）

　　A.直线式　　　　　B.职能式　　　　　C.矩阵式　　　　　D.事业部式

5.内部控制的五大目标中，（　　　）是最高层次的目标。

　　A.经营目标　　　　B.资产目标　　　　C.合规目标　　　　D.战略目标

6.企业借助他人的力量，采取业务分包、购买保险等方式和适当的控制措施，将风险控制在风险承受度之内的策略称为（　　　）。

　　A.风险承受　　　　B.风险分担　　　　C.风险降低　　　　D.风险规避

7.趋势分析法，要根据企业连续若干会计期间（　　　）的分析资料来进行分析。

　　A.至少1期　　　　B.至少2期　　　　C.至少3期　　　　D.无具体要求

8.以下哪项不是存货取得环节的主要风险（　　　）。

　　A.存货预算编制不科学　　　　　　B.采购计划不合理

　　C.取得方式不合理　　　　　　　　D.验收程序和方法不规范

9.企业应对固定资产实行归口管理和分级管理，坚持（　　　）的原则。

　　A.谁使用、谁管理、谁负责　　　　B.领导负责

　　C.采购者负责　　　　　　　　　　D.后勤管理

10.（　　　）是决定企业经营收入的重要环节，是企业获取利润的来源。

　　A.管理　　　　　B.生产　　　　　C.销售　　　　　D.售后

二、多项选择题

1.目前企业普遍采用的组织形式主要有（　　　）。

　　A.直线式　　　　B.职能式　　　　C.矩阵式　　　　D.事业部式

2.企业识别内部风险，应当关注下列因素（　　　）。

　　A.技术进步、工艺改进等科学技术因素

　　B.董事、监事、经理及其他高级管理人员的职业操守，员工专业胜任能力等人力
　　　资源因素

　　C.组织机构、经营方式、资产管理、业务流程等管理因素

　　D.财务状况、经营成果、现金流量等财务因素

3.定性分析的操作方法多种多样，有（　　　）等。

　　A.问卷调查　　　B.集体讨论　　　C.人员访谈　　　D.情景分析

4.比较常用的定量分析法有（　　　）等。

　　A.情景分析　　　B.敏感性分析　　C.VaR　　　　　D.压力测试

5.企业可以综合运用（　　　）等风险应对策略，实现对风险的有效控制。

　　A.风险规避　　　B.风险降低　　　C.风险分担　　　D.风险承受

三、判断题

1.事业部式最早是由美国通用汽车公司副总经理斯隆于1924年提出的，故有"斯隆模型"之称。（　　　）

2.影响企业风险状况的事项通常是孤立存在的。（　　　）

3.定性分析的方法是目前风险分析中采用比较多的方法，它具有很强的客观性。（　　　）

4.风险可以被彻底消除。（　　　）

5.授权进行某项经济业务和执行该项业务的职务无须分离。（　　　）

6.比较分析法是运营分析最基本的方法，有纵向比较法和横向比较法。（　　　）

7.企业资金活动包括筹资、投资和资金营运活动。（　　　）

8.存货盘点清查既要关注数量，又要关注存货质量。（　　　）

9.对使用期满、正常报废的固定资产，无须再做相应处置。（　　　）

10.只要客户愿意购买产品便无须关注客户的信用状况。（　　　）

四、简答题

1.企业在进行组织架构设计时应重点注意哪些问题？

2.风险应对策略有哪些？各种策略有什么特点？

3.企业内部控制的方法有哪些？

项目二项目检测
参考答案

知识目标：

1.理解一般纳税人和小规模纳税人的区别；

2.了解增值税相关的税收优惠政策；

3.掌握增值税征税范围和税额计算；

4.了解企业所得税相关的税收优惠政策；

5.掌握企业所得税的纳税调整和应纳税额的计算；

6.掌握个人所得税应纳税额计算和代扣代缴；

7.掌握纳税申报的一般流程和方法；

8.了解企业经营所涉其他税种的相关内容。

技能目标：

1.能够准确识别增值税应税业务；

2.能够准确识别判断增值税专用发票等常见票据的合法合规性；

3.能够根据相关资料正确计算增值税应纳税额；

4.能够根据相关资料进行企业所得税纳税调整并计算应纳税额；

5.能够根据相关资料计算缴纳个人所得税；

6.能够进行增值税、企业所得税和个人所得税的纳税申报。

素质目标：

1.具备较强的依法纳税的意识；

2.具备较高的财税素养；

3.养成遵规守纪的良好职业习惯；

4.具备一定的创新意识和较强的社会责任感。

情境导入

　　赵磊在大学学习期间就了解到，依法纳税是每个企业应尽的义务，但具体到自己创办的企业，究竟该交纳什么税，又该怎么交，赵磊不是很清楚。于是他向在税务师事务所工作的朋友进行咨询，税务师事务所的孙主任对赵磊作了详细的讲解。

📊 任务实施

任务一　增值税及附加税费认知

税务师事务所的孙主任介绍说我国目前开征的税种有 18 个，但企业并不是每个税种都要缴纳，在这 18 个税种中增值税是我国的第一大税种。增值税占我国税收收入的 60% 以上，绝大部分企业都需要缴纳增值税。但是哪些企业需要缴纳增值税？增值税征税的范围是什么？增值税税率又是多少呢？孙主任给赵磊作了详细解释。

一、增值税的纳税人

在中华人民共和国境内销售货物、劳务、服务、无形资产或者不动产，以及进口货物的单位和个人，为增值税的纳税义务人。

增值税纳税人分为小规模纳税人和一般纳税人两类，并实行不同的征收管理方式。

（一）小规模纳税人

小规模纳税人是指年销售额在规定标准以下，并且会计核算不健全，不能按照规定报送有关税务资料的增值税纳税人。

自 2018 年 5 月 1 日起，增值税小规模纳税人标准统一为年应征增值税销售额在 500 万元及以下。

年应税销售额超过小规模纳税人标准的其他个人（指自然人）按小规模纳税人纳税（不属于一般纳税人）；对超过小规模纳税人标准的非企业性单位、不经常发生应税行为的企业和个体工商户可选择按照小规模纳税人纳税。

小规模纳税人实行简易计税方法，不得抵扣进项税额。

小规模纳税人的含税销售额换算为不含税销售额，换算公式为：

不含税销售额＝含税销售额÷（1＋增值税征收率）

（二）一般纳税人

增值税纳税人，年应税销售额超过财政部、国家税务总局规定的小规模纳税人标准的，除税法另有规定外，应当向其机构所在地主管税务机关办理一般纳税人登记，其中年应税销售额是指增值税纳税人在连续不超过 12 个月或 4 个季度的经营期内累计应征增值税销售额，包括纳税申报销售额、稽查查补销售额、纳税评估调整销售额。

纳税申报销售额是指增值税纳税人自行申报的全部应征增值税销售额，其中包括免税销售额和税务机关代开发票销售额。稽查查补销售额和纳税评估调整销售额计入查补税款申报当月（或当季）的销售额，不计入税款所属期销售额。经营期是指在增值税纳税人存续期内的连续经营期间，含未取得销售收入的月份或季度。

销售服务、无形资产或者不动产有扣除项目的增值税纳税人，其应税行为年应税销售额按未扣除之前的销售额计算。增值税纳税人偶然发生的销售无形资产、转让不动产的销售额，不计入应税行为年应税销售额。

年应税销售额未超过规定标准的增值税纳税人，会计核算健全，能够提供准确税务资料的，可以向主管税务机关办理一般纳税人登记。会计核算健全，是指能够按照国家统一的会计制度规定设置账簿，根据合法、有效的凭证进行核算。

一般纳税人如果会计核算不健全，或者不能够提供准确的税务资料，应按销售额依照增值税税率计算应纳税额，不得抵扣进项税额，也不得使用增值税专用发票。

除税法另有规定外，纳税人销售额超过小规模纳税人标准，未办理一般纳税人登记手续的，应按销售额依照增值税税率计算应纳税额，不得抵扣进项税额，也不得使用增值税专用发票。

除国家税务总局另有规定外，纳税人一经登记为一般纳税人后，不得转为小规模纳税人。

一般纳税人的含税销售额换算为不含税销售额，换算公式为：

不含税销售额＝含税销售额÷（1＋增值税税率）

【例题3-1】下列关于增值税小规模纳税人和增值税一般纳税人的说法中，正确的是（　　　）。

A.通常情况下，小规模纳税人与一般纳税人身份可以相互转换

B.年应税销售额超过小规模纳税人标准的其他个人，按小规模纳税人纳税

C.自2018年5月1日起，增值税小规模纳税人标准统一为年应税销售额500万元及以下

D.年应税销售额未超过规定标准的增值税纳税人，会计核算健全，能够提供准确税务资料的，可以向主管税务机关办理一般纳税人登记

【参考答案】BCD

【解析】选项A错误，除国家税务总局另有规定外，纳税人一经登记为一般纳税人后，不得转为小规模纳税人。

二、增值税的征税范围

（一）增值税征税范围的一般规定

增值税的征税范围包括销售或进口货物，提供加工修理修配劳务，销售服务、无形资产或者不动产。

1.销售或进口货物

销售货物指的是有偿转让货物的所有权。进口货物指的是申报进入中国海关境内的货物。只要是报关进口的应税货物，均属于增值税的征税范围，除享受免税政策外，在进口环节缴纳增值税。

2.提供加工修理修配劳务

委托加工指的是委托方提供原料及主要材料，受托方按照委托方的要求，制造货物并收取加工费的业务。

修理修配指的是受托方对损伤和丧失功能的货物进行修复，使其恢复原状和功能的业务。

3.销售服务、无形资产或者不动产

（1）交通运输服务，是指利用运输工具将货物或者旅客送达目的地，使其空间位置得到转移的业务活动，包括陆路运输服务、水路运输服务、航空运输服务和管道运输服务。

（2）邮政服务，是指中国邮政集团公司及其所属邮政企业提供邮件寄递、邮政汇兑和机要通信等邮政基本服务的业务活动。包括邮政普遍服务、邮政特殊服务和其他邮政服务。

（3）电信服务，是指利用有线、无线的电磁系统或者光电系统等各种通信网络资源，提供语音通话服务，传送、发射、接收或者应用图像、短信等电子数据和信息的业务活动，包括基础电信服务和增值电信服务。基础电信服务，是指利用固定电话网络、移动网、卫星、互联网，提供语音通话服务的业务活动，以及出租或者出售带宽、波长等网络元素的业务活动。增值电信服务，是指利用固定电话网络、移动网、卫星、互联网、有线电视网络，提供短信和彩信服务、电子数据和信息的传输及应用服务、互联网接入服务等业务活动。

（4）建筑服务，是指各类建筑物、构筑物及其附属设施的建造、修缮、装饰，线路、管道、设备、设施等的安装以及其他工程作业的业务活动，包括工程服务、安装服务、修缮服务、装饰服务和其他建筑服务。

（5）金融服务，是指经营金融保险的业务活动，包括贷款服务、直接收费金融服务、保险服务和金融商品转让。

（6）现代服务，是指围绕制造业、文化产业、现代物流产业等提供技术性、知识性服务的业务活动，包括研发和技术服务、信息技术服务、文化创意服务、物流辅助服务、租赁服务、鉴证咨询服务、广播影视服务、商务辅助服务和其他现代服务。

📖 小贴士

租赁服务

租赁服务，包括融资租赁服务和经营租赁服务。

水路运输的光租业务、航空运输的干租业务，属于经营租赁。光租业务，是指运输企业将船舶在约定的时间内出租给他人使用，不配备操作人员，不承担运输过程中发生的各项费用，只收取固定租赁费的业务活动。干租业务，是指航空运输企业将飞机在约定的时间内出租给他人使用，不配备机组人员，不承担运输过程中发生的各项费用，只收取固定租赁费的业务活动。

水路运输的程租业务和期租业务，属于水路运输服务。程租业务，是指运输企业为租船人完成某一特定航次的运输任务并收取租赁费的业务。期租业务，是指运输企业将配备有操作人员的船舶承租给他人使用一定期限，承租期内听候承租方调遣，不论是否经营，均按天向承租方收取租赁费，发生的固定费用均由船东负担的业务。

航空运输服务的湿租业务属于航空运输服务，它是指航空运输企业将配备有机组人员的飞机承租给他人使用一定期限，承租期内听候承租方调遣，不论是否经营，均按一定标准向承租方收取租赁费，发生的固定费用均由承租方承担的业务。

4.销售无形资产

销售无形资产，是指转让无形资产所有权或者使用权的业务活动。无形资产，是指不具实物形态，但能带来经济利益的资产，包括技术、商标、著作权、商誉、自然资源使用权和其他权益性无形资产。

5.销售不动产

销售不动产，是指转让不动产所有权的业务活动。不动产，是指不能移动或者移动后会引起性质、形状改变的财产，包括建筑物、构筑物等。

【例题 3-2】下列各项业务中，属于租赁服务的是（　　　　）。

A.运输企业的程租业务　　　　　　　B.运输企业的光租业务

C.航空运输的湿租业务　　　　　　　D.航空运输的干租业务

【参考答案】BD

【解析】选项 A 和 C 中，运输企业的程租业务和航空运输的湿租业务属于交通运输服务。

（二）增值税征税范围的特殊规定

1.视同销售货物行为

（1）将货物交付其他单位或个人代销；

（2）销售代销货物；

（3）设有两个以上机构并实行统一核算的纳税人，将货物从一个机构移送至其他机构用于销售，但相关机构设在同一县（市）的除外；

（4）将自产或者委托加工货物用于非增值税应税项目；

（5）将自产或委托加工货物用于集体福利或个人消费；

（6）将自产、委托加工或购进货物作为投资，提供给其他单位或者个体工商户；

（7）将自产、委托加工或者购进货物分配给股东或者投资者；

（8）将自产、委托加工或者购进货物无偿赠送给其他单位或个人。

2.视同销售服务、无形资产或者不动产行为

（1）单位或者个体工商户向其他单位或者个人无偿提供服务，但用于公益事业或者以社会公众为对象的除外；

（2）单位或者个人向其他单位或者个人无偿转让无形资产或者不动产，但用于公益事业或者以社会公众为对象的除外；

（3）财政部和国家税务总局规定的其他情形。

3.混合销售行为

从事货物的生产、批发或者零售的单位和个体工商户的混合销售行为，按照销售货物缴纳增值税；其他单位和个体工商户的混合销售行为，按照销售服务缴纳增值税。

4.兼营行为

纳税人兼营销售货物、加工修理修配劳务、服务、无形资产或者不动产，适用不同税率或者征收率的，应当分别核算适用不同税率或者征收率的销售额；未分别核算销售额的，按照以下方法从高适用税率或者征收率。

（1）兼有不同税率的销售货物、加工修理修配劳务、服务、无形资产或者不动产，从高适用税率；

（2）兼有不同征收率的销售货物、加工修理修配劳务、服务、无形资产或者不动产，从高适用征收率；

（3）兼有不同税率和征收率的销售货物、加工修理修配劳务、服务、无形资产或者不动产，从高适用税率。

【例题3-3】下列各项行为中，属于视同销售货物，应当缴纳增值税的是（　　　　）。

A.甲商店为服装厂代销儿童服装

B.乙批发公司将购进的部分饮料用于集体福利

C.丙工业企业将购进的纯净水用于无偿赠送

D.丁建筑公司将购进的洗衣粉用于个人消费

【参考答案】AC

【解析】选项A和C属于增值税视同销售货物行为，选项B和D仅属于将购进的货物内部支配，不属于增值税视同销售行为。

三、增值税税率和征收率

（一）基本税率

增值税的基本税率是13%，适用于纳税人销售或者进口货物（适用9%低税率的除外）、提供加工修理修配劳务、销售有形动产、租赁服务。

（二）低税率

1.低税率9%

（1）一般纳税人销售或进口下列货物，税率为9%：农产品（含粮食，不含淀粉；

含姜黄、干姜，不含麦芽、复合胶、人发制品）、自来水、暖气、石油液化气、天然气、食用植物油（含橄榄油，不含肉桂油、桉油、香茅油）、冷气、热水、煤气、居民用煤炭。

（2）一般纳税人销售交通运输、邮政、基础电信、建筑、不动产租赁服务，销售不动产，转让土地使用权，税率为9%。

2.低税率6%

一般纳税人销售增值电信服务、金融服务、现代服务和生活服务，销售土地使用权以外的无形资产，税率为6%。

（三）零税率

1.货物或者劳务适用的零税率

纳税人出口货物或者劳务，适用增值税零税率，但是国务院另有规定的除外。

2.服务或者无形资产适用的零税率

中华人民共和国境内的单位和个人销售的下列服务或者无形资产，适用增值税零税率：

（1）国际运输服务；

（2）航天运输服务；

（3）向境外单位提供的完全在境外消费的服务；

（4）财政部和国家税务总局规定的其他服务。

（四）征收率

一般纳税人特殊情况下采用简易计税方法适用征收率。小规模纳税人缴纳增值税采用简易计税方法适用征收率。我国增值税法定征收率为3%；一些特殊项目适用3%减按2%征收率。全面推开营业税改增值税（以下简称"营改增"）后与不动产相关的特殊项目适用5%的征收率；一些特殊项目适用5%减按1.5%征收率。

小规模纳税人税收优惠政策集锦

四、增值税的计算

（一）简易计税方法下增值税应纳税额的计算

简易计税方法既适用于小规模纳税人的应税行为，又适用于一般纳税人适用该计税方法的特定应税行为。其应纳税额的计算公式为：

应纳增值税税额＝销售额 × 征收率

简易计税方法下的销售额与一般计税方法下的销售额的内容是一致的，都是销售货物、劳务、服务、无形资产或者不动产向购买方收取的全部价款和价外费用，但不包括从买方收取的增值税额。

（二）一般计税方法下增值税应纳税额的计算

我国目前对增值税一般纳税人增值税的计算采用一般计税方法，增值税一般纳税人在一般计税方法下的增值税应纳税额等于本期销项税额减本期进项税额。应纳税额的计算公式如下：

应纳税额＝当期销项税额－当期准予抵扣的进项税额

1.销项税额

销项税额是指一般纳税人在一般计税方法下销售货物、劳务、服务、无形资产或者不动产按照销售额和增值税税率计算并收取的增值税税额。销项税额的计算公式如下：

销项税额＝销售额×税率

（1）一般销售方式下销售货物、劳务的销售额的确定。销售货物、劳务的销售额是指纳税人销售货物或提供加工修理修配劳务向购买方收取的全部价款和价外费用。

价外费用，包括价外向购买方收取的手续费、补贴、基金、集资费、返还利润、奖励费、违约金、滞纳金、延期付款利息、赔偿金、代收款项、包装费、包装物租金、储备费、优质费、运输装卸费以及其他各种性质的价外收费。

拓展阅读

包装物押金是否计入销售额

包装物是指纳税人包装本单位货物的各种物品。纳税人销售货物时另收取包装物押金，目的是促使购货方及早退回包装物以便周转使用。根据税法规定，纳税人为销售货物而出租出借包装物收取的押金，单独记账核算的，时间在一年以内又未过期的，不并入销售额征税，但对因逾期未收回包装物不再退还的押金，应按所包装货物的适用税率计算销项税额。

上述规定中，逾期是指按合同规定实际逾期，或者以一年为期限，对收取一年以上的押金，无论是否退还，均并入销售额征税。当然，在将包装物押金并入销售额征税时，需要先将该押金换算为不含税价，再并入销售额征税。纳税人为销售货物出租或出借包装物而收取的押金，无论包装物周转使用期限长短，超过一年（含一年）仍不退还的均并入销售额征税。

对销售除啤酒、黄酒以外的其他酒类产品收取的包装物押金，无论是否返还以及会计上如何核算，均应并入当期销售额征税。对销售啤酒、黄酒所收取的押金，按一般押金的规定处理。

【例题3-4】甲公司为增值税一般纳税人，2024年5月销售啤酒，取得不含税销售额100万元，收取啤酒的包装物押金10万元，没收逾期的啤酒包装物押金8万元，甲公司收取包装物押金单独记账，并约定包装物应当于提货之日起6个月内返还，若逾期未归还，则没收押金。啤酒适用的增值税税率为13%。计算甲公司上述业务的增值税销项税额。

【解析】对没收逾期的啤酒包装物押金 8 万元应并入当期销售额征税。

增值税销项税额＝［100＋8÷（1＋13%）］×13%＝13.92（万元）

【例题 3-5】甲公司为增值税一般纳税人，2024 年 5 月销售白酒，取得不含税销售额 100 万元，收取白酒的包装物押金 10 万元，没收逾期白酒包装物押金 8 万元。甲公司收取包装物押金单独记账，并约定包装物押金应当于提货之日起 6 个月内返还，逾期未归还则没收押金。白酒适用的增值税税率为 13%。计算甲公司上述业务的增值税销项税额。

【解析】对销售除啤酒、黄酒以外的其他酒类产品收取的包装物押金，无论是否返还以及会计上如何核算，均应并入当期销售额征税。所以，本期收取白酒的包装物押金 10 万元，应并入当期销售额征税。对逾期白酒包装物押金 8 万元，在收取时，已经并入当期销售额征税，本期不再征税。

增值税销项税额＝［100＋10÷（1＋13%）］×13%＝14.15（万元）

（2）一般销售方式下销售服务、无形资产或者不动产销售额的确定。销售服务、无形资产或者不动产的销售额，是指纳税人销售服务、无形资产或者不动产向购买方收取的全部价款和价外费用，财政部和国家税务总局另有规定的除外。

（3）采取折扣方式销售。

①折扣销售，在会计上又称商业折扣，是指销货方在销售货物时，因购货方购货数量较大或与销货方有特殊关系等原因而给予对方价格上的优惠（直接打折）。其销售额和折扣额在同一张发票上的"金额"栏分别注明折扣额，可按折扣后的销售额征收增值税。未在同一张发票"金额"栏分别注明折扣额，而仅在发票"备注栏"注明折扣额的，折扣额不得从销售额中扣除。折扣额仅限于货物价格的折扣，如果销货者将自产、委托加工或者购进货物用于实物折扣的，则该实物折扣额不能从货物销售额中减除，且该实物应按《增值税暂行条例实施细则》"视同销售货物"中的"无偿赠送其他单位或个人"计算缴纳增值税。

②销售折扣，在会计上又称现金折扣，是指销货方在销售货物或提供应税劳务后，为了鼓励购货方及早偿付货款而协议许诺给予购货方的一种折扣优待，用分数表示，如 2/10、1/20、n/30（信用期 30 天，10 天内付款，货款折扣 2%；超过 10 天至 20 天内付款，货款折扣 1%；超过 20 天全价付款）销售折扣发生在销货之后，是一种融资性质的理财费用，因此销售折扣不得从销售额中扣除。

③销售折让，是指纳税人向购买方开具增值税专用发票后，由于累计购买到一定量或市场价格下降或产品质量等原因，销货方给予购货方的优惠或补偿等折扣、折让行为，可按规定开具红字增值税专用发票。

（4）采取以旧换新方式销售。

①金银首饰以外的以旧换新业务，应按新货物的同期销售价格确定销售额，不得减

除旧货物的收购价格。对于换取的旧货物，若取得增值税专用发票等合法扣税凭证，则增值税专用发票等合法扣税凭证上注明的进项税额可以从销项税额中抵扣。

②金银首饰的以旧换新业务，按销售方实际收到的不含增值税的全部价款征税。

【例题3-6】甲金店为增值税一般纳税人，2024年7月采取"以旧换新"方式向消费者销售全新的金项链100条，全新的金项链每条零售价为5 000元，每条金项链折价为1 500元。金项链适用的增值税税率为13%。计算甲公司上述业务的增值税销项税额。

【解析】项链的折价为折扣销售性质，应该按折扣价的金额计算缴纳增值税，零售价为含税价格，需要换算不含税价格。

增值税销项税额＝（5 000－1 500）×100÷（1＋13%）×13%＝40 265.49（元）

2.进项税额

（1）准予从销项税额中抵扣的进项税额。从销售方取得的增值税专用发票（含税控机动车销售统一发票，下同）上注明的增值税税额准予从销项税额中抵扣。具体来说，购进货物或接受加工修理修配劳务，从销售方或提供劳务方取得的增值税专用发票上注明的增值税税额为进项税额，准予从销项税额中抵扣；购进服务、无形资产或不动产，取得的增值税专用发票上注明的增值税税额为进项税额，准予从销项税额中抵扣。从海关取得的海关进口增值税专用缴款书上注明的增值税税额为进项税额，准予从销项税额中抵扣。

纳税人购进农产品，按下列规定抵扣进项税额：

①纳税人购进农产品取得 一般纳税人开具的增值税专用发票或海关进口增值税专用缴款书的，以增值税专用发票或海关进口增值税专用缴款书上注明的增值税税额为进项税额。

②从按照简易计税方法依照3%征收率计算缴纳增值税的小规模纳税人处取得增值税专用发票的，以增值税专用发票上注明的金额和9%扣除率计算进项税额。

③取得（开具）农产品销售发票或收购发票的，以农产品销售发票或收购发票上注明的农产品买价和9%扣除率计算进项税额。

④购进农产品进项税额的计算公式为：

进项税额＝买价×扣除率

⑤纳税人购进用于生产销售或委托加工13%税率货物农产品，允许加计扣除，按照10%扣除率计算进项税额。具体操作方法可分为以下两个环节：

一是在购进农产品当期，所有纳税人按照购进农产品抵扣进项税额的一般规定，凭票据实抵扣或者凭票计算抵扣；

二是将购进农产品用于生产销售或委托加工13%税率货物纳税人，在生产领用农产品当期，根据领用的农产品加1%抵扣进项税额。

纳税人购进农产品既用于生产销售或委托受托加工13%税率货物又用于生产销售其他货物服务的，应当分别核算用于生产销售或委托受托加工13%税率货物和其他货物服务的农产品进项税额。未分别核算的，统一以增值税专用发票或海关进口增值税专用缴款书上注明的增值税额为进项税额或以农产品收购发票或销售发票上注明农产品买价和9%扣除率计算进项税额。

上述购进农产品抵扣进项税额的办法，不适用于《农产品增值税进项税额核定扣除试点实施办法》中购进的农产品。

自用的应征消费税的摩托车、汽车、游艇，2013年8月1日（含）以后购进的，其进项税额准予从销项税额中抵扣。

自2019年4月1日起，购进的国内旅客运输服务，其进项税额允许从销项税额中抵扣。纳税人购进国内旅客运输服务未取得增值税专用发票的，暂按照以下规定确定抵扣进项税额：

①取得增值税电子普通发票的，为发票上注明的税额；

②取得注明旅客身份信息的航空运输电子客票行程单的，进项税额的计算公式如下：

航空旅客运输进项税额＝（票价＋燃油附加费）÷（1＋9%）×9%

③取得注明旅客身份信息的铁路车票的，进项税额的计算公式如下：

铁路旅客运输进项税额＝票面金额÷（1＋9%）×9%

④取得注明旅客身份信息的公路、水路等其他客票的，进项税额的计算公式如下：

公路、水路等其他旅客运输进项税额＝票面金额÷（1＋3%）×3%

（2）不得从销项税额中抵扣的进项税额。纳税人购进货物、加工修理修配劳务、购进服务、无形资产或者不动产，取得的增值税扣税凭证不符合法律、行政法规或者国务院税务主管部门有关规定的，其进项税额不得从销项税额中抵扣。

其他不得从销项税额中抵扣进项税额的情形：

①用于简易计税方法计税项目、免征增值税项目、集体福利或者个人消费的购进货物、加工修理修配劳务、服务、无形资产和不动产；

②非正常损失的购进货物，以及相关的加工修理修配劳务和交通运输服务；

③非正常损失的在产品、产成品所耗用的购进货物（不包括固定资产）、加工修理修配劳务和交通运输服务；

④非正常损失的不动产，以及该不动产所耗用的购进货物、设计服务和建筑服务；

⑤非正常损失的不动产在建工程所耗用的购进货物、设计服务和建筑服务；

⑥购进的贷款服务、餐饮服务、居民日常服务和娱乐服务；

⑦适用一般计税方法的纳税人，兼营简易计税方法计税项目、免征增值税项目而无法划分不得抵扣的进项税额，按照下列公式计算不得抵扣的进项税额：

不得抵扣的进项税额＝当期无法划分的全部进项税额×（当期简易计税方法计税项目销售额＋免征增值税项目销售额）÷当期全部销售额

⑧已抵扣进项税额的购进货物（不含固定资产）、劳务、服务，发生上述第①至⑦

条规定情形（简易计税方法计税项目、免征增值税项目除外）的，应当将该进项税额从当期进项税额中扣减（即进项税额转出）；无法确定该进项税额的，按照当期实际成本计算应扣减的进项税额；

⑨已抵扣进项税额的固定资产、无形资产或者不动产，发生上述规定情形的，按照下列公式计算不得抵扣的进项税额：

不得抵扣的进项税额＝固定资产、无形资产或者不动产净值×适用税率

按照《增值税暂行条例》第十条和上述第①条规定情形不得抵扣且未抵扣进项税额的固定资产、无形资产、不动产，发生用途改变，用于允许抵扣进项税额的应税项目，可在用途改变的次月按照下列公式，依据合法有效的增值税扣税凭证，计算可以抵扣的进项税额：

可以抵扣的进项税额＝固定资产、无形资产、不动产净值÷（1＋适用税率）×适用税率

⑩纳税人适用一般计税方法计税的，因销售折让、中止或者退回而退还给购买方的增值税额，应当从当期的销项税额中扣减；因销售折让、中止或者退回而收回的增值税额，应当从当期的进项税额中扣减；

⑪对商业企业向供货方收取的与商品销售量、销售额挂钩（如以一定比例、金额、数量计算）的各种返还收入，均应按照平销返利行为的有关规定冲减当期增值税进项税额；

⑫生产企业出口货物或劳务实行"免抵退"办法，其中，免抵退税不得免征和抵扣税额，作进项税额转出处理；外贸企业出口货物或劳务实行"先征后退"办法，其出口货物或劳务购进时的进项税额与按国家规定的退税率计算的应退税额的差额，作进项税转出处理；

⑬有下列情形之一者，应当按照销售额和增值税税率计算应纳税额，不得抵扣进项税额，也不得使用增值税专用发票：一是一般纳税人会计核算不健全，或者不能够提供准确税务资料的；二是应当办理一般纳税人登记而未办理的。

（三）进口货物应纳税额的计算

不管是一般纳税人还是小规模纳税人进口货物，其都按照组成计税价格和税法规定的税率计算应纳税额。

进口货物计算增值税应纳税额的计算公式如下：

应纳税额＝组成计税价格×增值税税率

其中，组成计税价格的计算公式如下：

（1）若进口货物不属于消费税应税消费品。

组成计税价格＝关税完税价格＋关税

（2）若进口货物属于消费税应税消费品。

①实行从价定率办法计算纳税的组成计税价格，计算公式如下：

组成计税价格＝关税完税价格＋关税＋消费税

　　　　　　＝（关税完税价格＋关税）÷（1－消费税税率）

②实行从量定额办法计算纳税的组成计税价格，计算公式如下：

组成计税价格＝关税完税价格＋关税＋消费税

　　　　　　＝关税完税价格＋关税＋海关核定的应税消费品进口数量×消费税定额税率

③实行复合计税办法计算纳税的组成计税价格，计算公式如下：

组成计税价格＝关税完税价格＋关税＋消费税

　　　　　　＝（关税完税价格＋关税＋海关核定的应税消费品进口数量×消费税定额税率）÷（1－消费税税率）

（四）出口货物或劳务增值税退（免）税的计算

以出口货物为例，生产企业自营出口或委托外贸企业代理出口的自产货物，除另有规定外，增值税一律实行免抵退办法。"免"，是指对生产企业出口的自产货物，免征本企业生产销售环节增值税（是指免征出口销售环节的增值税销项税额）；"抵"，是指生产企业出口自产货物所耗用的原材料、零部件、动力等所含应予退还的进项税额，先抵顶内销货物的应纳税额（是指内销产品销项税额减去内销产品进项税额，再减去上期留抵税额）；"退"，是指生产企业出口的自产货物，在当月内应抵顶的进项税额大于内销货物的应纳税额时，对未抵顶完的进项税额部分按规定予以退税。

免抵退税办法计算步骤如下：

第一步，免。免征生产销售环节的增值税（即出口货物时免征增值税销项税额）。

第二步，剔。

当期免抵退税不得免征和抵扣税额＝当期出口货物离岸价格×外汇人民币牌价×（出口货物征税率－出口货物退税率）－当期免抵退税不得免征和抵扣税额抵减额

当期免抵退税不得免征和抵扣税额抵减额＝当期免税购进原材料价格×（出口货物征税率－出口货物退税率）

第三步，抵。

当期应纳税额＝当期内销货物的销项税额－（当期全部进项税额－当期免抵退税不得免征和抵扣税额）－上期留抵税额

若当期应纳税额≥0，则不涉及退税，但涉及免抵；若当期应纳税额<0，则其绝对值便为当期期末退税前的留抵税额。

第四步，退。先计算免抵退税总额：

当期免抵退税额＝当期出口货物离岸价格×外汇人民币牌价×出口货物退税率－当期免抵退税额抵减额

当期免抵退税额抵减额＝当期免税购进原材料价格×出口货物退税率

再运用孰低原则确定出口退税额，并确定退税之外的免抵税额。

（1）若当期应纳税额＜0，且当期期末退税前的留抵税额≤当期免抵退税额：

当期应退税额＝当期期末退税前的留抵税额

当期免抵税额＝当期免抵退税额－当期应退税额

当期期末退税后的留抵税额＝0

（2）若当期应纳税额＜0，且当期期末退税前的留抵税额＞当期免抵退税额：

当期应退税额＝当期免抵退税额

当期免抵税额＝0

当期期末退税后的留抵税额＝当期期末退税前的留抵税额－当期应退税额

（3）若当期应纳税额≥0：

当期期末退税前的留抵税额＝0

当期应退税额＝0

当期免抵税额＝当期免抵退税额

当期期末退税后的留抵税额＝0

五、城市维护建设税、教育费附加和地方教育附加的认知

（一）城市维护建设税、教育费附加和地方教育附加纳税（费）人和扣缴义务人的确定

（1）城市维护建设税、教育费附加和地方教育附加的纳税（费）人，是指在我国境内缴纳增值税、消费税的单位和个人。

单位包括国有企业、集体企业、私营企业、股份制企业、其他企业和行政单位、事业单位、军事单位、社会团体、其他单位；个人包括个体工商户以及其他个人。

自 2010 年 12 月 1 日起，对外商投资企业、外国企业及外籍个人征收城市维护建设税、教育费附加和地方教育附加。

（2）代扣代缴、代收代缴增值税、消费税的单位和个人，同时也是城市维护建设税、教育费附加和地方教育附加的代扣代缴、代收代缴义务人。

（二）城市维护建设税、教育费附加和地方教育附加征税（费）对象的确定

城市维护建设税、教育费附加和地方教育附加以纳税人依法实际缴纳的增值税、消费税税额为计税（费）依据，随增值税、消费税同时征收，其本身没有特定的征税（费）对象，其征管方法也应完全比照增值税、消费税的有关规定办理。

（三）城市维护建设税、教育费附加和地方教育附加征收率的确定

1. 城市维护建设税的税率

城市维护建设税采用比例税率。按照纳税人所在地的不同，设置三档差别比例税率。纳税人所在地为市区的，适用税率为 7%；所在地为县城、镇的，适用税率为 5%；其他地区的，适用税率为 1%。

2.教育费附加和地方教育附加的征收率

现行教育费附加的征收率为3%，地方教育附加征收率统一为2%。

（四）城市维护建设税、教育费附加和地方教育附加的计算

1.城市维护建设税、教育费附加和地方教育附加的计税（费）依据的确定

城市维护建设税、教育费附加和地方教育附加的计税（费）依据，是指纳税人依法实际缴纳的增值税、消费税税额。具体来说，依法实际缴纳的增值税、消费税税额，是指纳税人依照增值税、消费税相关法律法规和税收政策规定计算的应当缴纳的增值税、消费税税额（不含因进口货物或境外单位和个人向境内销售劳务、服务、无形资产缴纳的增值税、消费税税额），加上增值税免抵税额，扣除直接减免的增值税、消费税税额和期末留抵退税退还的增值税税额后的金额。

增值税免抵税额，是指出口货物、劳务或者跨境销售服务、无形资产增值税免抵税额。

直接减免的增值税、消费税税额，是指依照增值税、消费税相关法律法规和税收政策规定，直接减征或免征的增值税、消费税税额，不包括实行先征后返、先征后退、即征即退办法退还的增值税、消费税税额。

纳税人违反增值税、消费税等有关税法而加收的滞纳金和罚款，是税务机关对纳税人违法行为的经济制裁，不作为城市维护建设税、教育费附加和地方教育附加的计税（费）依据，但纳税人在被查补增值税、消费税和被处以罚款时，应同时对其偷（逃）漏的城市维护建设税、教育费附加和地方教育附加进行补税（费）、征收滞纳金和罚款。

城市维护建设税、教育费附加和地方教育附加以纳税人依法实际缴纳的增值税、消费税税额为计税（费）依据，随增值税、消费税同时征收，如果要免征或者减征增值税（出口货物劳务或者跨境销售服务、无形资产增值税免抵税额除外）、消费税，也就要同时免征或者减征城市维护建设税、教育费附加和地方教育附加。

2.城市维护建设税、教育费附加和地方教育附加应纳税（费）额的计算

城市维护建设税、教育费附加和地方教育附加应纳税（费）额的计算公式如下：

应纳城市维护建设税＝纳税人依法实际缴纳的增值税、消费税税额×适用税率

应纳教育费附加＝纳税人依法实际缴纳的增值税、消费税税额×征收率（3%）

应纳地方教育附加＝纳税人依法实际缴纳的增值税、消费税税额×征收率（2%）

【例题3-7】甲公司为增值税一般纳税人，位于市区，2024年10月实际缴纳增值税税额64 280元，无消费税。计算甲公司应纳城市维护建设税、教育费附加和地方教育附加。

【解析】应纳城市维护建设税＝64 280×7%＝4 499.60（元）

应纳教育费附加＝64 280×3%＝1 928.40（元）

应纳地方教育附加＝64 280×2%＝1 285.60（元）

任务二　企业所得税认知

一、企业所得税纳税人

企业所得税是对企业取得的各项应税所得所征收的一种所得税。在我国，依据登记注册地和管理机构所在地两个标准，将企业所得税的纳税人分为居民企业和非居民企业两大类，各自承担不同的纳税义务。

（一）企业所得税的纳税义务人

1.居民企业

居民企业是指依法在中国境内成立，或者依照外国（地区）法律成立但实际管理机构在中国境内的企业。依法在中国境内成立的企业，包括依照中国法律、行政法规在中国境内成立的企业、事业单位、社会团体以及其他取得收入的组织。依照外国（地区）法律成立的企业，包括依照外国（地区）法律成立的企业和其他取得收入的组织。

2.非居民企业

非居民企业，是指依照外国（地区）法律成立且实际管理机构不在中国境内，但在中国境内设立机构、场所的，或者在中国境内未设立机构、场所，但有来源于中国境内所得的企业。

【例题3-8】根据企业所得税相关法律制度的规定，判定居民企业的标准是（　　）。

A.登记注册地标准　　　　　　　　B.所得来源地标准

C.经营行为实际发生地标准　　　　D.实际管理机构所在地标准

【参考答案】AD

【解析】居民企业是指依法在中国境内成立，或者依照外国（地区）法律成立但实际管理机构在中国境内的企业。《中华人民共和国企业所得税法》采用了"登记注册地标准"和"实际管理机构所在地标准"两个衡量标准，对居民企业和非居民企业作了明确界定。

（二）企业所得税的扣缴义务人

1.支付人为扣缴义务人

非居民企业在中国境内未设立机构、场所的，或者虽设立机构、场所但取得的所得与其所设机构、场所没有实际联系的，其来源于中国境内的所得应纳的所得税，实行源泉扣缴，以支付人为扣缴义务人。税款由扣缴义务人在每次支付或者到期应支付时，从支付或者到期应支付的款项中扣缴。

2.指定扣缴义务人

对非居民企业在中国境内取得工程作业和劳务所得应缴纳的所得税，税务机关可以指定工程价款或者劳务费的支付人为扣缴义务人。

税法规定的可以指定扣缴义务人的情形包括：

（1）预计工程作业或提供劳务期限不足一个纳税年度，且有证据表明不履行纳税义务的；

（2）没有办理税务登记或者临时税务登记，且未委托中国境内的代理人履行纳税义务的；

（3）未按照规定期限办理企业所得税纳税申报或者预缴申报的；

（4）其他规定的情形。

扣缴义务人由县级以上税务机关指定，并同时告知扣缴义务人所扣税款的计算依据、计算方法、扣缴期限。

扣缴义务人每次代扣的税款，应当自代扣之日起7日内缴入国库，并向所在地的税务机关报送扣缴企业所得税报告表。

扣缴义务人未依法扣缴或者无法履行扣缴义务的，由纳税人在所得发生地缴纳。在中国境内存在多处所得发生地的，由纳税人选择其中一地申报缴纳企业所得税。

二、企业所得税征税对象

（一）居民企业的征税对象

居民企业应当就其来源于中国境内、境外的所得缴纳企业所得税。所得包括销售货物所得、提供劳务所得、转让财产所得、股息红利等权益性投资所得、利息所得、租金所得、特许权使用费所得、接受捐赠所得和其他所得。

（二）非居民企业的征税对象

非居民企业在中国境内设立机构、场所的，应当就其所设机构、场所取得的来源于中国境内的所得，以及发生在中国境外但与其所设机构、场所有实际联系的所得，缴纳企业所得税。非居民企业在中国境内未设立机构、场所的，或者虽设立机构、场所但取得的所得与其所设机构、场所没有实际联系的，应当就其来源于中国境内的所得缴纳企业所得税。

来源于境内、境外的所得，按照以下原则确定：

（1）销售货物所得，按照交易活动发生地确定；

（2）提供劳务所得，按照劳务发生地确定；

（3）转让财产所得，不动产转让所得按照不动产所在地确定，动产转让所得按照转让动产的企业或者机构、场所所在地确定，权益性投资转让所得按照被投资企业所在地确定；

（4）股息、红利等权益性投资所得，按照分配所得的企业所在地确定；

（5）利息所得、租金所得、特许权使用费所得，按照负担、支付所得的企业或者机构、场所所在地确定，或者按照负担、支付所得的个人住所地确定；

（6）其他所得，由国务院财政、税务主管部门确定。

三、企业所得税税率

企业所得税实行比例税率。企业所得税税率的现行规定如下。

（一）基本税率

企业所得税的基本税率为25%。居民企业应当就其来源于中国境内、境外的所得缴纳企业所得税，适用的企业所得税税率为25%；非居民企业在中国境内设立机构、场所的，应当就其所设机构、场所取得的来源于中国境内的所得，以及发生在中国境外但与其所设机构、场所有实际联系的所得，缴纳企业所得税，适用的企业所得税税率为25%。

（二）低税率

企业所得税的低税率为20%。非居民企业在中国境内未设立机构、场所的，或者虽设立机构、场所但取得的所得与其所设机构、场所没有实际联系的，应当就其来源于中国境内的所得缴纳企业所得税，适用的企业所得税税率为20%，但实际征税时减按10%的税率征收。

小型微利企业优惠

四、企业所得税计税依据

（一）间接计算法

间接计算法，是指在会计利润的基础上加上或减去按照税法规定调整的项目金额后的金额，即为应纳税所得额。其计算公式如下：

应纳税所得额＝会计利润总额±纳税调整项目金额

纳税调整项目金额包括两方面的内容：一是企业的财务会计处理和税收规定不一致的应予以调整的金额；二是企业按税法规定准予扣除的税收金额。

（二）直接计算法

在直接计算法下，企业每一纳税年度的收入总额减除不征税收入、免税收入、各项扣除以及允许弥补的以前年度亏损后的余额，即为应纳税所得额。其计算公式如下：

应纳税所得额＝收入总额－不征税收入－免税收入－各项扣除金额－弥补亏损

1. 收入总额

企业的收入总额包括以货币形式和非货币形式从各种来源取得的收入。企业取得收入的货币形式包括现金、银行存款、应收账款、应收票据、准备持有至到期的债券投资以及债务的豁免等；企业以非货币形式取得的收入，包括固定资产、生物资产、无形资产、股权投资、存货、不准备持有至到期的债券投资、劳务以及有关权益等，这些非货币资产应当按照公允价值确定收入额，公允价值是指按照市场价格确定的价值。

（1）一般收入的确定。

①销售货物收入。它是指企业销售货物、产品、原材料、包装物、低值易耗品以及其他存货取得的收入。

②提供劳务收入。它是指企业从事建筑安装、修理修配、交通运输、仓储租赁、金融保险、邮电通信、咨询经纪、文化体育、科学研究、技术服务、教育培训、餐饮住宿、中介代理、卫生保健、社区服务、旅游、娱乐、加工以及其他劳务服务活动取得的收入。

③转让财产收入。它是指企业转让固定资产、生物资产、无形资产、股权、债权等财产取得的收入。转让财产收入应当按照从财产受让方已收或应收的合同或协议价款确认收入。

④股息、红利等权益性投资收益。它是指企业因权益性投资从被投资方取得的收入。股息红利等权益性投资收益，除国务院财政、税务主管部门另有规定外，按照被投资方做出利润分配决定的日期确认收入的实现。

⑤利息收入。它是指企业将资金提供给他人使用但不构成权益性投资，或者因他人占用本企业资金取得的收入，包括存款利息、贷款利息、债券利息、欠款利息等收入。利息收入应按照合同约定的债务人应付利息的日期确认收入的实现。

⑥租金收入。它是指企业提供固定资产、包装物或者其他有形资产的使用权取得的收入。租金收入应按照合同约定的承租人应付租金的日期确认收入的实现。

⑦特许权使用费收入。它是指企业提供专利权、非专利技术、商标权、著作权以及其他特许使用权取得的收入。特许权使用费收入应按照合同约定的特许权使用人应付特许权使用费的日期确认收入的实现。

⑧接受捐赠收入。它是指企业接受的来自其他企业、组织或者个人无偿给予的货币性资产、非货币性资产。接受捐赠收入按照实际收到捐赠资产的日期确认收入的实现。

⑨其他收入。它是指企业取得的除以上收入外的其他收入，包括企业资产溢余收入、逾期未退包装物押金收入、确实无法偿付的应付款项、已经做坏账损失处理后又收回的应收款项、债务重组收入、补贴收入、违约金收入、汇兑收益等。

（2）不征税收入和免税收入。

①不征税收入包括：财政拨款，是指各级人民政府对纳入预算管理的事业单位、社会团体等组织拨付的财政资金，但国务院财政、税务主管部门另有规定的除外；依法收取并纳入财政管理的行政事业性收费、政府性基金；国务院规定的其他不征税收入。

②免税收入包括：国债利息收入；对符合条件的居民企业之间的股息红利等权益性投资收益（该收益是指居民企业直接投资于其他居民企业取得的投资收益，且该收益不包括连续持有居民企业公开发行并上市流通的股票）；在中国境内设立机构、场所的非居民企业从居民企业取得与该机构、场所有实际联系的股息、红利等权益性投资收益（该收益不包括连续持有居民企业公开发行并上市流通的股票不足 12 个月取得的投资收益）；符合条件的非营利组织的收入；非营利组织的其他免税收入。

2.准予扣除的项目的确定

税前扣除项目包括成本、费用、税金、损失和其他支出。在计算应纳税所得额时，下列项目可按照实际发生额或者规定的标准扣除。

（1）工资、薪金支出。这是指企业每一纳税年度支付给在本企业任职或者受雇的员工的所有现金形式或者非现金形式的劳动报酬，企业发生的合理的工资、薪金支出，准予扣除。

（2）职工福利费、工会经费、职工教育经费。

①企业发生的职工福利费支出，不超过工资、薪金总额14%的部分准予扣除。

②企业拨缴的工会经费，不超过工资、薪金总额2%的部分准予扣除。

③除国务院财政、税务主管部门或省级人民政府规定外，企业发生的职工教育经费支出，不超过工资、薪金总额8%的部分准予扣除，超过部分准予结转以后纳税年度扣除。

④软件企业职工培训费可以全额扣除，扣除职工培训费后的职工教育经费的余额应按照工资、薪金8%的比例扣除。

（3）社会保险费。

①企业依照国务院有关主管部门或者省级人民政府规定的范围和标准为职工缴纳的"五险一金"，即基本养老保险费、基本医疗保险费、失业保险费、工伤保险费、生育保险费等基本社会保险费和住房公积金，准予扣除。

②企业为投资者或者职工支付的补充养老保险费、补充医疗保险费，在国务院财政、税务主管部门规定的范围和标准内，准予扣除。企业依照国家有关规定为特殊工种职工支付的人身安全保险费和符合国务院财政、税务主管部门规定可以扣除的商业保险费准予扣除。

③企业参加财产保险，按照规定缴纳的保险费，准予扣除。

④除企业依照国家有关规定为特殊工种职工支付的人身安全保险费和国务院财政、税务主管部门规定可以扣除的其他商业保险费外，企业为投资者或职工支付的商业保险费，不得扣除。

⑤企业职工因公出差乘坐交通工具发生的人身意外保险费支出，准予企业在计算应纳税所得额时扣除。

⑥企业参加雇主责任险、公众责任险等责任保险，按照规定缴纳的保险费，准予在企业所得税税前扣除。

（4）利息费用。企业在生产、经营活动中发生的利息费用，按下列规定扣除：

①非金融企业向金融企业借款的利息支出、金融企业的各项存款利息支出和同业拆借利息支出、企业经批准发行债券的利息支出可据实扣除。

②非金融企业向非金融企业借款的利息支出，不超过按照金融企业同期同类贷款利率计算的数额的部分可据实扣除，超过部分不许扣除。

（5）借款费用。

①企业在生产经营活动中发生的合理的不需要资本化的借款费用，准予扣除。

②企业为购置、建造固定资产、无形资产和经过 12 个月以上的建造才能达到预定可销售状态的存货发生借款的，在有关资产购置、建造期间发生的合理的借款费用，应予以资本化，作为资本性支出计入有关资产的成本；有关资产交付使用后发生的借款利息，可在发生当期扣除。

（6）业务招待费。企业发生的与生产经营活动有关的业务招待费支出，按照发生额的 60% 扣除，但最高不得超过当年销售（营业）收入的 5‰。

（7）广告费和业务宣传费。企业发生的符合条件的广告费和业务宣传费支出，除国务院财政、税务主管部门另有规定外，不超过当年销售（营业）收入 15% 的部分，准予扣除；超过部分，准予结转以后纳税年度扣除。

（8）公益性捐赠支出。公益性捐赠，是指企业通过公益性社会组织或者县级以上人民政府及其部门，用于符合法律规定的慈善活动、公益事业的捐赠。企业当年发生以及以前年度结转的公益性捐赠支出，不超过年度利润总额 12% 的部分，准予扣除；超过年度利润总额 12% 的部分，准予结转以后 3 年内在计算应纳税所得额时扣除。

研究开发费用加
计扣除政策集锦

3.不得扣除的项目的确定

在计算应纳税所得额时，下列支出不得扣除：

（1）向投资者支付的股息、红利等权益性投资收益款项；

（2）企业所得税税款；

（3）税收滞纳金；

（4）罚金、罚款和被没收财物的损失；

（5）超过规定标准的捐赠支出；

（6）赞助支出；

（7）未经核定的准备金支出；

（8）企业之间支付的管理费、企业内营业机构之间支付的租金和特许权使用费，以及非银行企业内营业机构之间支付的利息，不得扣除；

（9）企业以其取得的不征税收入用于支出所形成的费用或资产（包括对资产计提的折旧、摊销）不得在税前扣除，但企业取得的各项免税收入所对应的各项成本费用，除另有规定者外，可以在计算企业应纳税所得额时扣除；

（10）与取得收入无关的其他支出。

4.亏损弥补

税法规定，企业某一纳税年度发生的亏损可以用下一年度的所得弥补，下一年度的所得不足以弥补的，可以逐年延续弥补，但最长不得超过 5 年。企业在汇总计算缴纳所得税时，其境外营业机构的亏损不得抵减境内营业机构的盈利。自 2018 年 1 月 1 日起，当年具备高新技术企业或科技型中小企业资格（以下统称资格）的企业，其具备资格年度之前 5 个年度发生的尚未弥补完的亏损，准予结转以后年度弥补，最长结转年限由 5

年延长至 10 年。

五、企业所得税的计算

（一）查账征收应纳税额的计算

查账征收适用于除核定征收以外的企业。

（1）居民企业以及在中国境内设立机构、场所的，且取得所得与该机构、场所有实际联系的非居民企业查账征收应纳税额的计算。居民企业以及在中国境内设立机构、场所的，且取得所得与该机构、场所有实际联系的非居民企业，采用查账征收方式计算应纳所得税税额的，应纳税额等于应纳税所得额乘以适用税率，基本计算公式为：

应纳税额＝应纳税所得额×适用税率－减免税额－抵免税额

①间接计算法。在间接计算法下，企业是在会计利润总额的基础上加或减按照税法规定调整的项目金额后，即为应纳税所得额。其计算公式为：

应纳税所得额＝会计利润总额 ± 纳税调整项目金额

纳税调整项目金额包括两方面的内容：一是企业的财务会计处理和税收规定不一致的应予以调整的金额；二是企业按税法规定准予扣除的税收金额。

②直接计算法。在直接计算法下，企业每一纳税年度的收入总额减除不征税收入、免税收入、各项扣除以及允许弥补的以前年度亏损后的余额为应纳税所得额。其计算公式为：

应纳税所得额＝收入总额－不征税收入－免税收入－各项扣除金额－弥补亏损

【例题 3-9】某新能源汽车生产企业为增值税一般纳税人，2023 年的相关财务数据为：

全年取得产品销售收入总额 68 000 万元，产品销售成本 45 800 万元，税金及附加 9 250 万元；销售费用 3 600 万元；管理费用 2 900 万元，其中含业务招待费 280 万元、新技术研究开发费用 100 万元；财务费用 870 万元；直接投资其他居民企业分回的股息收入 550 万元；营业外收入 320 万元；营业外支出 1 050 万元，其中含该企业通过省教育厅向某山区中小学捐款 800 万元。成本费用中含 2023 年度实际发生的工资费用 3 000 万元、职工福利费 480 万元、职工工会经费 90 万元、职工教育经费 70 万元。

要求：计算 2023 年度应缴纳的企业所得税。

【解析】营业利润＝68 000－45 800－9 250－3 600－2 900－870＋550＝6 130（万元）

利润总额＝6 130＋320－1 050＝5 400（万元）

业务招待费发生额的 60%＝280×60%＝168（万元）＜68 000×5‰

应调增应纳税所得额＝280－168＝112（万元）

公益性捐赠限额＝5 400×12%＝648（万元）

应调增应纳税所得额＝800－648＝152（万元）

职工福利费列支限额＝3 000×14%＝420（万元）

应调增应纳税所得额 = 480 - 420 = 60（万元）

工会经费列支限额 = 3 000×2% = 60（万元）

应调增应纳税所得额 = 90 - 60 = 30（万元）

职工教育经费列支限额 = 3 000×8% = 240（万元）（企业实际发生70万元，未超过列支限额，可据实扣除）

应调增应纳税所得额合计金额 = 112 + 152 + 60 + 30 = 354（万元）

免税、减计收入及加计扣除 = 550 + 100×100% = 650（万元）

应纳税所得额 = 5 400 + 354 - 650 = 5 104（万元）

应纳所得税税额 = 5 104×25% = 1 276（万元）

（2）在中国境内未设立机构、场所的，或者虽设立机构、场所但取得的所得与其所设机构、场所没有实际联系的非居民企业查账征收应纳税额的计算。对于在中国境内未设立机构、场所的，或者虽设立机构、场所但取得的所得与其所设机构、场所没有实际联系的非居民企业的所得，其来源于中国境内的所得按照下列方法计算应纳税所得额：

①股息、红利等权益性投资收益和利息、租金、特许权使用费所得，以收入全额为应纳税所得额；

②转让财产所得，以收入全额减除财产净值后的余额为应纳税所得额；

③其他所得，参照前两项规定的办法计算应纳税所得额。

财产净值是指财产的计税基础减除已经按照规定扣除的折旧、折耗、摊销、准备金等后的余额。

对于在中国境内未设立机构、场所的，或者虽设立机构、场所但取得的所得与其所设机构、场所没有实际联系的非居民企业的应纳税额计算公式如下：

应纳税额 = 年应纳税所得额 × 税率（减按10%）

（二）核定征收应纳税额的计算

1.确定所得税核定征收的范围

纳税人具有下列情形之一的，核定征收企业所得税：

（1）依照法律、行政法规的规定可以不设置账簿的；

（2）依照法律、行政法规的规定应当设置但未设置账簿的；

（3）擅自销毁账簿或者拒不提供纳税资料的；

（4）虽设置账簿，但账目混乱或者成本资料、收入凭证、费用凭证残缺不全，难以查账的；

（5）发生纳税义务，未按照规定的期限办理纳税申报，经税务机关责令限期申报，逾期仍不申报的；

（6）申报的计税依据明显偏低，又无正当理由的。

2.核定征收办法的有关规定

（1）纳税人具有下列情形之一的，核定其应税所得率：

①能正确核算（查实）收入总额，但不能正确核算（查实）成本费用总额的；

②能正确核算（查实）成本费用总额，但不能正确核算（查实）收入总额的；

③通过合理方法，能计算和推定纳税人收入总额或成本费用总额的。

（2）纳税人不属于以上情形的，核定其应纳所得税税额。

（3）税务机关采用下列方法核定征收企业所得税：

①参照当地同类行业或者类似行业中经营规模和收入水平相近的纳税人的税负水平核定；

②按照应税收入额或成本费用支出额定率核定；

③按照耗用的原材料、燃料、动力等推算或测算核定；

④按照其他合理方法核定。

采用一种方法不足以正确核定应纳税所得额或应纳税额的，可以同时采用两种以上的方法核定。采用两种以上方法测算的应纳税额不一致时，可按测算的应纳税额从高核定。

（4）采用应税所得率方式核定征收企业所得税的，应纳所得税税额计算公式如下：

应纳所得税税额＝应纳税所得额×适用税率

应纳税所得额＝应税收入额×应税所得率

＝成本（费用）支出额÷（1－应税所得率）×应税所得率

素养提升

我国出台了从事农、林、牧、渔业项目的企业所得税免税与减税政策，有利于鼓励农、林、牧、渔业生产，保护农、林、牧、渔业生产者的利益，保障人民基本生活物资充足，满足人民基本生活需要，加快建设农业强国。

从事农林牧渔业项目的所得税收优惠政策

任务三　个人所得税认知

一、个人所得税纳税人

个人所得税是对个人取得的各项应税所得所征收的一种所得税。在我国，依据住所和居住时间两个标准，将个人所得税的纳税人分为居民个人和非居民个人两大类，各自承担不同的纳税义务。个人所得税的纳税义务人具体包括中国公民（含香港、澳门、台湾同胞）、个体工商户、个人独资企业投资者和合伙企业自然人合伙人等。

（一）居民个人

在中国境内有住所，或者无住所而一个纳税年度内在中国境内居住累计满183天的个人，为居民个人。居民个人从中国境内和境外取得的所得，依照个人所得税法的规定缴纳个人所得税。

（二）非居民个人

在中国境内无住所又不居住，或者无住所而一个纳税年度内在中国境内居住累计不满 183 天的个人，为非居民个人。非居民个人从中国境内取得的所得，依照个人所得税法规定缴纳个人所得税。

二、个人所得税征税对象

个人所得税的征税对象是个人取得的应税所得。个人所得的形式，包括现金、实物、有价证券和其他形式的经济利益。

（一）工资、薪金所得

工资、薪金所得是指个人因"任职或者受雇"而取得的工资、薪金、奖金、年终加薪、劳动分红、津贴、补贴以及与任职或者受雇有关的其他所得。

（二）劳务报酬所得

劳务报酬所得是指个人从事劳务取得的所得，包括从事设计、装潢、安装、制图、化验、测试、医疗、法律、会计、咨询、讲学、翻译、审稿、书画、雕刻、影视、录音、录像、演出、表演、广告、展览、技术服务、介绍服务、经纪服务、代办服务以及其他劳务取得的所得。

（三）稿酬所得

稿酬所得是指个人因其作品以图书、报刊等形式出版、发表而取得的所得。作品包括文学作品、书画作品、摄影作品，以及其他作品。作者去世后，财产继承人取得的遗作稿酬，也应征收个人所得税。

（四）特许权使用费所得

特许权使用费所得是指个人提供专利权、商标权、著作权、非专利技术以及其他特许权的使用权取得的所得。提供著作权的使用权取得的所得，不包括稿酬所得。

（五）经营所得

经营所得是指：个体工商户从事生产、经营活动取得的所得；个人独资企业投资人、合伙企业的个人合伙人来源于境内注册的个人独资企业、合伙企业生产、经营的所得；个人依法从事办学、医疗、咨询以及其他有偿服务活动取得的所得；个人对企业、事业单位承包经营、承租经营以及转包、转租取得的所得；个人从事其他生产、经营活动取得的所得。

（六）财产租赁所得

财产租赁所得是指个人出租不动产、机器设备、车船以及其他财产取得的所得。

（七）财产转让所得

财产转让所得是指个人转让有价证券、股权、合伙企业中的财产份额、不动产、机器设备、车船以及其他财产取得的所得。

（八）利息、股息、红利所得

利息、股息、红利所得是指个人拥有债权、股权而取得的利息、股息、红利所得。

（九）偶然所得

偶然所得是指个人得奖、中奖、中彩以及其他偶然性质的所得。

【例题 3-10】下列各项中，属于《中华人民共和国个人所得税法》（以下简称《个人所得税法》）规定的综合所得的是（   ）。

A.工资、薪金所得   B.劳务报酬所得

C.稿酬所得   D.经营所得

【参考答案】ABC

【解析】工资、薪金所得，劳务报酬所得，稿酬所得，特许权使用费所得统称为综合所得。

三、个人所得税税率

个人所得税分别按不同个人所得项目，规定了超额累进税率和比例税率两种形式。

1.工资、薪金所得，劳务报酬所得，稿酬所得，特许权使用费所得个人所得税的预扣率（预扣预缴）

（1）居民个人工资、薪金所得预扣预缴个人所得税的预扣率如表 3-1 所示。

表 3-1　居民个人工资、薪金所得预扣预缴个人所得税的预扣率

级数	累计预扣预缴应纳税所得额	预扣率 /%	速算扣除数 / 元
1	不超过 36 000 元的部分	3	0
2	超过 36 000 元至 144 000 元部分	10	2 520
3	超过 144 000 元至 300 000 元部分	20	16 920
4	超过 300 000 元至 420 000 元部分	25	31 920
5	超过 420 000 元至 660 000 元部分	30	52 920
6	超过 660 000 元至 960 000 元部分	35	85 920
7	超过 960 000 元部分	45	181 920

（2）居民个人劳务报酬所得预扣预缴个人所得税的预扣率如表 3-2 所示。

表 3-2　居民个人劳务报酬所得预扣预缴个人所得税的预扣率

级数	预扣预缴应纳税所得额	预扣率 /%	速算扣除数 / 元
1	不超过 20 000 元	20	0
2	超过 20 000 元至 50 000 元部分	30	2 000
3	超过 50 000 元部分	40	7 000

（3）居民个人稿酬所得、特许权使用费所得预扣预缴个人所得税的预扣率，适用20%的比例预扣率。

2.工资、薪金所得，劳务报酬所得，稿酬所得，特许权使用费所得个人所得税的适用税率（非预扣预缴）

（1）居民个人综合所得个人所得税的适用税率（按年汇算清缴）如表 3-3 所示。工资、薪金所得，劳务报酬所得，稿酬所得，特许权使用费所得统称为综合所得。综合所得，适用 3%～45% 的七级超额累进税率。

表 3-3　居民个人综合所得个人所得税的税率（按年）

级数	全年应纳税所得额	税率 /%	速算扣除数 / 元
1	不超过 36 000 元的部分	3	0
2	超过 36 000 元至 144 000 元部分	10	2 520
3	超过 144 000 元至 300 000 元部分	20	16 920
4	超过 300 000 元至 420 000 元部分	25	31 920
5	超过 420 000 元至 660 000 元部分	30	52 920
6	超过 660 000 元至 960 000 元部分	35	85 920
7	超过 960 000 元部分	45	181 920

（2）非居民个人工资、薪金所得，劳务报酬所得，稿酬所得，特许权使用费所得个人所得税的适用税率如表 3-4 所示。

表 3-4　非居民个人综合所得个人所得税的税率（按月）

级数	应纳税所得额	税率 /%	速算扣除数 / 元
1	不超过 3 000 元的部分	3	0
2	超过 3 000 元至 12 000 元部分	10	210
3	超过 12 000 元至 25 000 元部分	20	1 410
4	超过 25 000 元至 35 000 元部分	25	2 660
5	超过 35 000 元至 55 000 元部分	30	4 410
6	超过 55 000 元至 80 000 元部分	35	7 160
7	超过 80 000 元部分	45	15 160

3.经营所得的适用税率

经营所得，适用 5% ～ 35% 的五级超额累进税率，如表 3-5 所示。

表 3-5　经营所得个人所得税的税率表（按年）

级数	全年应纳税所得额	税率 /%	速算扣除数数 / 元
1	不超过 30 000 元	5	0
2	超过 30 000 元至 90 000 元部分	10	1 500
3	超过 90 000 元至 300 000 元部分	20	10 500
4	超过 300 000 元至 500 000 元部分	30	40 500
5	超过 500 000 元部分	35	65 500

4.财产租赁所得，财产转让所得，利息、股息、红利所得和偶然所得的适用税率

财产租赁所得，财产转让所得，利息、股息、红利所得和偶然所得，适用比例税率，税率为 20%。另外，为了配合国家住房制度改革，支持住房租赁市场的健康发展，对个人出租住房取得的所得暂减按 10% 的税率征收个人所得税。

四、个人所得税应纳税额的计算

（一）居民个人综合所得应纳税额的计算

1.居民个人综合所得预扣预缴个人所得税的计算

扣缴义务人向居民个人支付工资、薪金所得，劳务报酬所得，稿酬所得，特许权使用费所得时，按以下方法预扣预缴个人所得税，并向主管税务机关报送《个人所得税扣缴申报表》。年度预扣预缴税额与年度应纳税额不一致的，由居民个人于次年 3 月 1 日至 6 月 30 日向主管税务机关办理综合所得年度汇算清缴，税款多退少补。

（1）扣缴义务人向居民个人支付工资、薪金所得预扣预缴个人所得税的计算。扣缴义务人向居民个人支付工资、薪金所得时，应当按照累计预扣法计算预扣税款，并按月办理全员全额扣缴申报。

具体计算公式如下：

本期应预扣预缴税额＝（累计预扣预缴应纳税所得额×预扣率－速算扣除数）－累计减免税额－累计已预扣预缴税额

累计预扣预缴应纳税所得额＝累计收入－累计免税收入－累计减除费用－累计专项扣除－累计专项附加扣除－累计依法确定的其他扣除

个人所得税专项附加扣除的基本规定：

①子女教育。纳税人的子女接受全日制学历教育的相关支出，按照每个子女每月 2 000 元的标准定额扣除。

②继续教育。纳税人在中国境内接受学历（学位）继续教育的支出，在学历（学位）教育期间按照每月 400 元定额扣除。同一学历（学位）继续教育的扣除期限不能超

过 48 个月。纳税人接受技能人员职业资格继续教育、专业技术人员职业资格继续教育的支出，在取得相关证书的当年，按照 3 600 元定额扣除。

③大病医疗。在一个纳税年度内，纳税人发生的与基本医保相关的医药费用支出，扣除医保报销后个人负担（指医保目录范围内的自付部分）累计超过 15 000 元的部分，由纳税人在办理年度汇算清缴时，在 80 000 元限额内据实扣除。

④住房贷款利息。纳税人本人或者配偶单独或者共同使用商业银行或者住房公积金个人住房贷款为本人或者其配偶购买中国境内住房，发生的首套住房贷款利息支出，在实际发生贷款利息的年度，按照每月 1 000 元的标准定额扣除，扣除期限最长不超过 240 个月。纳税人只能享受一次首套住房贷款的利息扣除。

⑤住房租金。纳税人在主要工作城市没有自有住房而发生的住房租金支出，可以按照以下标准定额扣除：

直辖市、省会（首府）城市、计划单列市以及国务院确定的其他城市，扣除标准为每月 1 500 元；除上述城市以外，市辖区户籍人口超过 100 万的城市，扣除标准为每月 1 100 元；市辖区户籍人口不超过 100 万的城市，扣除标准为每月 800 元。

⑥赡养老人。纳税人赡养一位及以上被赡养人的赡养支出，统一按照以下标准定额扣除：

纳税人为独生子女的，按照每月 3 000 元的标准定额扣除；纳税人为非独生子女的，由其与兄弟姐妹分摊每月 3 000 元的扣除额度，每人分摊的额度不能超过每月 1 500 元。可以由赡养人均摊或者约定分摊，也可以由被赡养人指定分摊。约定或者指定分摊的须签订书面分摊协议，指定分摊优先于约定分摊。具体分摊方式和额度在一个纳税年度内不能变更。

（2）扣缴义务人向居民个人支付劳务报酬所得、稿酬所得、特许权使用费所得预扣预缴个人所得税的计算。扣缴义务人向居民个人支付劳务报酬所得、稿酬所得、特许权使用费所得，按次或者按月预扣预缴个人所得税。

具体预扣预缴方法如下：

劳务报酬所得、稿酬所得、特许权使用费所得以收入减除费用后的余额为收入额。其中，稿酬所得的收入额减按 70% 计算。

劳务报酬所得、稿酬所得、特许权使用费所得每次收入不超过 4 000 元的，减除费用按 800 元计算；每次收入 4 000 元以上的，减除费用按 20% 计算。

劳务报酬所得应预扣预缴税额＝预扣预缴应纳税所得额×预扣率−速算扣除数

稿酬所得、特许权使用费所得应预扣预缴税额＝预扣预缴应纳税所得额×20%

2. 居民个人综合所得汇算清缴个人所得税的计算

自 2019 年 1 月 1 日起，居民个人的综合所得（工资、薪金所得，劳务报酬所得，稿酬所得，特许权使用费所得），以每一纳税年度的收入额减除费用 60 000 元以及专项扣除、专项附加扣除和依法确定的其他扣除后的余额，为应纳税所得额。各项所得的计算，以人民币为单位。所得为人民币以外的货币的，按照人民币汇率中间价折合成人民币缴纳税款。

居民个人的综合所得适用七级超额累进税率，其应纳税额的计算公式为：

应纳税额＝年应纳税所得额×适用税率－速算扣除数

＝（每一纳税年度的收入额－60 000－专项扣除、专项附加扣除和依法确定的其他扣除）×适用税率－速算扣除数

＝［工资、薪金收入额＋劳务报酬收入×（1－20%）＋稿酬收入×（1－20%）×70%＋特许权使用费收入×（1－20%）－60 000－专项扣除、专项附加扣除和依法确定的其他扣除］×适用税率－速算扣除数

需要注意的是，劳务报酬所得、稿酬所得、特许权使用费所得以收入减除20%的费用后的余额为收入额。稿酬所得的收入额减按70%计算。

专项扣除、专项附加扣除和依法确定的其他扣除，以居民个人一个纳税年度的应纳税所得额为限额；一个纳税年度扣除不完的，不结转以后年度扣除。

居民个人取得综合所得，按年计算个人所得税；有扣缴义务人的，由扣缴义务人按月或者按次预扣预缴税款；需要办理汇算清缴的，应当在取得所得的次年3月1日至6月30日内办理汇算清缴。

预扣预缴办法由国务院税务主管部门制定。

【例题3-11】小李2024年1月从所在单位取得工资、薪金收入20 000元，每月减除费用5 000元，个人负担的基本养老保险为1 200元，基本医疗保险为650元，失业保险为200元，住房公积金为2 000元，社保公积金合计为4 050元。假设小李每月住房贷款利息专项附加扣除1 000元，每月子女教育专项附加扣除2 000元，没有其他专项扣除和依法确认的其他扣除。小李2024年1月取得的工资薪金所得需要预扣预缴个人所得税多少元？

【解析】综合所得预扣预缴公式如下：

本期应预扣预缴税额＝（累计预扣预缴应纳税所得额×预扣率－速算扣除数）－累计减免税额－累计已预扣预缴税额

累计预扣预缴应纳税所得额＝累计收入－累计免税收入－累计减除费用－累计专项扣除－累计专项附加扣除－累计依法确定的其他扣除

故小李2024年1月应预扣预缴个税为：

小李预扣预缴个税＝（20 000－5 000－4 050－1 000－2 000）×3%－0＝238.5（元）

（二）非居民个人工资、薪金所得，劳务报酬所得，稿酬所得，特许权使用费所得应纳税额的计算

扣缴义务人向非居民个人支付工资、薪金所得，劳务报酬所得，稿酬所得和特许权使用费所得时，应当按以下方法按月或者按次代扣代缴个人所得税。

非居民个人的工资、薪金所得，以每月收入额减除费用 5 000 元后的余额为应纳税所得额；劳务报酬所得、稿酬所得、特许权使用费所得，以每次收入额为应纳税所得额，适用按月换算后的非居民个人月度税率表计算应纳税额。其中，劳务报酬所得、稿酬所得、特许权使用费所得以收入减除 20% 的费用后的余额为收入额。稿酬所得的收入额减按 70% 计算。

非居民个人工资、薪金所得，劳务报酬所得，稿酬所得，特许权使用费所得应纳税额计算公式为：

应纳税额＝应纳税所得额×税率－速算扣除数

具体来说：

（1）非居民个人的工资、薪金所得适用七级超额累进税率，其应纳税额的计算公式为：

应纳税额＝月应纳税所得额×适用税率－速算扣除数

＝（每月工资、薪金收入额－5 000）×适用税率－速算扣除数

（2）非居民个人的劳务报酬所得适用七级超额累进税率，其应纳税额的计算公式为：

应纳税额＝应纳税所得额×适用税率－速算扣除数

＝每次收入额×适用税率－速算扣除数

＝劳务报酬收入×（1－20%）×适用税率－速算扣除数

（3）非居民个人的稿酬所得适用七级超额累进税率，其应纳税额的计算公式为

应纳税额＝应纳税所得额×适用税率－速算扣除数

＝每次收入额×适用税率－速算扣除数

＝稿酬收入×（1－20%）×70%×适用税率－速算扣除数

（4）非居民个人的特许权使用费所得适用七级超额累进税率，其应纳税额的计算公式为：

应纳税额＝应纳税所得额×适用税率－速算扣除数

＝每次收入额×适用税率－速算扣除数

＝特许权使用费收入×（1－20%）×适用税率－速算扣除数

非居民个人取得工资、薪金所得，劳务报酬所得，稿酬所得，特许权使用费所得，有扣缴义务人的，由扣缴义务人按月或者按次代扣代缴税款，不办理汇算清缴。

（三）经营所得应纳税额的计算

经营所得，以每一纳税年度的收入总额减除成本、费用以及损失后的余额，为应纳税所得额。

经营所得个人所得税应纳税额的计算公式为：

应纳税额＝应纳税所得额×适用税率－速算扣除数

＝（全年收入总额－成本、费用、损失）×适用税率－速算扣除数

取得经营所得的个人，没有综合所得的，计算其每一纳税年度的应纳税所得额时，

应当减除费用 6 万元、专项扣除、专项附加扣除以及依法确定的其他扣除。专项附加扣除在办理汇算清缴时减除。

纳税人取得经营所得，按年计算个人所得税，由纳税人在月度或者季度终了后 15 日内向税务机关报送纳税申报表，并预缴税款；在取得所得的次年 3 月 31 日前办理汇算清缴。

（四）财产租赁所得应纳税额的计算

1.应纳税所得额的计算

财产租赁所得的计算，以一个月内取得的收入为一次：每次收入不超过 4 000 元的，减除费用 800 元；4 000 元以上的，减除 20% 的费用，其余额为应纳税所得额。其计算公式如下：

（1）每次（月）收入不超过 4 000 元的：

应纳税所得额＝每次（月）收入额－准予扣除项目－修缮费用（800 元为限）－800

（2）每次（月）收入超过 4 000 元的：

应纳税所得额＝［每次（月）收入额－准予扣除项目－修缮费用（800 元为限）］×（1－20%）

个人出租财产取得的财产租赁收入，在计算缴纳个人所得税时，应依次扣除以下费用：①准予扣除项目，主要指财产租赁过程中缴纳的税费。②由纳税人负担的该出租财产实际开支的修缮费用。修缮费的扣除以每次 800 元为限，一次扣除不完的，准予在下一次继续扣除，直到扣完为止。③税法规定的费用扣除标准（即定额减除费用 800 元或定率减除 20% 的费用）。

2.应纳税额的计算

财产租赁所得适用 20% 的比例税率，但对个人出租住房取得的所得暂减按 10% 的税率征收个人所得税。其应纳税额的计算公式如下。

（1）每次（月）收入不超过 4 000 元的：

应纳税额＝应纳税所得额×适用税率（20% 或 10%）

　　　＝［每次（月）收入额－准予扣除项目－修缮费用（800 元为限）－800 元］×适用税率（20% 或 10%）

（2）每次（月）收入超过 4 000 元的：

应纳税额＝应纳税所得额×适用税率（20% 或 10%）

　　　＝［每次（月）收入额－准予扣除项目－修缮费用（800 元为限）］×（1－20%）×适用税率（20% 或 10%）

（五）财产转让所得应纳税额的计算

1.应纳税所得额的计算

财产转让所得，以转让财产的收入额减除财产原值和合理费用后的余额，为应纳税所得额。其计算公式为：

应纳税所得额＝收入总额－财产原值－合理费用

2.应纳税额的计算

财产转让所得应纳税额的计算公式为：

应纳税额＝应纳税所得额×适用税率＝（收入总额－财产原值－合理税费）×20％

（六）利息、股息、红利所得和偶然所得应纳税额的计算

利息、股息、红利所得和偶然所得的个人所得税按次征收。利息、股息、红利所得，以支付利息、股息、红利时取得的收入为一次。偶然所得，以每次取得该项收入为一次。利息、股息、红利所得和偶然所得的应纳税所得额即为每次收入额。

利息、股息、红利、偶然所得和其他所得应纳税额的计算公式为：

应纳税额＝应纳税所得额×适用税率＝每次收入额×20％

（七）全年一次性奖金及其他奖金应纳税额的计算

居民个人取得全年一次性奖金，符合《国家税务总局关于调整个人取得全年一次性奖金等计算征收个人所得税方法问题的通知》（国税发〔2005〕9号）规定的，在2027年12月31日前，不并入当年综合所得，以全年一次性奖金收入除以12个月得到的数额，按照按月换算后的综合所得税率表（简称月度税率表）（见表3-4），确定适用税率和速算扣除数，单独计算纳税。

计算公式为：

应纳税额＝全年一次性奖金收入×适用税率－速算扣除数

居民个人取得全年一次性奖金，也可以选择并入当年综合所得计算纳税。

素养提升

我国自2019年1月1日起开始全面实施综合与分类相结合的个人所得税改革，这次改革通过提高基本费用减除标准、增加专项附加扣除、优化调整了税率结构、扩大低档税率的级距等方式，完善个人所得税制度，规范收入分配秩序，规范财富积累机制，保护合法收入，调节过高收入，使得广大纳税人的税收负担普遍降低，使个人所得税税负水平更趋于合理、公平。

任务四　发票管理及纳税申报

一、发票的管理

（一）发票的含义和申领

发票，是指在购销商品、提供或者接受服务以及从事其他经营活动中，开具、收取

的收付款凭证。发票是确定经济收支行为发生的证明文件，是财务收支的法定凭证和会计核算的原始凭证，也是税务稽查的重要依据。

国务院税务主管部门统一负责全国的发票管理工作。省、自治区、直辖市税务局（以下统称省、自治区、直辖市税务机关）依据各自的职责，共同做好本行政区域内的发票管理工作。财政、审计、市场监督管理、公安等有关部门在各自的职责范围内，配合税务机关做好发票管理工作。企业开具发票需要向主管税务机关申请领用。发票的种类、联次、内容以及使用范围由国务院税务主管部门规定。发票的类型主要有增值税专用发票（含机动车销售统一发票）、增值税普通发票、特定范围继续使用的其他发票。

（二）发票的开具和保管

销售商品、提供服务以及从事其他经营活动的单位和个人，对外发生经营业务收取款项，收款方应当向付款方开具发票，特殊情况下，由付款方向收款方开具发票。

发票的开具和保管应注意以下问题。

（1）所有单位和从事生产、经营活动的个人在购买商品、接受服务以及从事其他经营活动支付款项，应当向收款方索取发票，取得发票时，不得要求变更品名和金额。

（2）不符合规定的发票，不得作为财务报销凭证，任何单位和个人有权拒收。

（3）开具发票应当按照规定的时限、顺序、栏目，全部联次一次性如实开具，并加盖发票专用章。

（4）安装税控装置的单位和个人，应按照规定使用税控装置开具发票，并按期向主管税务机关报送开具发票的数据。

（5）任何单位和个人应当按照发票管理规定使用发票。

（6）除国务院税务主管部门规定的特殊情形外，发票限于申领单位和个人在本省、自治区、直辖市内开具。

（7）除国务院税务主管部门规定的特殊情形外，任何单位和个人未经批准，不得跨规定的使用区域携带、邮寄、运输空白发票，禁止携带、邮寄或者运输空白发票出入境。

（8）开具发票的单位和个人应当建立发票使用登记制度，设置发票登记簿，并定期向主管税务机关报告发票使用情况。

（9）开具发票的单位和个人应当在办理变更或者注销税务登记的同时，办理发票的变更、缴销手续。

（10）开具发票的单位和个人应当按照税务机关的规定存放和保管发票，不得擅自损毁；已经开具的发票存根联和发票登记簿，应当保存5年；保存期满，报经税务机关查验后销毁。

（11）购买方为企业的，包括公司、非公司制企业法人、企业分支机构、个人独资企业、合伙企业和其他企业，索取增值税普通发票时，应向销售方提供纳税人识别号或统一社会信用代码；销售方为其开具增值税普通发票时，应在"购买方纳税人识别号"

栏填写购买方的纳税人识别号或统一社会信用代码，不符合规定的发票，不得作为税收凭证。

（12）销售方开具增值税发票时，发票内容应按照实际销售情况如实开具，不得根据购买方要求填开与实际交易不符的内容。

（13）销售方开具发票时，通过销售平台系统与增值税发票税控系统后台对接，导入相关信息开票的，系统导入的开票数据内容应与实际交易相符，如不相符应及时修改完善销售平台系统。

（14）国家税务总局公布了《商品和服务税收分类编码表》并在税控系统中增加了编码相关功能，纳税人应当按照《商品和服务税收分类编码表》开具增值税发票。

（三）增值税专用发票的基本内容和开具要求

1.增值税专用发票的联次

增值税专用发票由基本联次或者基本联次附加其他联次构成，分为三联版和六联版两种。基本联次为三联：第一联为记账联，是销售方记账凭证；第二联为抵扣联，是购买方扣税凭证；第三联为发票联，是购买方记账凭证。其他联次的用途，由纳税人自行确定。纳税人办理产权过户手续需要使用发票的，可以使用增值税专用发票第六联。

2.增值税专用发票的基本内容

（1）发票名称；

（2）购销双方的纳税人名称、纳税人识别号、地址、电话、开户行及账号；

（3）开票日期；

（4）发票字轨号码；

（5）销售货物、劳务、服务、无形资产或者不动产的名称、计量单位、数量；

（6）不包括增值税在内的单价及总金额；

（7）增值税税率、增值税税额。

3.增值税专用发票的开具要求

（1）项目齐全，与实际交易相符；

（2）字迹清楚，不得压线、错格；

（3）发票联和抵扣联加盖财务专用章或发票专用章；

（4）按照增值税纳税义务发生时间开具。

不符合上述要求的增值税专用发票，购买方有权拒收。

4.增值税专用发票不得作为抵扣进项税额凭证的规定

（1）经认证，有下列情形之一的，不得作为增值税进项税额的抵扣凭证，购买方可要求销售方重新开具专用发票：①无法认证；②纳税人识别号认证不符；③专用发票代码、号码认证不符。

（2）经认证，有下列情形之一的，暂时不得作为增值税进项税额的抵扣凭证，查明原因，分情况进行处理：①重复认证；②密文有误；③认证

金税四期

不符；④列为失控专用发票。

（3）专用发票抵扣联无法认证的，可使用专用发票发票联到主管税务机关认证，专用发票发票联复印件留存备查。

二、纳税申报的基本要求

（一）纳税申报的含义

纳税申报，是指纳税人依照税法规定，定期就计算缴纳税款的有关事项向税务机关提交书面报告的法定手续。纳税申报是确定纳税人是否履行纳税义务，界定法律责任的主要依据。

（二）纳税申报的主体

凡是按照国家法律、行政法规的规定负有纳税义务的纳税人或代征人、扣缴义务人（含享受减免税的纳税人），无论本期有无应纳、应缴税款，都必须按税法规定的期限如实向主管税务机关办理纳税申报。

（三）纳税人需要报送的纳税资料

纳税人必须依照法律、行政法规规定或者税务机关依照法律、行政法规的规定确定的申报期限、申报内容如实办理纳税申报，报送纳税申报表、财务会计报表以及税务机关根据实际需要要求纳税人报送的其他纳税资料。

三、增值税及其附加税费的纳税申报

（一）增值税及其附加税费纳税义务发生时间

1.增值税的纳税义务发生时间的基本规定

（1）销售货物或者应税劳务，为收讫销售款项或者取得索取销售款项凭据的当天；先开具发票的，为开具发票的当天。

（2）进口货物，为报关进口的当天。

（3）增值税扣缴义务发生时间为纳税人增值税纳税义务发生的当天。

2.增值税的纳税义务发生时间的具体规定

（1）采取直接收款方式销售货物的，不论货物是否发出，均为收到销售款或取得索取销售款凭据的当天。

（2）纳税人发生销售服务、无形资产或者不动产行为的，其增值税纳税义务发生时间为收讫销售款项或者索取销售款项凭据的当天；先开具发票的，为开具发票的当天。

（3）采取托收承付和委托银行收款方式销售货物的，为发出货物并办妥托收手续的当天。

（4）采取赊销和分期收款方式销售货物的，为书面合同约定的收款日期的当天，无书面合同的或者书面合同没有约定收款日期的，为货物发出的当天。

（5）采取预收货款方式销售货物的，为货物发出的当天，但生产销售生产工期超过

12 个月的大型机械设备、船舶、飞机等货物，为收到预收款或者书面合同约定的收款日期的当天。

（6）纳税人提供建筑服务取得预收款，应在收到预收款时，以取得的预收款扣除支付的分包款后的余额，按照规定的预征率预缴增值税。

（7）委托其他纳税人代销货物的，为收到代销单位的代销清单或者收到全部或者部分货款的当天；未收到代销清单及货款的，为发出代销货物满 180 天的当天。

（8）纳税人从事金融商品转让的，其增值税纳税义务发生时间为金融商品所有权转移的当天。

（9）证券公司、保险公司、金融租赁公司、证券基金管理公司、证券投资基金以及其他经中国人民银行、银保监会、证监会批准成立且经营金融保险业务的机构发放贷款后，自结息日起 90 天内发生的应收未收利息按现行规定缴纳增值税；自结息日起 90 天后发生的应收未收利息暂不缴纳增值税，待实际收到利息时按规定缴纳增值税。

（10）纳税人提供建筑服务，被工程发包方从应支付的工程款中扣押的质押金、保证金，未开具发票的，以纳税人实际收到质押金、保证金的当天为增值税纳税义务发生时间。

（11）纳税人发生视同销售货物行为（不包括代销行为），其增值税纳税义务发生时间为货物移送的当天。

3.城市维护建设税、教育费附加及地方教育附加纳税（费）义务发生时间

城市维护建设税、教育费附加和地方教育附加的纳税（费）义务发生时间与增值税、消费税的纳税义务发生时间一致，分别与增值税、消费税同时缴纳；城市维护建设税、教育费附加和地方教育附加的扣缴义务人为负有增值税、消费税扣缴义务的单位和个人，在扣缴增值税、消费税的同时扣缴城市维护建设税、教育费附加和地方教育附加。

（二）增值税及其附加税费的纳税期限

（1）增值税的纳税期限分为 1 日、3 日、5 日、10 日、15 日、1 个月或者 1 个季度。纳税人的具体纳税期限，由主管税务机关根据纳税人应纳税额的大小分别核定。以 1 个季度为纳税期限的规定适用于小规模纳税人、银行、财务公司、信托投资公司、信用社，以及财政部和国家税务总局规定的其他纳税人。

（2）城市维护建设税、教育费附加和地方教育附加的纳税（费）期限与增值税、消费税的纳税期限一致。增值税、消费税的纳税期限分别为 1 日、3 日、5 日、10 日、15 日、1 个月或者 1 个季度；纳税人的具体纳税期限，由税务机关根据纳税人应纳税额的大小分别核定；不能按照固定期限纳税的，可以按次纳税。

（三）增值税及其附加税费的纳税地点

1. 原增值税纳税人[①]增值税的纳税地点

（1）固定业户应当向其机构所在地的主管税务机关申报纳税。总机构和分支机构不在同一县（市）的，应当分别向各自所在地主管税务机关申报纳税；经国务院财政、税务主管部门或者其授权的财政、税务机关批准，可以由总机构汇总向总机构所在地的主管税务机关申报纳税。

（2）非固定业户销售货物或者应税劳务，应当向其销售地或者劳务发生地的主管税务机关申报纳税；未向销售地或者劳务发生地的主管税务机关申报纳税的，由其机构所在地或者居住地主管税务机关补征税款。

（3）进口货物，应当向报关地海关申报纳税。

（4）扣缴义务人应当向其机构所在地或者居住地的主管税务机关申报缴纳其扣缴的税款。

2. "营改增"试点增值税纳税人增值税的纳税地点

（1）固定业户应当向其机构所在地或者居住地的主管税务机关申报纳税。总机构和分支机构不在同一县（市）的，应当分别向各自所在地的主管税务机关申报纳税。

（2）非固定业户应当向应税行为发生地主管税务机关申报纳税；未申报纳税的，由其机构所在地或者居住地主管税务机关补征税款。

（3）原以地市一级机构汇总缴纳营业税的金融机构，"营改增"后继续以地市一级机构汇总缴纳增值税。

（4）其他个人提供建筑服务，销售或者租赁不动产，转让自然资源使用权，应向建筑服务发生地、不动产所在地、自然资源所在地主管税务机关申报纳税。

（5）扣缴义务人应当向其机构所在地或者居住地主管税务机关申报缴纳扣缴的税款。

3. 城市维护建设税、教育费附加及地方教育附加纳税（费）地点

纳税人缴纳增值税、消费税的地点，就是该纳税人实际缴纳城市维护建设税、教育费附加和地方教育附加的地点。

预缴增值税的纳税人在其机构所在地申报缴纳增值税时，以其实际缴纳的增值税税额为计税依据，并按机构所在地的城市维护建设税适用税率、教育费附加征收率和地方教育附加征收率就地计算缴纳城市维护建设税、教育费附加和地方教育附加。

（四）增值税的纳税申报实务

1. 小规模纳税人增值税的纳税申报实务

小规模纳税人对增值税进行纳税申报时，应填报"增值税及附加税费申报表（小规

[①] 原增值税纳税人是指在"营改增"之前缴纳增值税的纳税人，这里是为了跟"营改增"之后缴纳营业税的纳税人相区别。

模纳税人适用）"。

【例题 3-12】沂蒙农产品有限公司为增值税小规模纳税人，纳税人识别号为 92360356123426389D，该公司地处县城，选择按季度进行增值税纳税申报，办税人员为李明，财务负责人为王强。该公司在 2024 年第一季度发生的纳税义务如下：

2024 年 1 月 16 日购进计算机，取得增值税专用发票，发票上注明的价款为 20 000 元，税额为 2 600 元；1 月 22 日销售农产品并开具增值税普通发票，发票上注明的含增值税价款 247 200 元；2 月 20 日销售农产品并开具增值税专用发票，发票上注明价款为 80 000 元，增值税税额 2 400 元，3 月未发生销售业务。

请为沂蒙农产品有限公司填制增值税纳税申报表（见表 3-6）。

【解析】沂蒙农产品有限公司为增值税小规模纳税人，应填制小规模纳税人适用的增值税及附加税费申报表。

（1）小规模纳税人不能抵扣进项税，所以该公司购买计算机的进项税额不能抵扣。

（2）1 月 22 日不含税销售额＝ 247 200÷（1＋3%）＝ 240 000（元）

应纳增值税额＝ 240 000×3%＝ 7 200（元）

（3）2 月 20 日不含税销售额为 80 000 元，应纳增值税额为 2 400（元）

2024 年第一季度应纳增值税合计＝ 7 200＋2 400＝ 9 600（元）

应交城市维护建设税＝ 9 600×5%＝ 480（元）

应交教育费附加＝ 9 600×3%＝ 288（元）

应交地方教育费附加＝ 9 600×2%＝ 192（元）

增值税及附加税费申报表填制如表 3-6 所示。

表 3-6　增值税及附加税费申报表
（小规模纳税人适用）

纳税人识别号（统一社会信用代码）：92360356123426389D

纳税人名称：沂蒙农产品有限公司　　　　　　　　　　　　　　金额单位：元（列至角分）

税款所属期：2024 年 01 月 01 日至 2024 年 03 月 31 日　　　　　填表日期：2024 年 04 月 10 日

项目		栏次	本期数		本年累计	
			货物及劳务	服务、无形资产和不动产	货物及劳务	服务、无形资产和不动产
一、计税依据	（一）应征增值税不含税销售额（3% 征收率）	1	320 000.00		320 000.00	
	增值税专用发票不含税销售额	2	80 000.00		80 000.00	
	其他增值税不含税销售额	3	240 000.00		240 000.00	
	（二）应征增值税不含税销售额（5% 征收率）	4				
	增值税专用发票不含税销售额	5				

续表

项目		栏次	本期数		本年累计	
			货物及劳务	服务、无形资产和不动产	货物及劳务	服务、无形资产和不动产
一、计税依据	其他增值税发票不含税销售额	6				
	（三）销售使用过的固定资产不含税销售额	7（7≥8）				
	其中：其他增值税发票不含税销售额	8				
	（四）免税销售额	9＝10＋11＋12				
	其中：小微企业免税销售额	10				
	未达起征点销售额	11				
	其他免税销售额	12				
	（五）出口免税销售额	13（13≥14）				
	其中：其他增值税发票不含税销售额	14				
二、税款计算	本期应纳税额	15	9 600.00		9 600.00	
	本期应纳税额减征额	16				
	本期免税额	17				
	其中：小微企业免税额	18				
	未达起征点免税额	19				
	应纳税额合计	20＝15－16	9 600.00		9 600.00	
	本期预缴税额	21				
	本期应补（退）税额	22＝20－21	9 600.00		9 600.00	
三、附加税费	城市维护建设税本期应补（退）税额	23	480.00		480.00	
	教育费附加本期应补（退）费额	24	288.00		288.00	
	地方教育附加本期应补（退）费额	25	192.00		192.00	

声明: 此表是根据国家税收法律法规及相关规定填写的, 本人（单位）对填报内容（及附带资料）的真实性、可靠性、完整性负责。

纳税人（签章）：

2024 年 04 月 10 日

经办人：李明 经办人身份证号： 代理机构签章： 代理机构统一社会信用代码：	受理人： 受理税务机关（章）： 受理日期： 年 月 日

2. 一般纳税人增值税的纳税申报实务

（1）申报及缴纳程序。一般纳税人办理纳税申报，需要经过发票认证、抄税、纳税申报、报税、税款缴纳等工作。

（2）纳税申报时需提交的资料。增值税一般纳税人纳税申报，必须实行电子信息采集。使用防伪税控系统开具增值税专用发票的纳税人必须在抄报税成功后，方可向所在地税务局办税服务厅进行纳税申报，或者通过电子税务局在网上进行纳税申报。

增值税一般纳税人对增值税进行纳税申报时，应当填报"增值税及附加税费申报表（一般纳税人适用）"及附列资料表，包括本期销售情况明细表、本期进项税额明细表、服务、不动产和无形资产扣除项目明细表，税额抵减情况表，附加税费情况表等。

【例题 3-13】沂蒙食品有限公司为增值税一般纳税人，纳税人识别号为913701361MB6389F，公司位于市区，联系电话为 0539-8995627，按月度进行增值税纳税申报，办税人员为张坤，财务负责人为赵铭。2024 年 1 月份公司发生如下增值税的涉税业务：

（1）1 月 2 日，取得批发不含税销售收入 25.6 万元，开具增值税专用发票，适用13% 的税率。

（2）1 月 6 日，取得批发不含税收入 5 万元，开具增值税专用发票，适用 9% 的税率。

（3）1 月 11 日，取得零售含税收入 57 948.72 元，开具增值税普通发票，适用 13%的税率。

（4）1 月 16 日，取得 7 726.50 元零售含税收入（所销商品同业务 3），消费者未索取发票。

（5）1 月 20 日，购进一批货物，取得的增值税专用发票注明价款 18 万元，适用13% 的税率，送货运费由销售方承担。

（6）1 月 27 日，从农民手中购进一批农产品，开具的收购凭证注明收购价 5 万元（用于生产销售 13% 税率的货物）；支付购货运费价税合计 0.218 万元，取得运输公司开具的增值税专用发票。

（7）1 月 29 日，购进一批现加工食品，支付价税合计 2.034 万元，对方开具增值税普通发票。

上述符合规定的发票均认证相符，并且已经申报抵扣。请计算该公司应缴纳的增值税并进行纳税申报表填报（见表 3-7）。

【解析】该公司 2024 年 1 月份发生如下业务：

业务（1）销项税额 $= 256\,000 \times 13\% = 33\,280$（元）

业务（2）销项税额 $= 50\,000 \times 9\% = 4\,500$（元）

业务（3）销项税额 $= 57\,948.72 \div (1 + 13\%) \times 13\% = 6\,666.67$（元）

业务（4）销项税额 $= 7\,726.50 \div (1 + 13\%) \times 13\% = 888.89$（元）

销项税额合计＝33 280＋4 500＋6 666.67＋888.89＝45 335.56（元）

业务（5）进项税额＝180 000×13%＝23 400（元）

业务（6）进项税额＝50 000×10%＋2180÷（1＋9%）×9%＝5 180（元）

业务（7）进项税不得抵扣

可抵扣的进项税合计＝23 400＋5 180＝28 580（元）

本期应纳增值税税额＝45 335.56－28 580＝16 755.56（元）

表3-7　增值税及附加税费申报表
（一般纳税人适用）

根据国家税收法律法规及增值税相关规定制定本表，纳税人不论有无销售额，均应按税务机关核定的纳税期限填写本表，并向当地税务机关申报。

税款所属时间：自 2024 年 01 月 01 日至 2024 年 01 月 31 日　　　　填表日期：2024 年 02 月 10 日

纳税人识别号（统一社会信用代码）：913701361MB6389F　　　　　　金额单位：元（列至角分）

纳税人名称	沂蒙食品有限公司	法定代表人姓名	王磊	注册地址	临沂市沂蒙路1号	生产经营地址	临沂市沂蒙路1号
开户银行及账号	中国银行沂蒙路支行 21021210671167333	登记注册类型		有限责任公司		电话号码	0539-8995627

项目		栏次	一般项目		即征即退项目	
			本月数	本年累计	本月数	本年累计
销售额	（一）按适用税率计税销售额	1	364 119.66	364 119.66		
	其中：应税货物销售额	2	364 119.66	364 119.66		
	应税劳务销售额	3				
	纳税检查调整的销售额	4				
	（二）按简易办法计税销售额	5				
	其中：纳税检查调整的销售额	6				
	（三）免、抵、退办法出口销售额	7			——	——
	（四）免税销售额	8			——	——
	其中：免税货物销售额	9			——	——
	免税劳务销售额	10			——	——

税款计算	销项税额	11	45 335.56	45 335.56	
	进项税额	12	28 580.00	28 580.00	
	上期留抵税额	13			
	进项税额转出	14			
	免、抵、退应退税额	15			
	按适用税率计算的纳税检查应补缴税额	16			
	应抵扣税额合计	17 = 12 + 13 － 14 － 15 + 16	28 580.00	28 580.00	
	实际抵扣税额	18（如 17<11，则为 17，否则为 11）	28 580.00	28 580.00	
	应纳税额	19 = 11 － 18	16 755.56	16 755.56	
	期末留抵税额	20 = 17 － 18			
	简易计税办法计算的应纳税额	21			
	按简易计税办法计算的纳税检查应补缴税额	22			
	应纳税额减征额	23			
	应纳税额合计	24 = 19 + 21 － 23	16 755.56	16 755.56	
税款缴纳	期初未缴税额（多缴为负数）	25			
	实收出口开具专用缴款书退税额	26			
	本期已缴税额	27 = 28 + 29 + 30 + 31			
	①分次预缴税额	28			
	②出口开具专用缴款书预缴税款	29			
	③本期缴纳上期应纳税额	30			
	④本期缴纳欠缴税额	31			
	期末未缴税额（多缴为负数）	32 = 24 + 25 + 26 － 27	16 755.56	16 755.56	
	其中：欠缴税额≥0	33 = 25 + 26 － 27			
	本期应补（退）税额	34 = 24 － 28 － 29	16 755.56	16 755.56	

税款缴纳	即征即退实际退税额	35			
	期初未缴查补税额	36			
	本期入库查补税额	37			
	期末未缴查补税额	38 = 16 + 22 + 36 − 37			
附加税费	城市维护建设税本期应补（退）税额	39	1 172.89	1 172.89	
	教育费附加本期应补（退）费额	40	502.67	502.67	
	地方教育附加本期应补（退）费额	41	335.11	335.11	
声明：此表是根据国家税收法律法规及相关规定填写的，本人（单位）对填报内容（及附带资料）的真实性、可靠性、完整性负责。 　　　　　　　　　　　　　　　　　　纳税人（签章）： 　　　　　　　　　　　　　　　　　　2024 年 02 月 10 日					
经办人：张坤 经办人身份证号： 代理机构签章： 代理机构统一社会信用代码：			受理人： 受理税务机关（章）： 受理日期：　年　月　日		

四、企业所得税纳税申报

（一）企业所得税纳税期限

企业所得税按年计征，分月或者分季预缴，年终汇算清缴，多退少补。企业所得税的纳税年度，自公历 1 月 1 日起至 12 月 31 日止。企业在一个纳税年度的中间开业，或者合并、关闭等原因终止经营活动，使该纳税年度的实际经营期不足 12 个月的，应当以其实际经营期为一个纳税年度。企业清算时，应当以清算期间作为一个纳税年度。

企业按月或按季预缴的，应当自月份或者季度终了之日起 15 日内，向税务机关报送预缴企业所得税纳税申报表，并预缴税款。

企业应自年度终了之日起 5 个月内，向税务机关报送年度企业所得税纳税申报表，并汇算清缴，结清应缴所得税款。企业在年度中间终止经营活动的，应当自实际经营终止之日起 60 日内，向税务机关办理当期企业所得税汇算清缴。

（二）企业所得税纳税地点

除税收法规、行政法规另有规定外，居民企业以企业登记注册地为纳税地点；但登记注册地在境外的，以实际管理机构所在地为纳税地点。企业登记注册地，是指企业依照国家有关规定登记注册的住所地。除国务院另有规定外，企业之间不得合并缴纳企业所得税。

居民企业在中国境内设立不具有法人资格的营业机构的，应当汇总计算并缴纳企业所得税。企业汇总计算并缴纳所得税时，应当统一核算应纳税所得额。

（三）企业所得税的纳税申报实务

纳税人在纳税年度内无论盈利或亏损，都应当按照规定的期限，向当地主管税务机关报送企业所得税纳税申报表和年度会计报表。

1.企业所得税的预缴纳税申报实务

实行查账征收企业所得税的居民纳税人在月（季）度预缴企业所得税时，应填报"中华人民共和国企业所得税月（季）度预缴纳税申报表（A类）"。

表3-8　A200000 中华人民共和国企业所得税月（季）度预缴纳税申报表（A类）

税款所属期间：　　年　月　日至　　年　月　日

纳税人识别号（统一社会信用代码）：□□□□□□□□□□□□□□□□□□

纳税人名称：　　　　　　　　　　　　　　金额单位：人民币元（列至角分）

优惠及附报事项有关信息									
项目	一季度		二季度		三季度		四季度		季度平均值
	季初	季末	季初	季末	季初	季末	季初	季末	
从业人数									
资产总额（万元）									
国家限制或禁止行业	□是　□否			小型微利企业					□是 □否
附报事项名称									金额或选项
事项1	（填写特定事项名称）								
事项2	（填写特定事项名称）								
预缴税款计算									本年累计
1	营业收入								
2	营业成本								
3	利润总额								
4	加：特定业务计算的应纳税所得额								
5	减：不征税收入								
6	减：资产加速折旧、摊销（扣除）调减额（填写 A201020）								
7	减：免税收入、减计收入、加计扣除（7.1 ＋ 7.2 ＋…）								
7.1	（填写优惠事项名称）								
7.2	（填写优惠事项名称）								
8	减：所得税减免（8.1 ＋ 8.2 ＋…）								

续表

8.1	（填写优惠事项名称）	
8.2	（填写优惠事项名称）	
9	减：弥补以前年度亏损	
10	实际利润额（3＋4－5－6－7－8－9）/按照上一纳税年度应纳税所得额平均额确定的应纳税所得额	
11	税率（25%）	
12	应纳税所得税额（10×11）	
13	减：减免所得税额（13.1＋13.2＋…）	
13.1	（填写优惠事项名称）	
13.2	（填写优惠事项名称）	
14	减：本年实际已缴纳所得税额	
15	减：特定业务预缴（征）所得税额	
16	本期应补（退）所得税额（12－13－14－15）/税务机关确定的本期应纳所得税额	
汇总纳税企业总分机构税款计算		
17	总机构	总机构本期分摊应补（退）所得税额（18＋19＋20）	
18		其中：总机构分摊应补（退）所得税额（16×总机构分摊比例 ___%）	
19		财政集中分配应补（退）所得税额（16×财政集中分配比例 ___%）	
20		总机构具有主体生产经营职能的部门分摊所得税额（16×全部分支机构分摊比例 ___%×总机构具有主体生产经营职能部门分摊比例 ___%）	
21	分支机构	分支机构本期分摊比例	
22		分支机构本期分摊应补（退）所得税额	
实际缴纳企业所得税计算		
23	减：民族自治地方企业所得税地方分享部分：□免征　□减征（幅度 __%）	本年累计应减免金额（12-13-15）×40%×减征幅度	
24	实际应补（退）所得税额		

谨声明：本纳税申报表是根据国家税收法律法规及相关规定填报的，是真实的、可靠的、完整的。

纳税人（签章）：
年　月　日

经办人： 经办人身份证号： 代理机构签章： 代理机构统一社会信用代码：	受理人： 受理税务机关（章）： 受理日期：　年　月　日

2.企业所得税的年度汇算清缴纳税申报实务

企业所得税实行查账征收的居民纳税人在企业所得税年度汇算清缴时，应填写"企业所得税年度纳税申报表"及相关"企业所得税年度纳税申报表附表"。

【例题3-14】沂蒙食品有限公司办税人员张坤于2024年3月15日进行本企业2023年度的企业所得税汇算清缴，经营业务资料如下：

（1）商品销售收入4 500万元；

（2）商品销售成本3 000万元；

（3）税金及附加 200 万元；

（4）销售费用 500 万元，其中职工薪酬 100 万元，业务宣传支出 180 万元，办公费 40 万元，包装费 60 万元，租赁费 30 万元，差旅费 90 万元；

（5）管理费用 240 万元，其中职工薪酬 110 万元，业务招待费 20 万元，办公费 50 万元，董事会费 20 万元，修理费 40 万元；

（6）财务费用 70 万元，其中利息支出 60 万元，包含 5 万元的超标准利息支出，手续费 10 万元（扣除限额 12 万元）；

（7）营业外收入 50 万元，其中固定资产盘盈净收入 20 万元，收到外单位捐款 30 万元；

（8）营业外支出 19 万元，其中支付合同违约金 1 万元，税收滞纳金 2 万元，向合作伙伴支出赞助费 1 万元（非广告性质），通过红十字会向灾区捐赠 10 万元，直接向希望工程捐赠 5 万元；

（9）国债利息收入 2 万元。

列入成本费用的工资薪金支出 350 万元，其中安置残疾人员支付工资 30 万元。支付各类基本社会保险费 112.7 万元，住房公积金 24.5 万元，职工福利费 50 万元，职工教育经费 16 万元（按比例扣除，以前年度累计结转扣除额已扣除完毕），拨缴工会经费 8 万元（以上工资费用实发与账面一致）；另有 2022 年 12 月份购入的生产经营用器具、家具，账面原值 200 万元，预计净残值率 10%，会计按使用平均年限法计提折旧，预计使用期限 5 年。该企业符合税法相关规定，可以享受固定资产加速折旧政策，税法按年数总和法加速计提折旧。其他资产无须纳税调整。企业前期已缴纳所得税额 118.6 万元，未弥补以前年度亏损 15 万元。以上收支金额实发与账面均一致。请填列该公司 2023 年度企业所得税年度纳税申报表。

【解析】业务（4）业务宣传费扣除限额：4 500×15%＝675（万元），实际支出 180 万元，不超限额，无须调整；

业务（5）业务招待费支出限额：4 500×5‰＝22.5（万元），实际支出 20 万元，不超限额，税前按 60% 扣除，需要调增应纳税所得额＝20×（1－60%）＝8（万元）；

业务（6）超标准利息支出需要调增应纳税所得额为 5 万元；

业务（8）合同违约金 1 万元可以税前扣除；

税收滞纳金 2 万元以及向合作伙伴支出的赞助费 1 万元不能税前扣除；

公益捐赠限额＝（4 500－3 000－200－500－240－70＋50－19＋2）×12%＝62.76（万元），通过红十字会向灾区捐赠 10 万元，不超公益捐赠限额，无须调整；

直接向希望工程捐赠 5 万元不属于税法规定的公益捐赠，不允许税前扣除；

需调增应纳税所得额＝2＋1＋5＝8（万元）；

业务（9）国债利息收入 2 万元免税，需要调减应纳税所得额；

安置残疾人员支付工资 30 万元按规定加计 100% 扣除，需要调减应纳税所得额

30 万元；

职工福利费扣除限额 = 350×14% = 49（万元），实际支付 50 万元，需要调整应纳税所得额 = 50 − 49 = 1（万元）；

职工教育经费扣除限额 = 350×8% = 28（万元），实际支付 16 万元，无须调整；

工会经费扣除限额 = 350×2% = 7（万元），实际支付 8 万元，需要调增应纳税所得额 = 8 − 7 = 1（万元）；

2022 年 12 月份购入的资产，2023 年度会计计提折旧 = 200×（1 − 10%）÷5×1 = 36（万元）；税法计提折旧 = 200×（1 − 10%）×（5/15）= 60（万元）；应调减应纳税所得额 = 60 − 36 = 24（万元）。

沂蒙食品有限公司 2023 年度企业所得税申报情况如表 3-9 所示。

表 3-9　A100000 中华人民共和国企业所得税年度纳税申报表（A类）

行次	类别	项目	金额 / 元
1	利润总额计算	一、营业收入（填写 A101010/101020/103000）	45 000 000.00
2		减：营业成本（填写 A102010/102020/103000）	30 000 000.00
3		减：税金及附加	2 000 000.00
4		减：销售费用（填写 A104000）	5 000 000.00
5		减：管理费用（填写 A104000）	2 400 000.00
6		减：财务费用（填写 A104000）	700 000.00
7		减：资产减值损失	
8		加：公允价值变动收益	
9		加：投资收益	20 000.00
10		二、营业利润（1 − 2 − 3 − 4 − 5 − 6 − 7 + 8 + 9）	4 920 000.00
11		加：营业外收入（填写 A101010/101020/103000）	500 000.00
12		减：营业外支出（填写 A102010/102020/103000）	190 000.00
13		三、利润总额（10 + 11 − 12）	5 230 000.00
14	应纳税所得额计算	减：境外所得（填写 A108010）	
15		加：纳税调整增加额（填写 A105000）	230 000.00
16		减：纳税调整减少额（填写 A105000）	240 000.00
17		减：免税、减计收入及加计扣除（填写 A107010）	320 000.00
18		加：境外应税所得抵减境内亏损（填写 A108000）	
19		四、纳税调整后所得（13 − 14 + 15 − 16 − 17 + 18）	4 900 000.00
20		减：所得税减免（填写 A107020）	
21		减：弥补以前年度亏损（填写 A106000）	150 000.00
22		减：抵扣应纳税所得额（填写 A107030）	
23		五、应纳税所得额（19 − 20 − 21 − 22）	4 750 000.00

行次	类别	项目	金额／元
24		税率（25%）	25%
25		六、应纳税所得额（23×24）	1 187 500.00
26		减：减免所得税额（填写 A107040）	
27		减：抵免所得税额（填写 A107050）	
28		七、应纳税额（25 － 26 － 27）	1 187 500.00
29		加：境外所得应纳所得税额（填写 A108000）	
30	应纳税额计算	减：境外所得抵免所得税额（填写 A108000）	
31		八、实际应纳所得税额（28 ＋ 29 － 30）	1 187 500.00
32		减：本年累计实际已缴纳的所得税额	1 186 000.00
33		九、本年应补（退）所得税额（31 － 32）	1 500.00
34		其中：总机构分摊本年应补（退）所得税额（填写 A109000）	
35		财政集中分配本年应补（退）所得税额（填写 A109000）	
36		总机构主体生产经营部门分摊本年应补（退）所得税额（填写 A109000）	

五、个人所得税纳税申报

（一）个人所得税的代扣代缴（含预扣预缴）实务

1.个人所得税的扣缴义务人

我国实行个人所得税代扣代缴和个人自行申报纳税相结合的征收管理制度。税法规定，个人所得税以支付所得的单位或者个人为扣缴义务人。纳税人有中国公民身份号码的，以中国公民身份号码为纳税人识别号；纳税人没有中国公民身份号码的，由税务机关赋予其纳税人识别号。

扣缴义务人扣缴税款时，纳税人应当向扣缴义务人提供纳税人识别号，扣缴义务人应当按照国家规定办理全员全额扣缴申报，并向纳税人提供其个人所得和已扣缴税款等信息。扣缴义务人对纳税人的应扣未扣税款应由纳税人予以补缴。对扣缴义务人按照所扣缴的税款，税务机关应付给 2% 的手续费，不包括税务机关、司法机关等查补或者责令补扣的税款。

2.个人所得税代扣代缴的范围

居民个人取得综合所得，按年计算个人所得税；有扣缴义务人的，由扣缴义务人按月或者按次预扣预缴税款；需要办理汇算清缴的，应当在取得所得的次年 3 月 1 日至 6 月 30 日内办理汇算清缴。实行个人所得税全员全额扣缴申报的应税所得包括：①工资、薪金所得；②劳务报酬所得；③稿酬所得；④特许权使用费所得；⑤利息、股息、红利所得；⑥财产租赁所得；⑦财产转让所得；⑧偶然所得。

3.个人所得税的代扣代缴期限

扣缴义务人每月或者每次预扣、代扣的税款，应当在次月 15 日内缴入国库，并向税务机关报送"个人所得税扣缴申报表"。

支付工资、薪金所得的扣缴义务人应当于年度终了后两个月内，向纳税人提供其个人所得和已扣缴税款等信息。纳税人年度中间需要提供上述信息的，扣缴义务人应当提供。

纳税人取得除工资、薪金所得以外的其他所得，扣缴义务人应当在扣缴税款后，及时向纳税人提供其个人所得和已扣缴税款等信息。

4.个人所得税代扣代缴的纳税申报实务

扣缴义务人代扣代缴个人所得税时，应当填报"个人所得税基础信息表""个人所得税扣缴申报表"。

（二）个人所得税的自行申报

1.个人所得税自行申报的范围

（1）纳税人应当依法办理纳税申报的情形。

有下列情形之一的，纳税人应当依法办理纳税申报：①取得综合所得需要办理汇算清缴；②取得应税所得没有扣缴义务人；③取得应税所得，扣缴义务人未扣缴税款；④取得境外所得；⑤因移居境外注销中国户籍；⑥非居民个人在中国境内从两处以上取得工资、薪金所得；⑦国务院规定的其他情形。

（2）取得综合所得需要办理汇算清缴的情形。

取得综合所得需要办理汇算清缴的情形包括：①从两处以上取得综合所得，且综合所得年收入额减除专项扣除的余额超过6万元；②取得劳务报酬所得、稿酬所得、特许权使用费所得中一项或者多项所得，且综合所得年收入额减除专项扣除的余额超过6万元；③纳税年度内预缴税额低于应纳税额；④纳税人申请退税。

2.个人所得税自行申报的期限

居民个人取得综合所得，按年计算个人所得税；有扣缴义务人的，由扣缴义务人按月或者按次预扣预缴税款；需要办理汇算清缴的，应当在取得所得的次年3月1日至6月30日内办理汇算清缴。预扣预缴办法由国务院税务主管部门制定。

纳税人取得经营所得，按年计算个人所得税，由纳税人在月度或者季度终了后15日内向税务机关报送纳税申报表，并预缴税款；在取得所得的次年3月31日前办理汇算清缴。

纳税人取得应税所得没有扣缴义务人的，应当在取得所得的次月15日内向税务机关报送纳税申报表，并缴纳税款。纳税人取得应税所得，扣缴义务人未扣缴税款的，纳税人应当在取得所得的次年6月30日前，缴纳税款；税务机关通知限期缴纳的，纳税人应当按照期限缴纳税款。

3.个人所得税自行申报的地点

（1）需要办理汇算清缴的纳税人，应当在取得所得的次年3月1日至6月30日内，向任职、受雇单位所在地主管税务机关办理纳税申报，并报送"个人所得税年度自行纳税申报表"。

（2）纳税人有两处以上任职、受雇单位的，选择向其中一处任职、受雇单位所在地主管税务机关办理纳税申报。

（3）纳税人没有任职、受雇单位的，向户籍所在地或经常居住地主管税务机关办理纳税申报。

（4）纳税人取得经营所得，按年计算个人所得税，由纳税人在月度或季度终了后15日内，向经营所在地主管税务机关办理预缴纳税申报，并报送"个人所得税经营所得纳税申报表（A表）"。

（5）纳税人取得应税所得，扣缴义务人未扣缴税款的，应当区别以下情形办理纳税申报：居民个人从中国境外取得所得的，应当在取得所得的次年3月1日至6月30日内，向中国境内任职、受雇单位所在地主管税务机关办理纳税申报；在中国境内没有任职、受雇单位的，向户籍所在地或中国境内经常居住地主管税务机关办理纳税申报；户籍所在地与中国境内经常居住地不一致的，选择其中一地主管税务机关办理纳税申报；在中国境内没有户籍的，向中国境内经常居住地主管税务机关办理纳税申报。

（6）纳税人因移居境外注销中国户籍的，应当在申请注销中国户籍前，向户籍所在地主管税务机关办理纳税申报，进行税款清算。

（7）非居民个人在中国境内从两处以上取得工资、薪金所得的，应当在取得所得的次月15日内，向其中一处任职、受雇单位所在地主管税务机关办理纳税申报，并报送"个人所得税自行纳税申报表（A表）"。

4.个人所得税自行申报的纳税申报实务

纳税人自行申报个人所得税时，根据不同的情况应当分别填报"个人所得税自行纳税申报表（A表）""个人所得税年度自行纳税申报表（A表）（仅取得境内综合所得年度汇算适用）""个人所得税经营所得纳税申报表"等申报表。

【例题3-15】沂蒙食品有限公司2024年1月份工资发放及扣缴社保公积金等情况如表3-10和表3-11所示。

单位：元

表 3-10　代扣代缴收入明细

姓名	身份证号	基本工资	岗位工资	奖金	应发工资	基本养老保险	基本医疗保险	失业保险	住房公积金	子女教育	赡养老人	已交税额
王磊	210211**********1111	27 500.00	1 500.00	500.00	29 500.00	2 360.00	590.00	295.00	1 475.00	2 000.00	3 000.00	0.00
赵铭	210202**********1212	27 500.00	1 500.00	400.00	29 400.00	2 360.00	590.00	295.00	1 475.00	2 000.00	1 500.00	0.00
张坤	210202**********0205	27 500.00	1 000.00	300.00	28 800.00	2 360.00	590.00	295.00	1 475.00	2 000.00	3 000.00	0.00
合计		82 500.00	3 100.00	1 200.00	87 700.00	7 080.00	1 770.00	885.00	4 425.00	6 000.00	7 500.00	0.00

如何代扣代缴该公司 2024 年 1 月份个人所得税？

【解析】

沂蒙农产品有限公司 2024 年 1 月工资薪金的申报情况如表 3-11 所示。

表3-11 个人所得税扣缴申报表

税款所属期: 2024 年 01 月 01 日至 2024 年 01 月 31 日

扣缴义务人名称: 沂蒙食品有限公司

扣缴义务人纳税人识别号（统一社会信用代码）: 91370161MB6389F

金额单位: 人民币（列至角分）

序号	姓名	身份证件类型	身份证件号码	所得项目	收入额计算			减除费用	专项扣除				其他扣除 商业健康保险	累计情况（工资薪金）			累计专项附加扣除					应纳税所得额	税率	速算扣除数	应纳税额	减免税额	已交税额	应补（退）税额
					收入	免税费用收入			基本养老保险	基本医疗保险	失业保险	住房公积金		累计收入额	累计减除费用	累计专项扣除	子女教育	赡养老人	住房贷款利息	住房租金	继续教育							
1	王磊	居民身份证	21021 1***** 1*****1 111	工资薪金所得	29 500	—	0	5 000	2 360	590	295	1 475	0	29 500	5 000	4 720	2 000	3 000	0	0	0	14 780	3%	0	443.70	0	0	443.70
2	赵铭	居民身份证	21020 2***** 1*****1 212	工资薪金所得	29 400	—	0	5 000	2 360	590	295	1 475	0	29 400	5 000	4 720	2 000	1 500	0	0	0	16 180	3%	0	485.40	0	0	485.40
3	张坤	居民身份证	21020 2***** 0*****0 205	工资薪金所得	28 800	—	0	5 000	2 360	590	295	1 475	0	28 800	5 000	4 720	2 000	3 000	0	0	0	12 080	3%	0	362.70	0	0	362.70
	合计				87 700	—	0	15 000	7 080	1 770	885	4 425	0	87 700	15 000	14 160	6 000	7 500	0	0	0	43 040	3%	0	1 291.80	0	0	1 291.80

拓展阅读

关税纳税实务

一、关税的认知

关税是海关依法对进出境货物、物品征收的一种税。关税的征税对象是准许进出我国关境的货物和物品。货物是指贸易性商品；物品是指入境旅客随身携带的行李物品、个人邮递物品、各种运输工具上的服务人员携带进口的自用物品、馈赠物品以及其他方式进境的个人物品。

进口货物的收货人、出口货物的发货人、进出境物品的所有人，是关税的纳税义务人。

一般进口货物的完税价格是指进口货物的计税价格。正常情况下，进口货物采用以成交价格为基础的完税价格。进口货物的完税价格包括货物的货价、货物运抵我国输入地点起卸前的运输及相关费用、保险费。

出口货物的完税价格是以成交价格为基础的完税价格，不含出口关税和单独列明的支付给境外的佣金。

二、关税的计算

关税应纳税额计算公式如下。

（一）从价计税应纳税额

关税税额＝应税进（出）口货物数量×单位完税价格×适用税率

（二）从量计税应纳税额

关税税额＝应税进（出）口货物数量×单位货物税额

（三）复合计税应纳税额

关税税额＝应税进（出）口货物数量×单位完税价格×税率＋应税进（出）口货物数量×单位货物税额

（四）滑准税应纳税额

关税税额＝应税进（出）口货物数量×单位完税价格×滑准税税率

三、关税的纳税实务

进口货物自运输工具申报进境之日起14日内，出口货物在货物运抵海关监管区后装货的24小时以前，应由进出口货物的纳税义务人向货物进（出）境地海关申报，海关根据税则归类和完税价格计算应缴纳的关税和进口环节代征税款，并填发税款缴款书。

纳税义务人应当自海关填发税款缴款书之日起 15 日内，向指定银行缴纳税款。纳税义务人因不可抗力或者在国家税收政策调整的情形下，不能按期缴纳税款的，经海关总署批准，可以延期缴纳税款，但最长不得超过 6 个月。

房产税纳税实务

一、房产税的认知

房产税的纳税人是指在我国城市、县城、建制镇和工矿区（不包括农村）内拥有房屋产权的单位和个人，具体包括产权所有人、承典人、房产代管人或者使用人。

房产税的征税对象是房产，即有屋面和围护结构（有墙或两边有柱），能够遮风避雨，可提供人们在其中生产、学习、工作、娱乐、居住或储藏物资的场所。房产税的征税范围是城市、县城、建制镇和工矿区的房屋，不包括农村。

二、房产税的计算

（一）从价计征

从价计征的计税依据为按照房产原值一次减除 10%～30% 损耗后的余值（扣除比例由省、自治区、直辖市人民政府确定）。从价计征的年税率为 1.2%。

应纳税额＝房产原值×（1－扣除比例）×1.2%

由此公式计算出来的房产税税额是年应纳税额。

（二）从租计征

从租计征的计税依据为租金收入（包括实物收入和货币收入）。以劳务或其他形式抵付房租收入的，按当地同类房产租金水平确定。从租计征的税率为 12%。从 2001 年 1 月 1 日起个人按市场价格出租的居民用房（出租后用于居住的居民住房），税率为 4%，但《关于廉租住房、经济适用房和住房租赁有关税收政策的通知》（财税〔2008〕24 号）规定，对个人出租住房，不区分用途，按 4% 的税率征收房产税；对企事业单位、社会团体以及其他组织按市场价格向个人出租用于居住的住房，减按 4% 的税率征收房产税。

应纳税额＝租金收入×12%（或 4%）

三、房产税的纳税实务

（一）房产税的纳税义务发生时间

（1）纳税人将原有房产用于生产经营，从生产经营之月起，缴纳房产税。

（2）纳税人自行新建房屋用于生产经营，从建成之日的次月起，缴纳房产税。

（3）纳税人委托施工企业建设的房屋，从办理验收手续的次月起，缴纳房产税。

（4）纳税人购置新建商品房，自房屋交付使用之次月起，缴纳房产税。

（5）纳税人购置存量房，自办理房屋权属转移、变更登记手续，房地产权属登记机关签发房屋权属证书之次月起，缴纳房产税。

（6）纳税人出租、出借房产，自交付出租、出借房产之次月起，缴纳房产税。

（7）房地产开发企业自用、出租、出借本企业建造的商品房，自房屋使用或交付之次月起，缴纳房产税。

（8）自2009年起，纳税人因房产的实物或权利状态发生变化而依法终止房产税的纳税义务的，其应纳税款的计算应截止到房产的实物或权利发生变化的当月末。

（二）房产税的纳税期限

房产税实行按年计算，分期缴纳的征收办法。具体纳税期限由省、自治区、直辖市人民政府规定。一般可采取按季或半年缴纳，按季缴纳的可在1月份、4月份、7月份、10月份缴纳；按半年缴纳的可在1月份、7月份缴纳；税额比较大的，可按月缴纳；个人出租房产的可按次缴纳。

（三）房产税的纳税地点

房产税在房产所在地缴纳。对房产不在同一地方的纳税人，应按房产的坐落地点分别向房产所在地的税务机关缴纳。

车船税纳税实务

一、车船税的认知

（一）车船税纳税人和扣缴义务人的确定

1.车船税的纳税人

车船税的纳税人是指在中华人民共和国境内属于《中华人民共和国车船税法》（以下简称《车船税法》）规定的车辆、船舶（以下简称车船）的所有人或者管理人。其中，车船的所有人是指在我国境内拥有车船的单位和个人，对于私家车来说，也就是我们通常所说的车主；车船的管理人是指对车船具有管理权或者使用权，不具有所有权的单位，外商投资企业、外国企业、华侨、外籍人员和港、澳、台同胞，也属于车船税的纳税人。境内单位和个人租入外国籍船舶的，不征收车船税。境内单位和个人将船舶出租到境外的，应依法征收车船税。

2.车船税的扣缴义务人

从事机动车第三者责任强制保险业务的保险机构为机动车车船税的扣缴义务人。

（二）车船税征税范围的确定

"车辆、船舶"是指依法在车船登记管理部门登记的机动车辆和船舶，以及依法不需要在车船登记管理部门登记的在单位内部场所行驶或者作业的机动车辆和船舶。

车辆包括乘用车、商用车客车（包括电车）、商用货车（包括半挂牵引车、三轮汽车和低速载货汽车等）、挂车、摩托车、其他车辆（不包括拖拉机）。

二、车船税的计算

（一）车船税计税依据的确定

1.车船税计税依据的一般规定

（1）乘用车、商用车客车、摩托车：以辆数为计税依据；

（2）商用车货车、挂车、其他车辆：按整备质量吨位数为计税依据；

（3）机动船舶：按净吨位数为计税依据；

（4）游艇：按艇身长度为计税依据。

2.车船税计税依据的特殊规定

（1）拖船按照发动机功率每1 000瓦折合净吨位0.67吨计算征收车船税；

（2）车船税法及其实施条例涉及的整备质量、净吨位、艇身长度等计税单位，有尾数的，一律按照含尾数的计税单位据实计算车船税应纳税额，计算得出的应纳税额小数点后超过两位的，可四舍五入保留两位小数；

（3）乘用车以车辆登记管理部门核发的机动车登记证书或者行驶证书所载的排气量毫升数确定税额区间。

（二）车船税税率的判定

车船税采用定额税率，又称固定税额。省、自治区、直辖市人民政府根据《车船税法》所附"车船税税目税额表"确定车辆具体适用税额时，应当遵循以下原则：

（1）乘用车依排气量从小到大递增税额；

（2）客车按照核定载客人数20人以下和20人（含）以上两档划分，递增税额。

省、自治区、直辖市人民政府确定的车辆具体适用税额，应当报国务院备案。其中，对于在设计和技术特性上用于特殊工作，并装置有专用设备或器具的汽车，应认定为专用作业车，如汽车起重机、消防车、混凝土泵车、清障车、高空作业车、洒水车、扫路车等，以载运人员或货物为主要目的的专用汽车，如救护车，不属于专用作业车。

客货两用车，又称多用货车，是指在设计和结构上主要用于载运货物，但在驾驶员座椅后带有固定或折叠式座椅，可运载3人以上乘客的货车。客货两用车依照货车的计税单位和年基准税额计征车船税。

（三）车船税应纳税额的计算

1.车船税各税目应纳税额的计算公式如下：

应纳车船税＝计税单位×适用年基准税额

拖船和非机动驳船的应纳车船税＝计税单位×适用年基准税额×50%

2.购置的新车船，购置当年的应纳税额自纳税义务发生的当月起按月计算。其计算公式为：

应纳车船税＝年应纳税额÷12×应纳税月份数

三、车船税的纳税申报

（一）车船税的纳税方式

（1）自行申报方式。纳税人自行向主管税务机关申报缴纳车船税。

（2）代收代缴方式。纳税人在办理机动车交通事故责任强制保险时由保险机构作为扣缴义务人代收代缴车船税。

（二）车船税的纳税义务发生时间

（1）车船税纳税义务发生时间为取得车船所有权或管理权的当月。纳税人在首次购买机动车交通事故责任强制保险时缴纳车船税或者自行申报缴纳车船税的，应当提供购车发票及反映排气量、整备质量、核定载客人数等与纳税相关的信息及其相应凭证。

购置的新车船，购置当年的应纳税额自纳税义务发生的当月起按月计算。

（2）在一个纳税年度内，已完税的车船被盗抢、报废、灭失的，纳税人可以凭有关管理机关出具的证明和完税证明，向纳税所在地的主管税务机关申请退还自被盗抢、报废、灭失月份起至该纳税年度终了期间的税款。已办理退税的被盗抢车船，失而复得的，纳税人应当从公安机关出具相关证明的当月起计算缴纳车船税。已经缴纳车船税的车船，因质量原因，车船被退回生产企业或者经销商的，纳税人可以向纳税所在地的主管税务机关申请退还自退货月份起至该纳税年度终了期间的税款。退货月份以退货发票所载日期的当月为准。

（三）车船税的纳税期限

车船税是按年申报，分月计算，一次性缴纳。纳税年度自公历 1 月 1 日起至 12 月 31 日止。具体申报纳税期限由各省、自治区、直辖市人民政府确定。但下列情形的纳税期限应按规定执行：

（1）机动车辆在投保交强险时尚未缴纳当年度车船税的，应当在投保的同时向保险机构缴纳；

（2）新购置的机动车辆，应当在办理缴纳车辆购置税手续的同时缴纳；

（3）新购置的船舶，应当在取得船舶登记证书的当月缴纳，其他应税船舶，应当在办理船舶年度检验之前缴纳；

（4）在申请车船转籍、转让交易、报废时尚未缴纳当年度车船税的，应当在办理相关手续之前缴纳；

（5）已办理退税的被盗抢车船又找回的，纳税人应从公安机关出具相关证明的当月起计算缴纳车船税。

（四）车船税的纳税地点

纳税人自行向主管税务机关申报缴纳车船税的，纳税地点为车船登记地；依法不需要办理登记的车船，纳税地点为车船的所有人或者管理人的所在地。

由保险机构代收代缴车船税的，纳税地点为保险机构所在地。

车辆购置税纳税实务

一、车辆购置税的认知

（一）车辆购置税纳税人的确定

在中国境内购置汽车、有轨电车、汽车挂车、排气量超过 150 毫升的摩托车（以下统称"应税车辆"）的单位和个人，为车辆购置税的纳税人。购置，是指以购买、进口、自产、受赠、获奖或者其他方式取得并自用应税车辆的行为。

（二）车辆购置税征税范围的确定

车辆购置税以列举的车辆作为征税对象，未列举的车辆不征税。其征税范围包括汽车、有轨电车、汽车挂车、排气量超过 150 毫升的摩托车。

二、车辆购置税的计算

（一）车辆购置税计税依据的确定

1.车辆购置税计税依据的基本规定

车辆购置税的计税依据为应税车辆的计税价格。应税车辆的计税价格，按照下列规定确定：

（1）纳税人购买自用应税车辆的计税价格，为纳税人实际支付给销售者的全部价款，不包括增值税税款。

购买自用应税车辆计征车辆购置税的计税依据，与销售方计算增值税的计税依据一致。

计税价格＝含增值税的销售价格÷（1＋增值税税率或征收率）

＝（含增值税价款＋价外费用）÷（1＋增值税税率或征收率）

（2）纳税人进口自用应税车辆的计税价格，为关税完税价格加上关税和消费税。

纳税人进口自用应税车辆的计税价格，为关税完税价格加上关税和消费税，即为组成计税价格。进口自用应税车辆计征车辆购置税的计税依据，与进口方计算增值税的计税依据一致。

如果进口车辆是属于消费税征税范围的小汽车、摩托车等应税车辆，则其组成计税价格如下：

计税价格（组成计税价格）＝关税完税价格＋关税＋消费税

＝（关税完税价格＋关税）÷（1－消费税税率）

如果进口车辆是不属于消费税征税范围的应税车辆，则组成计税价格公式简化如下：

计税价格（组成计税价格）＝关税完税价格＋关税

（3）纳税人自产自用应税车辆的计税价格，按照纳税人生产的同类应税车辆的销售价格确定，不包括增值税税款。

纳税人自产自用应税车辆的计税价格，按照同类应税车辆（即车辆配置序列号相同的车辆）的销售价格确定，不包括增值税税款；没有同类应税车辆销售价格的，按照组成计税价格确定。其组成计税价格计算公式如下：

组成计税价格＝成本×（1＋成本利润率）

属于应征消费税的应税车辆，其组成计税价格中应加计消费税税额。

上述公式中的成本利润率，由国家税务总局各省、自治区、直辖市和计划单列市税务局确定。

（4）纳税人以受赠、获奖或者其他方式取得自用应税车辆的计税价格，按照购置应税车辆时相关凭证载明的价格确定，不包括增值税税款。

2.车辆购置税计税依据的特殊规定

免税、减税车辆因转让、改变用途等原因不再属于免税、减税范围的，纳税人应当在办理车辆转移登记或者变更登记前缴纳车辆购置税。计税价格以免税、减税车辆初次办理纳税申报时确定的计税价格为基准，每满一年扣减10%。

（二）车辆购置税的税率

车辆购置税实行统一比例税率，税率为10%。

（三）车辆购置税应纳税额的计算

车辆购置税实行从价定率的方法计算应纳税额，其计算公式如下：

应纳税额＝计税价格×税率

三、车辆购置税的纳税申报

（一）车辆购置税的纳税环节

车辆购置税由税务机关负责征收。车辆购置税是对应税车辆的购置行为课征，选择单一环节，实行一次课征制度。征税环节选择在使用环节（即最终消费环节）。具体而言，纳税人应当在向公安机关交通管理部门办理车辆注册登记前，缴纳车辆购置税。公安机关交通管理部门办理车辆注册登记，应当根据税务机关提供的应税车辆完税或者免税电子信息对纳税人申请登记的车辆信息进行核对，核对无误后依法办理车辆注册登记。购置已征车辆购置税的车辆，不再征收车辆购置税。但减税、免税条件消失的车辆，应按规定缴纳车辆购置税。

（二）车辆购置税的纳税义务发生时间

车辆购置税的纳税义务发生时间为纳税人购置应税车辆的当日。具体来说：

（1）购买自用应税车辆的为购买之日，即车辆相关价格凭证的开具日期；

（2）进口自用应税车辆的为进口之日，即海关进口增值税专用缴款书或者其他有效凭证的开具日期；

（3）自产、受赠、获奖或者以其他方式取得并自用应税车辆的为取得之日，即合同、法律文书或者其他有效凭证的生效或者开具日期。

（三）车辆购置税的纳税期限

纳税人应当自纳税义务发生之日起60日内申报缴纳车辆购置税。

（四）车辆购置税的纳税地点

纳税人购置需要办理车辆登记的应税车辆的，应当向车辆登记地的主管税务机关申报缴纳车辆购置税；购置不需要办理车辆登记的应税车辆的，应当向纳税人所在地的主管税务机关申报缴纳车辆购置税，其中，单位纳税人向其机构所在地的主管税务机关申报纳税，个人纳税人向其户籍所在地或者经常居住地的主管税务机关申报纳税。

<h2 style="text-align:center">印花税纳税实务</h2>

一、印花税的认知

（一）印花税纳税人和扣缴义务人的确定

1.印花税的纳税人

在中华人民共和国境内书立应税凭证、进行证券交易的单位和个人，为印花税的纳税人，应当依照《中华人民共和国印花税法》（以下简称《印花税法》）规定缴纳印花税。

在中华人民共和国境外书立在境内使用的应税凭证的单位和个人，应当依照《印花税法》规定缴纳印花税。

2.印花税的扣缴义务人

纳税人为境外单位或者个人，在境内有代理人的，以其境内代理人为扣缴义务人；在境内没有代理人的，由纳税人自行申报缴纳印花税，具体办法由国务院税务主管部门规定。

证券登记结算机构为证券交易印花税的扣缴义务人，应当向其机构所在地的主管税务机关申报解缴税款以及银行结算的利息。

（二）印花税征税范围的确定

印花税征税范围中的应税凭证，是指《印花税法》所附《印花税税目税率表》列明的合同、产权转移书据和营业账簿。

二、印花税的计算

（一）印花税计税依据的确定

（1）应税合同的计税依据，为合同所列的金额，不包括列明的增值税税款；

（2）应税产权转移书据的计税依据，为产权转移书据所列的金额，不包括列明的增值税税款；

（3）应税营业账簿的计税依据，为账簿记载的实收资本（股本）和资本公积的合计金额；

（4）证券交易的计税依据，为成交金额。

（二）印花税税率的确定

（1）借款合同、融资租赁合同适用税率为万分之零点五；

（2）买卖合同、承揽合同、建设工程合同、运输合同、技术合同、商标专用权、著作权、专利权适用税率为万分之三；

（3）土地使用权转让书据、股权转让书据适用税率为万分之五；

（4）租赁合同、保管合同、仓储合同、财产保险合同、证券交易适用税率为千分之一；

（5）营业账簿为实收资本、资本公积合计金额的万分之二点五。

（三）印花税应纳税额的计算

印花税的应纳税额按照计税依据乘以适用税率计算。其计算公式如下：

应纳税额 = 计税依据 × 适用税率

同一应税凭证载有两个以上税目事项并分别列明金额的，按照各自适用的税目税率分别计算应纳税额；未分别列明金额的，从高适用税率。

三、印花税的纳税申报

（一）印花税的缴纳方式

印花税可以采用粘贴印花税票或者由税务机关依法开具其他完税凭证的方式缴纳。印花税票粘贴在应税凭证上的，由纳税人在每枚税票的骑缝处盖戳注销或者画销。

（二）印花税的纳税义务发生时间

印花税的纳税义务发生时间为纳税人书立应税凭证或者完成证券交易的当日。证券交易印花税扣缴义务发生时间为证券交易完成的当日。

（三）印花税的纳税期限

印花税按季、按年或者按次计征。实行按季、按年计征的，纳税人应当自季度、年度终了之日起 15 日内申报缴纳税款；实行按次计征的，纳税人应当自纳税义务发生之日起 15 日内申报缴纳税款。

证券交易印花税按周解缴。证券交易印花税扣缴义务人应当自每周终了之日起 5 日内申报解缴税款以及银行结算的利息。

（四）印花税的纳税地点

（1）纳税人为单位的，应当向其机构所在地的主管税务机关申报缴纳印花税；

（2）纳税人为个人的，应当向应税凭证书立地或者纳税人居住地的主管税务机关申报缴纳印花税；

（3）不动产产权发生转移的，纳税人应当向不动产所在地的主管税务机关申报缴纳印花税；

（4）纳税人为境外单位或者个人，在境内有代理人的，以其境内代理人为扣缴义务人，境外单位或者个人的境内代理人应当按规定扣缴印花税，向境内代理人机构所在地（居住地）主管税务机关申报解缴税款；

（5）纳税人为境外单位或者个人，在境内没有代理人的，纳税人应当自行申报缴纳印花税；境外单位或者个人可以向资产交付地、境内服务提供方或者接受方所在地（居住地）、书立应税凭证境内书立人所在地（居住地）主管税务机关申报缴纳；涉及不动产产权转移的，应当向不动产所在地主管税务机关申报缴纳。

项目检测

一、单项选择题

1. 根据增值税税收相关法律制度的规定，下列各项中，应征收增值税的是（　　）。

A. 居民存款利息

B. 被保险人获得的保险赔付

C. 母公司向子公司出售不动产

D. 航空公司根据国家指令无偿提供用于公益事业的航空运输服务

2. 甲空调专卖店为增值税一般纳税人，2024 年 5 月采取以旧换新方式销售空调 100 台。该型号新空调的同期含税销售价为 3 462 元/台，旧空调的收购价为 232 元/台。已知增值税税率为 13%，甲空调专卖店当月该笔增值税销项税额为（　　）元。

A. 45 006　　　　B. 41 990　　　　C. 37 159.29　　　　D. 39 828.32

3. 根据增值税税收相关法律制度的规定，在下列各项中，增值税一般纳税人不得从销项税额中抵扣的是（　　）。

A. 购进生产用原材料的进项税额　　　B. 购进职工食堂用电的进项税额

C. 购进生产用电的进项税额　　　　　D. 购进办公室用计算机的进项税额

4. 2024 年 4 月 1 日，甲公司与乙公司签订了销售合同，双方约定总价款为 60 万元。2024 年 4 月 13 日，甲公司就 60 万元货款全额开具了增值税专用发票；2024 年 4 月 20 日，甲公司收到乙公司支付的第一笔货款 40 万元；2024 年 4 月 28 日，甲公司收到乙公司支付的第二笔货款 20 万元。甲公司该笔业务增值税纳税义务发生时间为（　　）。

A. 2024 年 4 月 1 日　　　　　　B. 2024 年 4 月 13 日

C. 2024 年 4 月 20 日　　　　　　D. 2024 年 4 月 28 日

5. 某居民企业 2023 年实际支出的工资、薪金总额为 300 万元；发生职工福利费 60 万元；拨缴工会经费 6 万元，已经取得工会拨缴收据；发生职工教育经费 9 万元，该企业在计算 2023 年应纳税所得额时，应调整的应纳税所得额为（　　）万元。

A. 0　　　　　　　　B. 15.5　　　　　　　C. 18　　　　　　　D. 71

6. 某服装企业 2024 年销售自产服装实现收入 1 000 万元，当年发生计入销售费用的广告费 120 万元，企业上年还有 70 万元的广告费没有在税前扣除，则企业 2024 年可以税前扣除的广告费为（　　　）万元。

A. 30　　　　　　　B. 120　　　　　　　C. 150　　　　　　　D. 190

7. 某小型微利企业 2024 年应纳税所得额为 100 万元。已知企业所得税税率为 20%，则应纳企业所得税税额为（　　　）万元。

A. 2.5　　　　　　　B. 5　　　　　　　C. 10　　　　　　　D. 20

8.《个人所得税法》规定，下列个人中，属于居民个人的是（　　　）。

A. 来华学习 5 个月的外籍个人甲

B. 2023 年 9 月 1 日入境，2024 年 7 月 1 日离境的外籍个人乙

C. 2024 年 1 月 1 日入境，2024 年 7 月 5 日离境的外籍个人丙

D. 2024 年 1 月 1 日入境，2024 年 7 月 1 日离境的外籍个人丁

9.《个人所得税法》规定，下列所得中，属于工资、薪金的是（　　　）。

A. 年终加薪　　　B. 托儿补助费　　　C. 误餐补助　　　D. 独生子女补贴

10. 居民李某 2024 年每月取得工资、薪金 8 000 元，李某个人负担的基本社会保险费为 840 元，住房公积金为 960 元，在计算李某 2024 年综合所得应纳税所得额时，准予扣除的专项扣除额为（　　　）元。

A. 10 080　　　　　B. 11 520　　　　　C. 21 600　　　　　D. 81 600

二、多项选择题

1. 根据增值税税收相关法律制度的规定，单位或个体工商户的下列行为中，应视同销售货物征收增值税的有（　　　）。

A. 将外购的货物分配给股东　　　B. 将外购的货物用于个人消费

C. 将自产的货物无偿赠送他人　　　D. 将自产的货物用于集体福利

2. 根据增值税税收相关法律制度的规定，在下列进项税额中，一般纳税人不得从销项税额中抵扣的有（　　　）。

A. 购进用作职工福利的货物所支付的进项税额

B. 购进生产用燃料所支付的进项税额

C. 因管理不善被盗材料所支付的进项税额

D. 购进生产免税产品用材料所支付的进项税额

3. 根据企业所得税税收相关法律制度的规定，下列各项中，属于企业所得税纳税人的有（　　　）。

A. 外商投资企业　　B. 国有企业　　C. 个人独资企业　　D. 合伙企业

4.《个人所得税法》规定，下列个人中，属于非居民个人的有（　　　）。

  A.在我国境内无住所，但一个纳税年度居住时间满 183 天的个人

  B.在我国境内无住所且不居住的个人

  C.在我国境内无住所，且一个纳税年度居住时间不满 183 天的个人

  D.在我国境内有住所的个人

 5.《个人所得税法》规定，下列各项中，适用 20% 税率的有（ ）。

  A.偶然所得 B.财产转让所得 C.利息所得 D.股息所得

三、判断题

 1.出租车公司向使用本公司自有出租车的出租车司机收取的管理费用，按照有形动产租赁服务计缴增值税。（ ）

 2.营改增后，提供有形动产融资租赁服务不需要缴纳增值税。（ ）

 3.一般纳税人将自产的产品无偿赠送的行为需要缴纳增值税。（ ）

 4.个人独资企业和合伙企业是企业所得税的居民纳税人。（ ）

 5.在我国境内设立机构、场所且所得与机构、场所有实际联系的非居民企业，适用于 20% 的企业所得税税率。（ ）

 6.国债利息收入属于免税收入。（ ）

 7.依法收取并纳入财政管理的行政事业性收费、政府性基金属于免税收入。（ ）

 8.外籍个人甲 2023 年 8 月 1 日入境，2024 年 6 月 30 日离境，则甲属于居民个人。（ ）

 9.企业年底以实物形式发给职工的奖金，职工不需要缴纳个人所得税。（ ）

 10.居民个人取得综合所得，按年计算个人所得税；需要办理汇算清缴的，应当在取得所得的次年 3 月 1 日至 6 月 30 日内办理汇算清缴。（ ）

四、计算分析题

 1. 2024 年 7 月 A 企业购销情况如下：

 （1）1 日向当地某商场销售微波炉 500 台，并开具增值税专用发票，不含税单价为 500 元/台，不含税销售额共计 250 000 元，并约定对方 10 天内付款可享受不含税价款 5% 的现金折扣，对方于 1 月 7 日付款，于是在结算时，给予商场 5% 的现金折扣（现金折扣不考虑增值税）。

 （2）8 日销售 500 台微波炉给外地某客户，并开具增值税普通发票，价税合计为 282 500 元，且支付运输费用价税合计 5 450 元，收到的增值税专用发票上注明运费金额 5 000 元，税额 450 元，该外地客户款项未付。

 （3）9 日拨付 2 台微波炉给本单位职工使用，但未开具发票。

 （4）10 日没收逾期仍未收回的包装物押金 67 800 元，确认收入但未开具发票。

 （5）11 日购进原材料、零部件一批，取得的增值税专用发票，注明金额 200 000 元，税额 26 000 元；支付运费价税合计 3 270 元，取得的增值税专用发票，注明运费金

额 3 000 元，税额 270 元。上述货款未付，运费已支付，货物已运达企业并入库。

（6）12 日购进冰箱配件一批，货款已付，取得的增值税专用发票，注明金额 100 000 元，税额 13 000 元，物资尚未验收入库。

（7）13 日从小规模纳税人处购进零件 100 000 元，取得增值税普通发票，该零件已入库，且款项已付。

（8）15 日从一般纳税人处购进零件 60 000 元，取得增值税普通发票，该零件已入库，且款项已付。

（9）16 日为推广新型微波炉，采用以旧换新方式向消费者个人销售新产品，共收取现金 465 000 元（已扣除收购旧微波炉抵价 100 000 元），并开具增值税普通发票。

（10）18 日购置办公用电脑一批，取得的增值税专用发票，注明金额 200 000 元，税额 26 000 元，款项已付。

（11）20 日外购办公用消费材料一批，取得的增值税专用发票，注明金额 1 000 元，税额 130 元。办公用材料直接交付办公科室使用，款项已付。

（12）21 日企业建职工食堂，领用上月购进的原材料钢材一批，实际成本 50 000 元，该批钢材的进项税额 6 500 元已在购进当期申报抵扣。

（13）25 日接受某单位投资转入生产用材料一批，取得的增值税专用发票，注明金额 100 000 元，税额 13 000 元，材料已验收入库。

（14）30 日委托加工物资一批，并支付加工费，取得的增值税专用发票，注明金额 10 000 元，税额 1 300 元，款项已付。

该企业于 2024 年 7 月 10 日缴纳上期应交未交增值税 60 000 元，且 2024 年 7 月取得的增值税专用发票均通过认证。

请计算 A 企业 2024 年 7 月应纳增值税税额。

2.甲企业为一家居民企业，2024 年发生经营业务如下：

（1）取得产品销售收入 4 000 万元。

（2）发生产品销售成本 2 600 万元。

（3）发生销售费用 770 万元（其中广告费和业务宣传费共计 650 万元）；管理费用 480 万元（其中业务招待费 25 万元）；财务费用 60 万元。

（4）发生销售税金 160 万元（含增值税 120 万元）。

（5）取得营业外收入 80 万元，营业外支出 50 万元（含通过公益性社会团体向贫困山区捐款 30 万元，支付税收滞纳金 6 万元）。

（6）计入成本、费用中的实发工资总额 200 万元，拨缴职工工会经费 5 万元，发生职工福利费 31 万元，发生职工教育经费 18 万元。

请计算甲企业 2024 年度实际应缴纳的企业所得税税额。

3.我国居民个人张某为独生子女，就职于我国的甲公司。

2024 年每月税前工资、薪金收入为 30 000 元，每月减除费用为 5 000 元。张某个人每月负担的基本养老保险为 2 400 元、基本医疗保险为 600 元、失业保险为 150 元、住房公积金为 2 400 元，社保公积金合计为 5 550 元。假设赡养老人每月专项附加扣除金额为 3 000 元。张某没有其他专项附加扣除和依法确定的其他扣除。居民个人工资、薪金所得预扣预缴个人所得税的预扣率见下表。

级数	累计预扣预缴应纳税所得额	预扣率 /%	速算扣除数 / 元
1	不超过 36 000 元的部分	3	0
2	超过 36 000 元至 144 000 元的部分	10	2 520
3	超过 144 000 元至 300 000 元的部分	20	16 920
4	超过 300 000 元至 420 000 元的部分	25	31 920
5	超过 420 000 元至 660 000 元的部分	30	52 920
6	超过 660 000 元至 960 000 元的部分	35	85 920
7	超过 960 000 元的部分	45	181 920

请计算张某本年每个月工资、薪金所得应由甲公司预扣预缴的个人所得税。

项目三项目检
测参考答案

项目四 应知应会的会计基础知识

学习目标

知识目标：

1. 了解财务报表的概念、分类、结构及作用；

2. 了解会计账簿、会计凭证的概念和种类；

3. 理解复式记账法的基本原理及账账、账表之间的勾稽关系；

4. 掌握费用的报销流程和基本要求；

5. 掌握资产管理的内容以及基本方法和流程；

6. 掌握购销存业务的核算内容和简单的账务处理。

能力目标：

1. 能够通过财务报表了解企业的资产和经营状况；

2. 能够利用会计账簿和会计凭证了解企业的详细经营信息；

3. 能够按制度要求进行费用报销；

4. 能够对费用报销相关凭证进行审核；

5. 能够按要求设计资产管理的基本制度流程；

6. 能够通过购销存业务的核算详细了解具体业务内容。

素质目标：

1. 具备较强的会计素养，懂核算、会管理；

2. 具备一定的资产保值增值、提高综合收益的发展理念；

3. 提升综合系统的全局意识和诚实守信的职业素养；

4. 提高沟通合作能力，培养大局意识、责任意识。

情境导入

赵磊创办的企业正式运营一个月了，代理记账公司根据企业的实际运营情况和资产状况编制了财务报表。面对财务报表，赵磊一头雾水，不清楚财务报表上一串串的数据究竟表示什么含义，也不了解这些数据都是怎么来的。代理记账公司的周会计，对财务报表进行了细致的解释，同时对一些基础的财务会计知识进行了讲解。

任务实施

任务一　企业财务报表认知

周会计首先对什么是财务报表，财务报表包含哪些内容，是如何分类的，对企业起什么样的作用进行了解释。

一、财务报表的概念、分类及作用

（一）财务报表的概念

财务报表是反映企业财务状况、经营成果和现金流量的会计报表。我国财务报表的种类、格式、编报要求，均由统一的会计制度作出规定，要求企业定期编报。一套完整的财务报表至少应当包括四表一注，四表是指资产负债表、利润表、现金流量表和所有者权益变动表，一注是指财务报表附注。财务报表附注是对财务报表的编制基础、编制依据、编制原则和方法及主要项目等所作的解释，以帮助报表使用者理解报表项目的内容和计量方法。

（二）财务报表的分类

财务报表按照不同的标准可以进行不同的分类。

1.按报表所反映的经济内容分类

按报表所反映的经济内容的不同，财务报表可分为反映企业财务状况及其变动情况的报表和反映企业经营成果的报表。

反映企业财务状况及其变动情况的报表又可以分为两种：一种是反映企业特定日期财务状况的报表，如资产负债表；另一种是反映企业一定时期财务状况变动情况的报表，如现金流量表和所有者权益变动表。

反映企业一定期间经营成果的报表有利润表等。

2.按报表所反映的资金运动形态分类

按报表所反映的资金运动形态的不同，财务报表可分为静态报表和动态报表。

静态报表，是指反映企业特定日期财务状况的报表，如资产负债表。该表体现的是在某一特定日期企业资金运动的结果，其主要是对期末的资产、权益的变动结果进行反映，应根据有关账户的期末余额编报。

动态报表，是指反映企业一定时期的经营成果和财务状况变动情况的报表，如利润表、现金流量表和所有者权益变动表。这些动态报表体现的是一定时期内企业资金运动的状态，应根据有关账户的发生额和相关报表数据编报。

3.按报表编制与报送时间分类

按报表编制与报送时间的不同，财务报表可分为中期报表和年度报表。

按月编报的会计报表称为月报表，按季编报的会计报表称为季报表，按年编报的会计报表称为年报表或决算报表。其中，月报表和季报表又称为中期报表。中期是指短于

一个完整会计年度的报告期间，它可以是一个月、一个季度或者半年，也可以是其他短于一个会计年度的报告期间。在我国，月报表通常包括资产负债表和利润表；中期报表通常包括资产负债表、利润表、现金流量表和附注；而年度报表除上述三张报表外，还包括所有者权益变动表。

4.按报表编制的会计主体分类

按报表编制的会计主体的不同，财务报表可分为个别报表和合并报表。

个别报表，是指在以母公司和子公司组成的具有控股关系的企业集团中，由母公司和子公司各自为主体分别单独编制的报表，用以反映母公司和子公司各自的财务状况和经营成果。

合并报表，是指以母公司和子公司组成的企业集团为一个会计主体，以母公司和子公司单独编制的个别报表为基础，由母公司编制的综合反映企业集团经营成果、财务状况及其资金变动情况的会计报表。

（三）财务报表的作用

（1）有利于国家经济管理部门了解国民经济的运行状况。通过对各单位提供的财务报表资料进行汇总和分析，了解和掌握各行业、各地区的经济发展情况，以便宏观调控经济运行，优化资源配置，保证国民经济稳定持续发展。

（2）有利于满足财政、税务、工商、审计等部门监督企业的经营管理。通过财务报表可以检查、监督各企业是否遵守国家的各项法律、法规和制度，有无偷税漏税的行为。

（3）有利于投资者、债权人和其他有关各方掌握企业的财务状况、经营成果和现金流量情况。通过对上述情况的了解，进而分析企业的盈利能力、偿债能力、投资收益、发展前景等，为他们进行投资、贷款和贸易提供决策依据。

（4）全面系统地揭示企业一定时期的财务状况、经营成果和现金流量。对上述情况的掌握，有利于经营管理人员了解本单位各项任务指标的完成情况，评价管理人员的经营业绩，以便及时发现问题，调整经营方向，制定措施改善经营管理水平，提高经济效益，为经济预测和决策提供依据。

二、资产负债表

（一）资产负债表的概念及其作用

资产负债表是反映企业在某一特定日期的财务状况的财务报表。财务状况是指企业资产、负债和所有者权益的构成情况。因其所列报的是时点数据，所以属于静态报表。

资产负债表主要有以下作用。

（1）可以提供某一特定日期资产的总额及其结构，表明企业拥有或控制的资源及其分布情况。

（2）可以提供某一特定日期的负债总额及其结构，表明企业未来需要用多少资产或劳务清偿债务以及清偿时间。

（3）可以反映所有者所拥有的权益，据以判断资本保值增值的情况以及对负债的保障程度。

（二）资产负债表的内容和结构

1.资产负债表的内容

资产负债表是根据会计恒等式"资产＝负债＋所有者权益"设计而成的，主要反映以下三个方面的内容。

（1）在某一特定日期企业所拥有的经济资源，即某一特定日期企业所拥有或控制的各种资产的余额，包括流动资产、长期股权投资、固定资产、无形资产及其他资产等。

（2）在某一特定日期企业所承担的债务，包括各项流动负债和长期负债等。

（3）在某一特定日期企业投资者所拥有的净资产，包括投资者投入的资本、资本公积、盈余公积和未分配利润等。

2.资产负债表的结构

资产负债表按其结构分为报告式和账户式两类。

（1）报告式资产负债表，是将资产负债表的项目自上而下排列，首先列示资产的数额，然后列示负债的数额，最后再列示所有者权益的数额。其格式见表4-1。

表4-1　资产负债表（报告式）

项目	期末金额	年初金额
资产		
流动资产		
长期股权投资		
固定资产		
无形资产		
其他资产		
资产合计		
负债		
流动负债		
长期负债		
负债合计		
所有者权益		
实收资本		
资本公积		
盈余公积		
未分配利润		
所有者权益合计		

（2）账户式资产负债表，是将资产和权益分为左方与右方，左方列示资产各项目，右方列示负债和所有者权益各项目，资产各项目的合计数等于负债和所有者权益各项目的合计数。账户式资产负债表能够反映资产、负债和所有者权益之间的内在关系。

在我国，资产负债表采用账户式，通常包括表头、表身和表尾。

表头主要包括资产负债表的名称、编制单位、编制日期和金额单位；表身包括各项资产、负债和所有者权益的年初余额和期末余额，是资产负债表的主要部分；表尾主要包括补充资料等。账户式资产负债表的格式，如表 4-2 所示。

表 4-2　资产负债表

会企 01 表

编制单位：　　　　　　　　　　2024 年 12 月 31 日　　　　　　　　　　单位：元

资产	期末余额	年初余额	负债和所有者权益	期末余额	年初余额
流动资产：			流动负债：		
货币资金			短期借款		
交易性金融资产			应付票据		
应收票据			应付账款		
应收账款			预收账款		
预付账款			合同负债		
其他应收款			应付职工薪酬		
存货			应交税费		
合同资产			其他应付款		
一年内到期的非流动资产			一年内到期的非流动负债		
其他流动资产			其他流动负债		
流动资产合计			流动负债合计		
非流动资产：			非流动负债：		
长期应收款			长期借款		
长期股权投资			应付债券		
其他权益工具投资			租赁负债		
其他非流动金融资产			长期应付款		
投资性房地产			预计负债		
固定资产			递延收益		
在建工程			递延所得税负债		
使用权资产			其他非流动负债		
无形资产			非流动负债合计		
开发支出			负债合计		
商誉			所有者权益：		

续表

资产	期末余额	年初余额	负债和所有者权益	期末余额	年初余额
长期待摊费用			实收资本（股本）		
递延所得税资产			其他权益工具		
其他非流动资产			其中：优先股		
非流动资产合计			永续债		
			资本公积		
			减：库存股		
			其他综合收益		
			专项储备		
			盈余公积		
			未分配利润		
			所有者权益合计		
资产总计			负债和所有者权益总计		

（三）资产负债表的列报项目及填制

1. "期末余额"栏的填列方法

资产负债表"期末余额"栏内各项数字，一般应根据资产、负债和所有者权益类科目的期末余额填列，具体方法如下。

（1）根据总账科目余额直接填写，如"交易性金融资产""短期借款""应付职工薪酬""实收资本""盈余公积"等项目。

（2）根据多个总账科目余额的加总数据填写。如"货币资金"项目，需要根据"库存现金""银行存款""其他货币资金"三个总账科目的期末借方余额计算填列。

（3）根据总账科目和明细账科目余额分析计算填列，如"一年内到期的非流动资产""一年内到期的非流动负债"等项目。

（4）根据总账科目余额减去其备抵科目余额后的净额填列。如"固定资产"项目列示的是账面价值，固定资产账面价值等于固定资产原价减去"累计折旧"和"固定资产减值准备"后的差额。

（5）综合运用上述方法填列。如"存货"项目，应根据存货类各科目期末余额合计，减去"存货跌价准备"科目期末余额后的金额填列。

资产负债表附注的内容，根据实际需要和有关备查账簿等的记录分析填列。

2. "年初余额"栏的填列方法

资产负债表的"年初余额"栏通常根据上年末有关项目的期末余额填列，且与上年末资产负债表"期末余额"栏一致。如果企业上年度资产负债表规定的项目名称和内容与本年度不一致，应当对上年末资产负债表相关项目的名称和数据按照本年度的规定进行调整，填入"年初余额"栏。

资产负债表的
具体填列方法

三、利润表

（一）利润表的概念及其作用

利润表是反映企业一定期间经营成果的会计报表。利润表把一定期间的收入与同一期间相关的费用进行配比，以计算出企业一定时期的净利润（或净亏损）。利润表是企业经营业绩的综合体现，又是进行利润分配的主要依据，因此利润表是会计的主要报表之一。

利润表反映的收入、费用等情况，能够提供企业生产经营的收益和成本费用以及企业的生产经营成果；同时，通过利润表提供的不同时期的比较数字（本月数、本年累计、上年数），可以分析企业未来时期利润的发展趋势及获利能力，判断投资者投入资本的完整性。

（二）利润表的内容和结构

1.利润表的内容

利润表是根据会计恒等式"收入－费用＝利润"设计而成的，它主要反映以下内容。

（1）营业收入。营业收入是以主营业务收入为基础，加上其他业务活动实现的收入，反映企业一定时期内经营活动的业绩。

（2）营业利润。营业利润是以营业收入（主营业务收入加上其他业务收入）为基础，减去营业成本（主营业务成本加上其他业务成本）、税金及附加、销售费用、管理费用、研发费用、财务费用及资产减值损失和信用减值损失，再加上其他收益、投资收益、净敞口套期收益、公允价值变动收益和资产处置收益后，计算出营业利润。

（3）利润（或亏损）总额。利润（或亏损）总额是以营业利润为基础，加减营业外收支，反映企业一定时期经济活动的最终结果。

（4）净利润（或净亏损）。净利润（或净亏损）是用利润总额减去所得税费用，反映企业实际拥有、可供企业自行支配的权益。

2.利润表的结构

利润表同资产负债表一样，均由表头、表身和表尾三部分构成。表头、表尾的内容与资产负债表相同。表身主要由营业收入、营业利润和利润总额等项目及金额构成。目前应用比较普遍的利润表的结构有多步式和单步式两种。

多步式利润表中的利润是通过多步计算而来的。多步式利润表通常分为以下三步。

第一步，以营业收入（主营业务收入加上其他业务收入）为基础，减去营业成本（主营业务成本加上其他业务成本）、税金及附加、销售费用、管理费用、研发费用、财务费用及资产减值损失和信用减值损失，再加上其他收益、投资收益、净敞口套期收益、公允价值变动收益和资产处置收益后，计算出营业利润。

第二步，以营业利润为基础，加减营业外收支，计算得出本期实现的利润或亏损。

第三步，用利润总额减去所得税费用，计算得出本期净利润（或净亏损）。

多步式利润表的优点是，便于对企业的生产经营情况进行分析，有利于不同企业之间进行比较，更重要的是利用多步式利润表有利于预测企业今后的盈利能力。

单步式利润表是将本期所有的收入加在一起，然后将所有的费用加在一起，通过一次计算求出本期利润。单步式利润表简单、直观，易于理解，但其提供的信息有限，故很少采用。目前，我国企业的利润表均采用多步式，具体包括营业收入、营业利润、利润总额和净利润等，多步式利润表如表4-3所示。

表4-3 利润表

会企02表

编制单位： 2024年12月 单位：元

项目	本月金额	本年累计金额
一、营业收入		
减：营业成本		
税金及附加		
销售费用		
管理费用		
研发费用		
财务费用		
其中：利息费用		
利息收入		
加：其他收益		
投资收益		
其中：对联营企业和合营企业投资的收益		
净敞口套期收益（损失以"－"号填列）		
以摊余成本计量的金融资产终止确认收益（损失以"－"号填列）		
公允价值变动损益（损失以"－"号填列）		
资产减值损失（损失以"－"号填列）		
信用减值损失（损失以"－"号填列）		
资产处置收益（损失以"－"号填列）		
二、营业利润（亏损以"－"号填列）		
加：营业外收入		
减：营业外支出		
三、利润总额（亏损总额以"－"号填列）		
减：所得税费用		
四、净利润（净亏损以"－"号填列）		

续表

项目	本月金额	本年累计金额
（一）持续经营净利润（净亏损以"－"号填列）		
（二）终止经营净利润（净亏损以"－"号填列）		
五、其他综合收益的税后净额		
（一）以后不能重分类进损益的其他综合收益		
（二）以后将重分类进损益的其他综合收益		
六、综合收益总额		
七、每股收益		
（一）基本每股收益		
（二）稀释每股收益		

（三）"本年累计金额"栏的填列方法

"本年累计金额"栏反映的是自本年一月份至当前月份累计发生的金额，可以根据上月利润表的"本年累计金额"栏的数据加上本月利润表的"本月金额"栏的数据填列；也可以根据相关科目的本年累计发生额分析填列。

（四）"上年同期金额"栏（如有）的填列方法

"上年同期金额"栏反映上一年度对应月份的发生额，可以根据上年对应月份利润表"本月金额"栏内所列数据填列。如果上年该期利润表规定的各个项目的名称和内容与本期不一致，应对上年该期利润表各项目的名称和数据按本期的规定进行调整，填入利润表"上年同期金额"栏内。

利润表的具体
编制方法

四、现金流量表

（一）现金流量表的内容和结构

现金流量表是指反映企业一定会计期间的现金和现金等价物的流入和流出情况的会计报表。

1.现金流量表的内容

《企业会计准则第31号——现金流量表》对现金流量表的编制和列报作了具体的规范。其中，现金流量表中的"现金"不仅包括"库存现金"账户核算的现金，还包括"银行存款"及"其他货币资金"账户核算的外埠存款、银行汇票存款、银行本票存款和在途货币资金等；现金等价物是指企业持有的期限短、流动性强、易于转换为已知金额现金、价值变动风险很小的投资，如企业持有的三个月内到期的债券投资。现金等价物虽然不是现金，但其支付能力与现金差别不大，因此可视为现金。现金流量是指企业现金与现金等价物流入和流出的数量，流入量和流出量的差额即为现金净流量。《企业会计准则》将现金流量划分为经营活动产生的现金流量、投资活动产生的现金流量和筹资活动产生的现金流量三大类。

经营活动是指企业投资活动和筹资活动以外的所有交易和事项。经营活动主要包括销售商品、提供劳务、经营性租赁、购买商品、接受劳务、广告宣传、推销产品等。各类企业由于所处行业的特点不同，对经营活动的认定存在一定差异，在编制现金流量表时，应根据企业的实际情况，进行合理的归类。

投资活动是指企业长期资产的构建和不包括在现金等价物范围内的投资及其处置活动。其中的长期资产是指固定资产、在建工程、无形资产、其他资产等持有期限在一年以上或超过一年的一个营业周期以上的资产。投资活动已将包括在现金等价物范围内的投资视同现金，所以将其排除在外。投资活动主要包括取得和收回投资、购建和处置固定资产、无形资产和其他长期资产等。

筹资活动是指导致企业资本及债务规模和构成发生变化的活动。其中的资本包括实收资本（股本）和资本溢价（股本溢价）。企业发生的与资本有关的现金流入和流出项目，一般包括吸收投资、发行股票、分配利润等。其中的债务，是指企业对外举债所借入的款项，如发行债券、向金融机构借入款项以及偿还债务、利息等。

2.现金流量表的结构

现金流量表将企业的全部业务活动分为经营活动、投资活动和筹资活动，分类揭示现金净流量。三类现金净流量之和，即为企业本期的现金增减净额。其具体格式和内容见表4-4。

表4-4　现金流量表

会企 03 表

编制单位：　　　　　　　　　　2024 年 12 月　　　　　　　　　　单位：元

项目	本月金额	本年累计金额
一、经营活动产生的现金流量		
销售商品、提供劳务收到的现金		
收到的税费返还		
收到其他与经营活动有关的现金		
经营活动现金流入小计		
购买商品、接受劳务支付的现金		
支付给职工以及为职工支付的现金		
支付的各项税费		
支付的其他与经营活动有关的现金		
经营活动现金流出小计		
经营活动产生的现金流量净额		
二、投资活动产生的现金流量		
收回投资收到的现金		

续表

项目	本月金额	本年累计金额
取得投资收益收到的现金		
处置固定资产、无形资产和其他长期资产收回的现金净额		
处置子公司及其他营业单位收到的现金净额		
收到的其他与投资活动有关的现金		
投资活动现金流入小计		
购建固定资产、无形资产和其他长期资产支付的现金		
投资支付的现金		
取得子公司及其他营业单位支付的现金净额		
支付的其他与投资活动有关的现金		
投资活动现金流出小计		
投资活动产生的现金流量净额		
三、筹资活动产生的现金流量		
吸收投资收到的现金		
取得借款收到的现金		
收到的其他与筹资活动有关的现金		
筹资活动现金流入小计		
偿还债务支付的现金		
分配股利、利润或偿付利息支付的现金		
支付的其他与筹资活动有关的现金		
筹资活动现金流出小计		
筹资活动产生的现金流量净额		
四、汇率变动对现金及现金等价物的影响		
五、现金及现金等价物净增加额		
加：期初现金及现金等价物余额		
六、期末现金及现金等价物余额		

（二）现金流量表的作用

编制现金流量表的目的是为会计报表使用者提供企业一定会计期间内现金和现金等价物流入和流出的信息，以便会计报表使用者了解和评价企业获取现金和现金等价物的能力，并据以预测企业未来的现金流量。现金流量表主要有以下作用。

（1）现金流量表可以提供企业的现金流量信息，从而有助于会计报表使用者对企业整个财务状况进行客观评价。

在市场经济条件下，竞争异常激烈，企业不仅要把产品销售出去，更重要的是要及时收回货款，以便以后的经营活动能顺利开展。除了经营活动以外，企业的投资和筹资活动同样影响现金流量，从而影响财务状况。如企业进行投资，而没能取得相应的现金回报，就会对企业财务状况产生不良影响。企业的现金流量情况可以用来大致判断其经营周转是否顺畅。

（2）通过现金流量表，不但可以了解企业当前的财务状况，还可以预测企业未来的发展情况。

通过现金流量表中各部分现金流量结构，可以分析企业是否需要扩大经营规模；通过比较当期净利润与当期净现金流量，可以看出非现金流动资产吸收利润的情况，评价企业产生净现金流量的能力是否偏低。

（3）编制现金流量表，便于和国际惯例接轨。

目前世界上许多国家都要求企业编制现金流量表，我国企业编制现金流量表，对其开展跨国经营、加强国际经济合作等起到积极的作用。

小贴士

会计报表的编制要求

为了满足各方使用会计报表的需要，充分发挥会计报表的作用，在编制会计报表时，必须严格遵守以下几条基本要求。

1. 数据真实

数据真实是编制会计报表的基本原则，是对会计工作的基本要求。只有真实可靠的数据，才能如实地反映企业的财务状况及经营成果，才能为各方信息使用者进行决策或管理提供有用的信息资料。为此，编制会计报表前应先做好账账核对、账实核对、清理账目、调整账项等工作，然后才能据以编制会计报表。

2. 内容完整

对外会计报表中的各项指标都是由国家统一规定的，它是经济管理不可缺少的信息资料。因此，必须按规定编报，会计报表中的项目不得漏填或少填，应报的会计报表不得缺报，主管单位汇总会计报表时不得漏汇，对会计报表项目需要说明的事项要有附注，报送报表时要附送财务状况说明书等。

3. 说明清楚

会计报表除提供数据资料外，还应或多或少地用文字对有关数据进行说明，才能便于报表使用者正确使用报表中的数据资料。因此，要求说明的方案要简明扼要、清晰明了，便于报表使用者理解和接受。

4. 前后一致

编制会计报表时，在会计计量和揭示方法的选择上要贯彻一贯性原则，保持前后各项计量和报告口径的一致，这样便于信息使用者对比、分析和利用会计信息，如有变动，应在报告中说明。

5.编报及时

为了及时向报表使用者提供所需的经济信息，要求会计报表的编制必须及时。会计报表的报送时间，根据企业性质不同而有所差异，但一般来讲，月报表应于月份终了后的 15 天内报送；季报表应于季度终了后的 15 天内报送；中期报表应于半年度终了后的 60 天内报送；年度报表应于新年度开始后的 4 个月内报送。

6.手续完备

对外会计报表应依次编定页码、加具封面、装订成册、盖上单位公章；企业行政领导、总会计师、会计机构负责人和会计主管人员要签字；需要注册会计师行使监督职能的会计报表，还要有注册会计师签章。

任务二 会计账簿、会计凭证及复式记账法认知

会计报表形成之前有两个重要环节，第一个环节是填制和审核会计凭证，第二个是设置和登记会计账簿。会计报表是根据会计账簿编制的，会计账簿又是根据会计凭证登记的，会计账务处理主要流程如图 4-1 所示。

图 4-1 会计账务处理主要流程

一、会计账簿的概念及分类

（一）会计账簿的概念

会计账簿是指由一定格式的账页组成的，以经过审核的会计凭证为依据，全面、系统、连续地记录各项经济业务的簿籍。

在整个会计核算体系中，账簿处于中间环节，对于会计凭证和会计报表具有承前启后的作用。会计凭证所记载的经济业务，需要通过账簿加以归类记录，而会计报表所提供的各项指标，需要依据账簿记录才能计算填列，会计账簿记录是编制会计报表的直接依据。所以，科学地设置和正确地登记账簿，对于完成会计工作有着重要的作用。

（二）会计账簿的作用

1.及时提供系统、完整的会计核算资料

通过设置和登记账簿，可以把记录在会计凭证上大量的、分散的会计核算资料，按不同账户进行分类记录、汇总和整理，使之系统化，从而完整地提供各项资产、负债和所有者权益的增减变动及结余情况，正确地计算和反映收入、费用和利润的形成及分配情况，以满足经营管理的需要。

2.全面反映财产物资的增减变化

通过设置和登记账簿，能够连续、系统地反映各项财产物资的增减变化及结存情况；通过账实核对，可以检查账实是否相符，从而有利于保证各项财产物资的安全完整，促进资金的合理使用。

3.为考核经营成果和分析经济活动提供依据

通过设置和登记账簿，能够详细提供考核经营成果以及分析经济活动的有关资料，据此可以找出差距和潜力，提出改进措施，不断提高经济效益。

4.为编制会计报表提供依据

为总结一定时期会计核算工作的结果，必须按期进行结账和对账工作，核对无误的账簿记录是编制会计报表的直接依据。

（三）会计账簿的种类及适用情况

实务中使用的会计账簿多种多样、功能各异、结构不同，为了便于了解和运用各种会计账簿，应该根据不同的标准进行分类。

1.按用途分类

会计账簿按其用途分类，可以分为序时账簿、分类账簿和备查账簿。

（1）序时账簿，也称日记账，是对各项经济业务按其发生时间的先后顺序，逐日逐笔进行及时登记的账簿。序时账簿按其记录内容的不同，分为普通日记账和特种日记账。

①普通日记账是根据各种经济业务取得的原始凭证，直接以会计分录的格式进行序时登记的账簿。普通日记账具有会计凭证的作用，是过入分类账的依据，因此普通日记账也称分录簿。普通日记账只有"借方"和"贷方"两个金额栏，故也称为两栏式日记账。

②特种日记账是在普通日记账的基础上发展而来的，它是专门登记某一类经济业务的日记账，如现金日记账、银行存款日记账、购货日记账、销货日记账等。在会计实务中，通常只对现金和银行存款设置日记账，进行序时核算，以加强对货币资金的管理。

（2）分类账簿是对各项经济业务进行分类登记的账簿。分类账簿按其反映内容的详细程度不同，又分为总分类账簿和明细分类账簿。

①总分类账簿（简称总账）是根据总分类科目开设的账户，用来分类登记全部经济业务，提供总括核算资料的分类账簿。

②明细分类账簿（简称明细账）是根据总分类科目设置，并按其所属二级科目或明细科目开设的账户，用来登记某一类经济业务，提供明细核算资料的分类账簿。

（3）备查账簿又称辅助账簿，是对序时账簿和分类账簿等主要账簿进行补充登记，提供备查资料的账簿，如应收票据备查账簿、应付票据备查账簿、租入固定资产登记簿、受托加工材料登记簿、代销商品登记簿、经济合同执行情况登记簿等。备查账簿的内容千差万别，其账页也没有固定格式，可根据实际需要灵活确定。备查账簿与主要账簿之间不存在严密的依存、勾稽关系，各企业可根据实际需要确定是否设置备查账簿。

2.按外表形式分类

会计账簿按外表形式,可分为订本式账簿、活页式账簿和卡片式账簿。

(1)订本式账簿是将印有顺序编号的若干账页固定装订成册的账簿。其优点是可以防止账页散失和账页被抽换,比较安全;缺点是由于账页已被固定装订,并有编号,不能随实际业务的增减变动需要而进行增减。所以,有一些账簿(如总账、往来账等)必须为每一个账户预留若干空白账页,如果预留账页不够用,则会影响账户的连续记录,如果预留账页过多,又会造成浪费。因为同一本账在同一时间只能由同一个人员登记,所以不便于分工记账。订本式账簿一般用于具有统驭性的重要账簿,如总分类账、现金日记账和银行存款日记账等。

(2)活页式账簿是将若干零散账页暂时装订在活页账夹内的账簿。其优点是可以根据实际业务的需要适当增减账页,使用灵活,便于分工记账;缺点是账页容易散失和被抽换。所以,在采用活页式账簿时,必须将空白账页连续编写分号;在会计期末,加写目录并按实际使用的账页连续编写总号,固定装订成册后归档保管。活页式账簿一般适用于一些明细账,如原材料明细账、库存商品明细账等。

(3)卡片式账簿是由具有不同于一般账页格式的卡片式账页所组成的账簿,它一般由分散的卡片组成,每一张卡片用正面和背面两种不同的格式来记录同一项财产物资的使用情况。卡片式账簿在使用过程中可以不装订,存放在卡片盒或卡片夹中,使用时可以随时取放,实际上它是一种特殊的活页式账簿。卡片式账簿除了具有一般活页式账簿的特点外,还可以跨年度使用,不需要每年更换新账。卡片式账簿多用于记录内容比较复杂的财产明细账,如固定资产卡片账等。

3.按账页格式分类

会计账簿按账页格式,可分为三栏式账簿、数量金额式账簿、多栏式账簿和横线登记式账簿。

(1)三栏式账簿是由设置"借方""贷方""余额"三个金额栏的账页组成的账簿。三栏式账簿账页格式是最基本的账页格式,其他账页格式都是据此增减栏目演变而来的。总分类账簿和不需要核算数量的明细分类账簿适用三栏式账簿。

(2)数量金额式账簿也称三大栏式账簿,是由在"借方""贷方""余额"三大栏的各栏内分别设置"数量""单价""金额"等小栏目的账页组成的账簿。需要核算数量的明细分类账簿如原材料明细账、库存商品明细账等适用数量金额式账簿。

(3)多栏式账簿是由在借方金额栏、贷方金额栏或借贷双方金额栏内再设置多个明细金额栏的账页组成的账簿。多栏式账簿多用于分类登记某一类经济业务事项,提供有关明细核算资料,如收入、成本、费用明细账适用多栏式明细账。

(4)横线登记式账簿是在账页的同一横行内登记同一项经济业务的来龙去脉的账簿。一般适用于按每笔金额结算的应收、应付款项的明细账。

二、会计账簿的基本内容和设置原则

会计账簿的格式尽管多种多样，但一般都应具备封面、扉页和账页等。封面应标明账簿名称，如总账、原材料明细账等。扉页内容包括"账簿启用及经管人员一览表"及"账户目录"。账页是会计账簿的主要内容，一般包括账户名称、页次、日期栏、凭证号栏、摘要栏、金额栏等基本内容。

会计账簿的设置包括确定账簿的种类、设计账页的格式和内容、规定账簿的登记方法等。每个单位都应根据自身业务的特点和经营管理的需要，设置一定种类和数量的账簿。一般来说，设置会计账簿应遵循以下几项原则。

第一，满足需求。各单位应当按照国家统一规定和本单位经济业务及经营管理的实际需要设置会计账簿，以满足单位外部各有关方面了解本单位财务状况和经营成果的需求，满足单位内部加强经营管理的需求。

第二，讲求科学。会计账簿体系要科学严密、层次分明。会计账簿之间既相互独立又相互补充，既相互衔接又相互制约，清晰地反映账户的关系，以便提供完整、系统的会计资料。

第三，适当简化。会计账簿设置应在保证会计记录系统、完整的前提下力求简化，要避免烦琐、重复，以节约人力物力，提高工作效率。会计账簿格式的设计，要为核算经济业务的内容和核算指标服务，力求简明实用，避免烦琐、重复。

三、会计凭证的概念和种类

会计凭证是记录经济业务事项发生或完成情况的书面证明，也是登记会计账簿的依据。

会计凭证按照填制程序和用途可分为原始凭证和记账凭证。

（一）原始凭证

原始凭证是指在经济业务发生或完成时取得或填制的，用以记录或证明经济业务的发生或完成情况的原始凭据。

按照《会计法》的要求，一切经济业务发生时都必须如实填制原始凭证，以证实经济业务的发生或完成情况。企事业单位中应用的原始凭证有很多，如购销业务活动中的"发票"、财产物资收发业务中的"入库单""出库单"、现金收付业务中的"收据""借据"、银行结算业务中的各种转账结算凭证等。凡是不能证明经济业务发生和完成情况的各种书面证明，如"购料申请单""购销合同""银行对账单"等，均不能作为原始凭证据以记账，但应作为重要资料存档。

1.按照来源分类

原始凭证按照取得来源可分为自制原始凭证和外来原始凭证。

（1）自制原始凭证是指在经济业务发生或完成时，由本单位业务经办部门的有关人员填制的单据，如"收料单""产品入库单""领料单""产品出库单""工资结算单""差旅费报销单""制造费用分配表""固定资产折旧计算表"等。

（2）外来原始凭证是指在经济业务发生或完成时，从外单位或个人处取得的单据，如供应单位开出的增值税专用发票、银行结算凭证、收款单位或个人开出的收据、出差人员取得的车船票、铁路托运单、运杂费收据等。凡外来原始凭证必须加盖开具单位的印章（发票专用章、公章等）才能有效。

2.按照填制手续分类

原始凭证按其填制手续不同，分为一次凭证、累计凭证和汇总凭证。

（1）一次凭证是指一次填制完成，只记录一笔经济业务且仅一次有效的原始凭证。入库单和提货单是比较典型的一次凭证。所有的外来原始凭证都是一次凭证，自制原始凭证中大部分也是一次凭证，如"收料单""领料单""制造费用分配表"等。一次凭证只需填写一次即完成全部填制手续，作为记账的原始依据。

（2）累计凭证是指在一定时期内连续记录若干项同类经济业务的原始凭证，如自制原始凭证中的"限额领料单"。累计凭证的填制手续不是一次完成的，而是随着经济业务的陆续发生分次填写的，只有完成全部填制手续后，才能作为原始凭证据以记账。

限额领料单通常是企业对某个用料部门规定了某种材料在一定时期（通常为一个月）内的领用限额，每次领料时，在"限额领料单"上逐笔登记，并随时结出限额结余，到月末时，结出本月实际耗用总量和限额结余，送交财务部门，作为会计核算的依据。这样不仅可以预先控制领料，而且可以减少凭证的数量，简化凭证填制的手续。

（3）汇总凭证是指根据一定时期若干份记录同类经济业务的原始凭证加以汇总编制的一种原始凭证。如将记录全月领料业务的"领料单"加以汇总后编制"领料汇总表"。一张汇总凭证只能汇总同类经济业务，不能汇总两类或两类以上不同类型的经济业务。

（二）记账凭证

记账凭证是指会计人员根据审核无误的原始凭证填制的，用来确定经济业务应借、应贷会计科目及金额的书面证明，是登记账簿的直接依据。

由于原始凭证来自不同的单位，种类繁多，数量庞大，格式和内容不统一，以及原始凭证只是记录经济业务的实际情况，并未反映应使用的会计科目和记账方向，直接根据原始凭证记账容易发生差错，所以在记账前，会计人员应认真审核原始凭证，并根据审核无误的原始凭证，按照记账规则，将确定的应借、应贷会计科目名称和金额填制到记账凭证中，并据以记账。原始凭证则作为记账凭证的附件粘贴在记账凭证之后，这样，不仅可以妥善保管原始凭证，简化记账工作，减少差错，而且便于对账和查账，提高记账工作的质量。

1.按经济业务内容分类

记账凭证按其反映的经济业务内容不同，分为专用记账凭证和通用记账凭证。其中，专用记账凭证又分为收款凭证、付款凭证和转账凭证。

（1）收款凭证是用来记录和反映现金、银行存款等货币资金收款业务的凭证，它是根据现金和银行存款收款业务的原始凭证填制的记账凭证。

（2）付款凭证是用来记录和反映现金、银行存款等货币资金付款业务的凭证，它是根据现金和银行存款付款业务的原始凭证填制的记账凭证。

（3）转账凭证是用来记录和反映与现金、银行存款等货币资金的收付无关的转账业务的凭证，是根据相关转账业务的原始凭证填制的记账凭证。

在实际工作中，很多企业和行政事业单位为了简化记账凭证的编制工作，全部业务使用同一种格式的记账凭证来记录和反映所发生的各种经济业务，这种记账凭证称为通用记账凭证。

2.按反映经济业务的方式分类

记账凭证按其反映经济业务的方式不同，分为单式记账凭证和复式记账凭证。

（1）单式记账凭证也称为单科目记账凭证，要求把某项经济业务所涉及的会计科目登记在两张或两张以上的记账凭证中，每张记账凭证上只登记一个会计科目，其对方科目只供参考，不按凭证记账。

使用单式记账凭证，便于分工记账和编制科目汇总表，但一张凭证不能反映一项经济业务的全貌以及账户的对应关系，所以出现差错后不易查找。

（2）复式记账凭证也称为多科目记账凭证，要求将某项经济业务所涉及的全部会计科目集中登记在一张记账凭证中。上述三种专用记账凭证和通用记账凭证都是复式记账凭证。

使用复式记账凭证，有利于了解经济业务的全貌，便于查账，减少了记账凭证的数量，不足之处在于不便于分工记账和编制科目汇总表。

原始凭证和记账凭证之间存在密切的联系。原始凭证是记账凭证的基础，是编制记账凭证的依据，是记账凭证的附件；记账凭证是根据原始凭证编制的，是对原始凭证内容的概括和说明；当某些账户所属的明细账户较多时，原始凭证是登记明细账户的依据。两者关系密切，不可分割。

四、填制与审核会计凭证的意义

填制与审核会计凭证，是进行会计核算、实行会计监督的一种专门方法。

一切会计记录都必须有真凭实据，使会计资料具有客观性，这是会计核算必须遵循的原则，也是会计核算区别于其他经济管理活动的一个重要特点。所以，填制与审核会计凭证就成为会计核算工作的起点。任何经济业务的发生，都必须由经办人员填制或取得会计凭证，记录经济业务的日期、内容、数量和金额，并由相关人员在凭证上签名盖章，对会计凭证的真实性和正确性负完全责任。只有经过审核无误的会计凭证，才能据以收付款项、动用财产物资，才能作为登记账簿的依据。

填制与审核会计凭证的意义如下。

1.可以正确、及时地记录经济业务发生或完成的情况，为记账、算账提供原始依据

各企事业单位日常发生的每一项经济业务，如资金的取得与运用、生产过程中的各种耗费、财务成果的取得和分配等，既有货币资金的收付，又有财产物资的收发，这些经济业务都需要按其发生的时间、地点、内容和完成情况，正确及时地填制会计凭证，记录经济业务的实际情况。记账必须以经过审核无误的会计凭证为依据，没有会计凭证，就不可能登记账簿，也不可能提供及时、准确、可靠的会计信息。因此，正确填制与审核会计凭证，不仅具有核算和监督经济活动的作用，而且对保证整个会计资料的真实可靠、提高会计工作质量有着相当重要的意义。

2.可以发挥会计监督的作用，检查经济业务的真实性、正确性和合法性

各企事业单位发生的各项经济业务，都应在会计凭证中如实地做记录，经济业务是否真实、正确、合法、合规，都会在会计凭证中得到反映。记账前，会计人员必须对会计凭证进行严格的审核，通过审核会计凭证，可以检查各项经济业务是否符合国家的政策、法律、法规，是否符合企事业单位的计划和预算，是否给企事业单位带来良好的经济效益，有无铺张浪费、贪污盗窃等损害企事业单位财产的行为发生，有无违法乱纪、损害公共利益的行为发生，以达到严肃财经纪律、发挥会计监督作用、加强经济管理、维护市场经济秩序、提高经济效益的目的。

3.可以明确经济责任，加强岗位责任制

每一项经济业务的发生，都要由经办人员填制或取得会计凭证，并由相关部门和人员在会计凭证上签章，这样可以促使经办部门和人员对经济业务的真实性、合法性负责，增强其责任感，即使发生问题，也易于弄清情况，分清责任，作出正确的裁决。通过会计凭证的传递，将经办部门和人员联系在一起，使之可以互相促进、互相监督、互相牵制。

五、复式记账法

（一）记账方法

记账是会计核算的基本工作，记账方法是会计核算方法的一个重要组成部分。所谓记账方法，是指在账户中登记经济业务的方法。从历史上看，记账方法有单式记账法和复式记账法之分，复式记账法是由单式记账法发展而来的。

1.单式记账法

单式记账法是最早出现的一种记账方法，它是指对发生的每一项经济业务，一般只用一个账户作出单方面记录，而对与此相联系的另一方面不予反映的一种记账方法。采用这种方法，除了对库存现金收付业务在两个或两个以上有关账户中登记外，对于其他经济业务，只在一个账户中登记或不予登记。单式记账法的账户设置不完整，不能全面、系统地反映经济业务的来龙去脉，也不便于检查账户记录的正确性和完整性，因此，这种方法已经很少使用。

2. 复式记账法

复式记账法是在单式记账法的基础上发展而来的，其主要特点是：对每一个会计事项，都要以相等的金额，在相互联系的两个或两个以上的账户中进行全面登记。这种复式记账的要求是与资金运动规律密切相关的。每一项经济业务的发生都是资金运动的一个具体过程，这个过程有起点和终点两个方面，只有将这两个方面所表现的资金从何处来又到何处去进行双重记录，才能完整地反映出每一个具体的资金运动过程的来龙去脉。

复式记账法以会计等式"资产＝负债＋所有者权益"为理论依据，每一项经济业务发生，都会引起会计要素各有关项目的增减变化。由于双重记录所登记的是同一资金运动的两个方面，其金额必然相等。会计等式是复式记账的基础，复式记账是会计等式不断实现新的平衡的保证。

复式记账法一般由记账符号、账户设置、记账规则和试算平衡四个相互联系的基本内容组成。在我国，曾先后出现过"借贷记账法""增减记账法"和"收付记账法"三种复式记账法。各种复式记账法之间的区别，主要表现在以下四个方面。

（1）记账符号。采用复式记账法，对所设立的账户都要规定记账方向。表示记账方向的记号，就是记账符号。记账符号是区分各种复式记账法最重要的标志，如以"借""贷"作为记账符号的复式记账法称为借贷记账法，以"增""减"作记账符号的复式记账法称为增减记账法，以"收""付"作为记账符号的复式记账法称为收付记账法。

（2）账户设置。要进行复式记账，首先必须设置会计科目，然后根据会计科目开立账户，以便把发生的每一项经济业务登记到相关账户中去。然而，不同的复式记账法对账户设置的要求也不相同。

（3）记账规则。记账规则，是指运用记账方法正确记录会计事项时所必须遵守的规律。记账规则是记账的依据，也是对账的依据。任何一种记账方法，都必须规定适用于登记各种类型经济业务的、科学的记账规则，并严格按照记账规则记账。不同的复式记账法有不同的记账规则。

（4）试算平衡。采用复式记账法，要求每笔经济业务都要以相等的金额在两个或两个以上相互联系的账户中进行登记，这样就保证了会计记录的平衡关系。如果发生不平衡现象，就表明记账出现了差错。试算平衡可以用公式表示，通过公式对会计记录的结果进行试算，以检查会计记录是否正确。不同的复式记账法，所采用的试算平衡公式也不一样。

（二）借贷记账法

1. 借贷记账法的概念及来源

借贷记账法是以"借"和"贷"作为记账符号，对每一项经济业务以相等的金额，在两个或两个以上相互联系的账户中，全面进行记录的一种复式记账法。

借贷记账法起源于13世纪的意大利，在清朝光绪年间传入中国。在各种复式记账法中，借贷记账法产生得最早，也是当今世界各国应用最广泛、最科学的记账方法。目前，我国的企事业单位的会计记账都采用借贷记账法。

2.借贷记账法的记账符号

记账符号反映的是各种经济业务金额的增加和减少。

（1）借贷记账法中的"借"和"贷"是记账符号，用以指明记账的增减方向、账户之间的对应系和账户余额的性质等。"借"和"贷"是会计的专门术语，并已经成为通用的国际商业语言。

（2）"借"和"贷"作为记账符号，都具有增加和减少的双重含义。"借"和"贷"何时表示增加，何时表示减少，必须结合账户的具体性质才能准确说明（见表4-5）。

表4-5 "借"和"贷"所表示的增减含义

借方	账户类别	贷方
＋	资产	－
－	负债	＋
－	所有者权益	＋
－	收入	＋
＋	费用	－

根据会计等式"资产＋费用＝负债＋所有者权益＋收入"可知，"借"和"贷"这两个记账符号对会计等式两边的会计要素规定了增减相反的含义。

3.借贷记账法的账户设置

在借贷记账法下，账户设置基本上可分为资产（包括费用）类和负债及所有者权益（包括收入）类两大类别。

（1）资产类账户的结构如表4-6所示。

表4-6 资产类账户结构

借方	资产类账户	贷方
期初余额		
本期增加额	本期减少额	
期末余额		

资产类账户的借方登记增加额，贷方登记减少额，余额一般在借方。资产类账户的期末余额公式为：

期末借方余额＝期初借方余额＋本期借方发生额－本期贷方发生额

（2）负债及所有者权益类账户的结构如表4-7所示。

表4-7 负债及所有者权益类账户结构

借方	负债及所有者权益类账户	贷方
	期初余额	
本期减少额	本期增加额	
	期末余额	

负债及所有者权益类账户的贷方登记增加额，借方登记减少额，余额一般在贷方。负债及所有者权益类账户的期末余额公式为：

期末贷方余额＝期初贷方余额＋本期贷方发生额－本期借方发生额

（3）收入类和费用类账户的结构如表4-8和表4-9所示。

表4-8　收入类账户结构

借方	收入类账户	贷方
	期初余额：0	
本期减少额	本期增加额	
	期末余额：0	

表4-9　费用类账户结构

借方	费用类账户	贷方
期初余额：0		
本期增加额	本期减少额	
期末余额：0		

收入类和费用类账户经过结转，期末余额通常为零。

4.借贷记账法的记账规则

（1）记账规则的形成。虽然会计事项错综复杂、千差万别，但从会计等式"资产＝负债＋所有者权益"所表达的关系来归纳，只有四种类型、九种业务（见表4-10）。第一种类型是"等号"两边同时增加，第二种类型是"等号"两边同时减少，第三种类型是"等号"左边有增有减，第四种类型是"等号"右边有增有减，增减变动金额相等，会计等式保持平衡。如果将其中的增减变动用"借""贷"符号表示，就可以找出资金运动变化的规律。

表4-10　会计事项的增减变动类型

类型		资产			负债			所有者权益	
		借	贷		借	贷		借	贷
第一种类型	（1）	增加				增加			
	（2）	增加							增加
第二种类型	（3）		减少	＝	减少		＋		
	（4）		减少					减少	
第三种类型	（5）	增加	减少						
第四种类型	（6）				减少	增加			
	（7）							减少	增加
	（8）				减少				增加
	（9）					增加		减少	

由表 4-10 可知，对每一个会计事项都要以相等的金额，在两个或两个以上相互关联的账户中进行登记，而且必须同时涉及有关账户的借方和贷方，其借方和贷方的金额一定相等。

（2）记账规则的内容。借贷记账法的记账规则是"有借必有贷，借贷必相等"。

（3）记账规则的应用。记账规则也称为借贷平衡原理，可以检验会计分录、过账、结账等一系列会计处理的正确性。

为了方便教学，通常对记账程序的各步骤进行适当的简化处理：用文字介绍经济业务代替原始凭证、用会计分录代替记账凭证、用简化的账页格式（如T形账户等）代替真实账页、用简化的报表代替真实报表。下面以编制会计分录为例说明记账规则的应用。

记账凭证中最主要的内容是会计分录。所谓会计分录，就是指对某项经济业务应记入的账户名称、借贷方向和增减金额的记录，简称分录，是记账凭证的简化形式。

【例题 4-1】某企业 2024 年 9 月 16 日从银行提取 1 000 元现金，备用，请编制会计分录。

【解析】编制会计分录如下：

借：库存现金   1 000
 贷：银行存款   1 000

该笔分录的含义是："库存现金"账户登记在借方 1 000 元，表示增加；"银行存款"账户登记在贷方 1 000 元，表示减少。

会计分录按所涉及账户的多少，可分为简单分录和复合分录两种。简单分录指的是一借一贷的会计分录，如上例中的分录；复合分录包括一借多贷、多借一贷、多借多贷三种类型。例如：

借：银行存款   11 300
 贷：主营业务收入   10 000
  应交税费   1 300
借：制造费用   400
 管理费用   300
 贷：库存现金   700
借：生产成本   12 000
 制造费用   3 000
 贷：原材料   10 000
  周转材料   5 000

简单分录只涉及两个账户，复合分录涉及两个以上的账户。实际上，复合分录是由若干个简单分录合并组成的。例如：

借：制造费用   400

贷：库存现金	400
借：管理费用	300
贷：库存现金	300

简单分录经合并就组成了多借一贷的复合分录。编制复合分录，既可以集中反映某项经济业务的全面情况，又可以简化记账手续。但是，多借多贷的会计分录不能清晰地反映经济业务的内容和账户的对应关系，所以在会计核算工作中，一般不编制或少编制多借多贷的会计分录。

采用借贷记账法，根据记账规则登记每项经济业务时，在有关账户之间就发生了应借应贷的相互关系，账户之间的这种相互关系，叫作账户的对应关系。发生对应关系的账户，叫作对应账户。

5.借贷记账法的优点

（1）借贷记账法科学地运用了"借"和"贷"的记账符号，充分地体现出资金运动的来龙去脉这一对立统一关系，记账方法体系科学严密。

（2）"有借必有贷，借贷必相等"的记账规则，应用起来十分方便。在编制每笔会计分录时，都能清晰地看出账户之间的对应关系，便于及时检查会计记录的正确性，从而为进一步的会计处理奠定了良好的基础。

（3）每笔会计分录中借贷平衡，为日常的会计处理自检和期末的试算平衡提供方便。试算平衡法易于理解、便于操作。

对于初学者来说，学习借贷记账法的难点在于"借"和"贷"不能单一地表示账户内的增加和减少。其实，这个难点并不难克服，只要熟记"借"和"贷"所表示的增减含义，再进行适量的有针对性的练习，就可以完全掌握。应该明确，在借贷记账法下，"借"和"贷"这两个记账符号全都赋予了增加和减少的双重含义，才使得借贷记账法具有上述优点，从而成为最科学的复式记账法。

素养提升

中国的印章文化最早可追溯到商周时期，甲骨文的出现使印章具有初步明确的含义。于公，它是官署长官在执政时所持的信物；于商，它是货物交流的证明；于私，它是交换信件、防止私拆的信验。铃下印章，便是立下言信。将印章用于会计，是对印章文化的发扬，不盖章合同不能成立、货款不能支付、货物不能收发，所有的原始凭证都成了无效凭证。会计最常用的公司印章、合同专用章、财务专用章、发票章以及法定代表人章都有规范的使用场景和使用规则，会计用章已然成为会计的一部分。

任务三　费用报销及资产核算

一、费用的概念和基本报销流程

（一）费用的概念

费用是指企业在日常活动中发生的，会导致所有者权益减少的、与向所有者分配利润无关的经济利益的流出。

这里所说的费用主要是指企业的期间费用，包括销售费用、管理费用、财务费用。

1.销售费用

销售费用是指企业在销售商品或材料、提供劳务的过程中发生的各种费用，包括保险费、包装费、展览费、广告费、商品维修费、预计产品质量保证损失、运输费、装卸费等以及为销售本企业商品而专设的销售机构（含销售网点、售后服务网点等）的职工薪酬、业务招待费、差旅费、折旧费等经营费用。

2.管理费用

管理费用是指企业行政管理部门为组织和管理生产经营活动而发生的各种费用，包括企业董事会和行政管理部门在企业经营管理中发生的，或者应当由企业统一负担的公司经费、工会经费、待业保险费、劳动保险费、董事会费、聘请中介机构费、咨询费、诉讼费、业务招待费、办公费、差旅费、邮电费、绿化费、管理人员工资及福利费等。

3.财务费用

财务费用是指企业为筹集生产经营所需资金等而发生的费用，包括利息支出、利息收入、手续费、现金折扣、汇兑损益以及筹集生产经营资金发生的其他费用等。企业财务部门发生的其他费用如办公费、业务招待费、差旅费、固定资产折旧费、财务人员的职工薪酬和福利费等，计入管理费用，不在财务费用项下核算。

（二）费用报销的基本流程

企业的费用报销制度对费用报销的流程和审批权限进行了规范。

通常情况下，费用报销的基本流程是：第一步，由报销人员根据费用报销制度等相关规定整理粘贴费用票据，并填写费用报销申请单；第二步，由费用发生部门的负责人进行审核，重点审核费用的真实性、合理性；第三步，由费用会计进行审核，重点审核票据是否合法、粘贴是否规范、费用项目是否符合要求、费用金额是否符合报销标准、报销人员是否有预借款项等；第四步，由财务负责人也就是财务经理或财务总监进行审批，重点审批费用支出是否需要进行事前审批，是否符合预算规定；第五步，由公司负责人也就是总经理或分管副总经理进行审批，决定是否同意报销；第六步，由出纳进行复核，重点复核签批流程是否完整，是否符合费用报销制度规定，复核无误后进行付款；第七步，由费用会计进行账务处理。费用报销基本流程见图4-2。

费用报销申请单的格式没有统一的规定，企业可以结合自身的实际情况和管理需要制定，通常需要包括以下基本要素：单据名称、申请日期、申请部门和责任人、申请事项、数量金额（含大小写金额）、预借款项金额、经办人员、预留审批人员签字位置等。

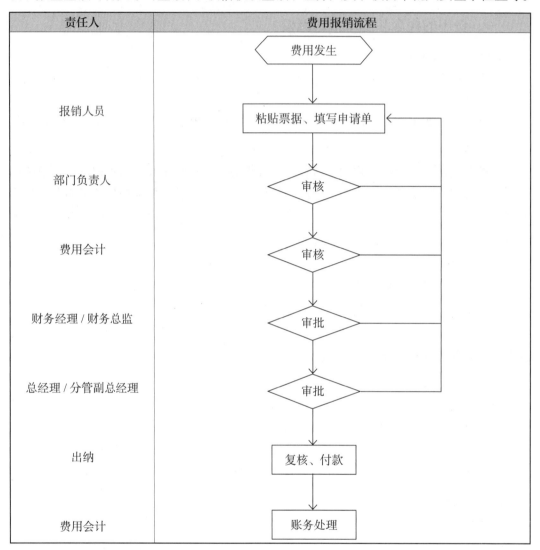

图 4-2　费用报销基本流程

二、费用报销业务的会计处理和注意事项

（一）费用报销的会计处理

1.差旅费报销

差旅费是指出差期间因办理公务而产生的交通费、住宿费和其他杂费等各项费用，是行政事业单位和企业的一项重要的经常性支出项目。差旅费开支范围包括：城市间交通费、住宿费、市内交通补助、伙食补助费和公杂费等。差旅费的证明材料包括：出差人员姓名、地点、时间、任务、支付凭证等。

企业不得承担属于个人的下列支出：一是娱乐、健身、旅游、招待、购物、馈赠等支出；二是购买商业保险、证券、股权、收藏品等支出；三是个人行为导致的罚款、赔偿等支出；四是购买住房、支付物业管理费等支出；五是应由个人承担的其他支出。

为加强差旅费用的管理，可以通过制度规定不同级别人员出差乘坐交通工具的类型和标准、不同目的地城市的住宿标准等，需要加强差旅费预算管理，出差需要进行事前审批。

差旅费报销需要根据出差人员所在的部门和所办理的业务性质区分费用的类型，如果是企业销售部门人员或其他人员出差办理与销售相关的业务，计入销售费用；如果是企业生产部门或车间人员出差办理与生产相关的业务，计入制造费用；企业管理人员因公出差，办理跟销售、生产不直接相关的其他业务，统一计入管理费用。

（1）预借差旅费。

　　借：其他应收款——某人

　　　　贷：库存现金/银行存款

（2）报销差旅费。

　　①预借的差旅费没有花完，尚有剩余资金。

　　借：库存现金/银行存款

　　　　销售费用/制造费用/管理费用——差旅费

　　　　贷：其他应收款——某人

　　②预借差旅费不足，还需要补款。

　　借：销售费用/制造费用/管理费用——差旅费

　　　　贷：库存现金/银行存款

　　　　　　其他应收款——某人

【例题4-2】某企业采购部职工王红出差前预借差旅费4 000元，回来报销差旅费3 000元，余款1 000元予以退回。请编制相应会计分录。

【解析】

（1）预借差旅费。

借：其他应收款——王红 　　　　　　　　　　　　　　　　　　　　　4 000

　　贷：库存现金 　　　　　　　　　　　　　　　　　　　　　　　　　4 000

（2）报销差旅费。

借：库存现金 　　　　　　　　　　　　　　　　　　　　　　　　　　　1 000

　　管理费用——差旅费 　　　　　　　　　　　　　　　　　　　　　　3 000

　　贷：其他应收款——王红 　　　　　　　　　　　　　　　　　　　　4 000

2.业务招待费报销

业务招待费是企业为联系业务或促销、处理业务关系等经营管理的合理需要而支付的招待费用。业务招待费作为企业生产、经营业务的合理费用，会计制度规定可以据实列支，税法规定在一定的比例范围内可在所得税前扣除，超过标准的部分不得扣除。《中华人民共和国企业所得税法实施条例》明确规定，企业发生的与生产经营活动有关的业务招待费支出，按发生额的60%扣除，最高不得超过当年销售（营业）收入的5‰。企业申报扣除的业务招待费，税务机关要求提供证明资料的，应提供证明真实发生的足够的有效凭证或资料。不能提供的，不得在税前扣除。其证明资料内容包括支出金额、商业目的、与被招待人的业务关系、招待的时间地点等。

招待费的具体范围如下：

（1）因企业生产经营需要而宴请或工作餐的开支；

（2）因企业生产经营需要而赠送纪念品的开支；

（3）因企业生产经营需要而发生的旅游景点参观费和交通费及其他费用的开支；

（4）因企业生产经营需要而发生的业务关系人员的差旅费开支。

企业投资者或雇员的个人娱乐支出和业余爱好支出不得作为业务招待费申报扣除。

为加强业务招待费管理，企业可以通过管理制度规定事前审批、业务招待陪同人员的级别和人数、消费或报销的标准或限额、报销内容的范围等。

报销分录如下：

借：销售费用/管理费用——业务招待费

　　贷：银行存款/库存现金

3.办公费报销

办公费是指企业行政管理、销售、生产等部门发生的各项办公经费支出。办公费用一般包括如下内容：

（1）办公文具用品费，如笔墨、纸张、笔记本、档案盒等；

（2）邮电通信费，包括电话费、网络费、邮寄费等；

（3）维修耗材费，如打印机墨盒、办公电脑配件等；

（4）印刷品费，如单据、账表、流程制度等购置或印刷费用；

（5）报纸杂志、图书资料费；

（6）其他办公费用，如快递费等。

办公费用的管理模式一般有三种：一是由各个部门根据实际需要，经过事前审批，自行采购，事后报销；二是各个部门根据实际需要提出申请，由企业相关管理部门统一集中采购，然后分配到各个使用部门，事后集中报销；三是由企业相关管理部门根据预算或过往经验，提前采购部分办公用品存放仓库备用，并进行报销，后期各个部门根据实际需要申请领用，管理部门每个月底根据领用情况统计分配费用，报送财务部门进行账务处理。企业可以根据自身的规模和管理需要，选择合适的管理模式。办公费用的有效管理可以通过预算控制、事前审批、支出审核、闲置办公用品回收等措施，节约支出，减少浪费，以最大限度改善企业的管理水平并促进企业发展。

企业在日常经营过程中发生的办公费用，应当区分部门，在进行报销时根据不同的部门计入相应的费用项目。如果是销售部门发生的办公费用，计入销售费用；如果是生产车间发生的办公费用，计入制造费用；如果是企业管理部门发生的办公费用，计入管理费用，相关会计分录如下：

借：销售费用/制造费用/管理费用——办公费

  贷：银行存款/库存现金

4.其他费用报销

其他费用包括水电费、物业管理费、广告宣传费、交通费、会议费、咨询费、诉讼费、绿化费、排污费、租赁费、保险费、取暖费、修理费、运输费、技术服务费、技术转让费、职工福利费、职工教育经费、财务汇款手续费等。

上述各种费用的报销，经过事前审批、事后凭真实合规票据按相关制度流程进行报销，需要注意的是要按照费用实质和费用承担人员或部门正确区分费用类别，计入相应的费用科目。现举例说明：

（1）客户来我公司考察而给客户报销的交通费或住宿费，应计入业务招待费。

借：销售费用——业务招待费

  贷：银行存款

（2）职工到外地住院就医发生的交通费或医药费，应计入职工福利费。

借：应付职工薪酬——职工福利费

  贷：银行存款

（3）员工到外地参加技能培训而发生的交通费，应计入职工教育经费。

借：应付职工薪酬——职工教育经费

  贷：银行存款

（4）员工餐费报销，根据员工所属部门不同，计入相应的费用科目。

借：管理费用/销售费用/制造费用

  贷：银行存款/库存现金

（二）费用报销的注意事项

1.费用报销四大原则

（1）先审批后支出原则。凡支出项目均需事前申请经批准后才可支出，没有申请或未经批准的费用不得支出。

（2）谁批准谁负责原则。审核人、批准人要对由本人审核、批准支付的费用支出负责任。

（3）手续完整原则。报销必须有经办人、规定各级审核人及审批人的亲笔签名，财务不得受理手续不全的报销单据。

（4）即时清结原则。凡是预借款项的，前账不清、后账不借。

2.注意事项

（1）票据要与实际业务相吻合；

（2）附件能有力地支撑费用发生的真实性；

（3）取得的发票符合税法要求。

三、资产的管理与核算

资产，是指由企业过去的交易或事项形成的，由企业拥有或控制的，预期会给企业带来经济利益的资源。

企业应当在资产负债表中分流动资产和非流动资产列示资产，流动资产是指企业可以在一年或者超过一年的一个营业周期内变现或者运用的资产，包括货币资金、交易性金融资产、应收票据、应收账款、预付款项、其他应收款、存货等。流动资产以外的资产应当归类为非流动资产，包括长期债权投资、长期股权投资、固定资产、无形资产及其他非流动资产等。

流动资产是企业经营活动中的周转性资产，具有周转速度快、变现能力强的特点，无论是在资产的管理方面还是核算方面，均应选择正确的程序和方法。

（一）货币资金的管理与核算

货币资金，是指企业在生产经营过程中直接以货币形态存在的那部分经营资金。根据货币资金的存放地点及其用途的不同，货币资金分为库存现金、银行存款及其他货币资金。货币资金是流动性最强的资产，是流动资产的重要组成部分，并且是唯一能够直接转化为其他任何资产形态的流动资产，也是唯一能够代表企业现实购买水平的资产。

企业在组织和进行生产经营的过程中，有关商品或劳务的购买和销售、款项的支付和收取、工资和费用的支付、税金的缴纳、利润的分配以及银行借款的借入和偿还等业务，都会通过货币资金来进行。就会计核算而言，货币资金的核算并不复杂，但由于货币资金具有高度的流动性，因此企业在组织会计核算过程中，必须遵循管理原则，严格职责分工，实行交易分开、内部稽核和定期轮岗制度，出纳人员不得兼任稽核、会计档案保管和收入、支出、费用、债权债务账目的登记工作。单位不得由一人办理货币资金业务的全过程。加强货币资金的内部控制，对于保障企业资产安全完整，提高货币资金周转速度和使用效益，具有重要意义。

1. 库存现金的管理与核算

现金的概念有广义和狭义之分。广义的现金，是指库存现金、银行存款及其他符合现金特征的票证；狭义的现金，仅指企业的库存现金，包括人民币和外币现金。库存现金指的是狭义的现金，即存放在企业财会部门由出纳人员经管的那部分货币资金，其目的是满足企业日常的零星开支。

在企业所拥有的资产中，现金是流动性最强的货币性资产，可以随时用其购买所需的物资，支付有关费用，偿还债务，也可以随时存入银行。现金不仅具有普遍的可接收性和流动频繁的特点，而且极易发生差错或被挪用、侵吞、盗窃。因此，企业必须加强现金的管理和内部控制。

企业为核算库存现金的收入、支出和结存情况，应设置"库存现金"账户。"库存现金"账户属于资产类，借方登记现金收入的金额，贷方登记现金支出的金额，期末借方余额表示企业实际持有的库存现金。企业内部各部门周转使用的备用金，可以单独设置"备用金"账户进行核算。

【例题 4-3】某企业 2024 年 6 月发生了部分现金收付业务：

（1）6 月 18 日，企业行政管理部门报销办公用品费 650 元。

（2）6 月 20 日，采购员李娟外出采购，预借差旅费 1 500 元。

（3）6 月 26 日，李娟出差回来，经审核，报销差旅费 1 200 元。

假设不考虑相关税费，请编制相应的会计分录。

【解析】分别编制会计分录如下：

（1）借：管理费用　　　　　　　　　　　　　　　　　　650

　　　　贷：库存现金　　　　　　　　　　　　　　　　　　650

（2）借：其他应收款——李娟　　　　　　　　　　　　1 500

　　　　贷：库存现金　　　　　　　　　　　　　　　　　1 500

（3）借：库存现金　　　　　　　　　　　　　　　　　　300

　　　　　管理费用——差旅费　　　　　　　　　　　　1 200

　　　　贷：其他应收款——李娟　　　　　　　　　　　1 500

为了加强对现金的管理与核算，系统地了解现金动态，企业库存现金的收付业务除了要进行总分类核算外，还要进行明细分类核算。企业设置"现金日记账"，并由出纳员根据审核无误的收付款凭证，按照业务发生的先后顺序逐笔进行登记，并做到"日清月结"。即每日终了，应当计算当日的现金收入合计数、支出合计数和结余数，并将结余数与实际库存数核对，做到账款相符；每月终了，应将"现金日记账"当月最后一天的余额与"库存现金"总分类账借方余额核对相符。

为了加强对出纳工作的监督，及时、准确地反映库存现金的余额，防止各种不法行为的发生，确保库存现金的安全、完整，企业除必须实行钱、账分管，经常核对账目外，还应该由内部审计或稽核人员经常对库存现金进行清查盘点，保证账款相符。

2.银行存款的管理与核算

银行存款，是企业存放在银行或其他金融机构的货币资金。凡是独立核算的企业都必须在当地银行开设账户，以办理存款、取款和支付结算。

企业对银行存款的存、取和转账业务，应制定严格的收付款凭证的编制与审批手续，建立一套严密的内部控制制度。企业发生的各项银行存款收付业务，都必须按规定填制或取得各种银行结算凭证，经有关人员审核签字后，才能据以填制银行存款的收款或付款凭证，进行银行存款的收付核算。

结算方式，是指用一定的形式和条件来实现企业间或企业与其他单位和个人间货币收付的程序和方法，分为现金结算和支付结算两种。企业除了按核定限额留存的库存现金外，其余的货币资金都必须存入银行。企业与其他单位之间的一切货币收付业务，除了在规定范围内可以用现金支付的款项外，都必须通过银行办理支付结算。支付结算是指单位、个人在社会经济活动中使用票据、信用卡和汇兑、托收承付、委托收款等结算方式进行货币收付及资金清算的行为。

为了总括反映核算和监督银行存款的收入、支出和结存情况，企业应设置"银行存款"账户。该账户属于资产类账户，企业将款项存入银行或其他金融机构时，借记"银行存款"账户，贷记"库存现金"或有关账户；提取或支付存款时，借记"库存现金"或有关账户，贷记"银行存款"账户。期末借方余额表示银行存款的实有数额。"银行存款"总账与"库存现金"总账一样，应由不从事出纳工作的会计人员负责登记。登记时，既可以根据银行存款收付凭证逐笔登记，也可以定期填制汇总收付款凭证汇总登记，还可以根据多栏式银行存款日记账汇总登记。

【例题 4-4】某企业 2024 年 7 月 1 日发生了部分银行存款收付业务：

（1）签发转账支票一张，支付 A 公司的购货款 18 000 元。

（2）收回 B 公司所欠货款 20 000 元。

请编制相应的会计分录。

【解析】编制的会计分录如下：

（1）借：应付账款——A 公司　　　　　　　　　　　　　18 000

　　　　贷：银行存款　　　　　　　　　　　　　　　　　　18 000

（2）借：银行存款　　　　　　　　　　　　　　　　　　20 000

　　　　贷：应收账款——B 公司　　　　　　　　　　　　　20 000

为了加强对银行存款的管理，随时掌握银行存款收付的动态和结余金额，企业应设置"银行存款日记账"，由企业的出纳人员进行银行存款的明细分类核算。该日记账一般为三栏式的订本账。出纳人员应根据审核无误的银行存款收付款凭证和现金付款凭证，按照银行存款业务发生的先后顺序逐日逐笔登记，每日终了，应结出余额。该明细账应按照银行或其他金融机构的名称、存款种类分别设置。银行存款日记账格式根据企业具体情况，可设置三栏式或多栏式日记账。

银行存款的清查即银行存款的核对，其主要目的是保证银行存款的安全与完整。银行存款的核对包括三个方面：一是银行存款日记账与银行存款收付款凭证及现金收付款凭证要相互核对，保证账证相符；二是银行存款日记账与银行存款总账要定期核对，保证账账相符；三是银行存款日记账与银行转来的对账单要定期核对，保证账实相符。

小贴士

其他货币资金，是指企业除库存现金、银行存款以外的其他货币性资金，包括外埠存款、银行汇票存款、银行本票存款、信用证保证金存款和存出投资款等。这些资金的存放地点和用途都与库存现金和银行存款不同，因此需要单独设置"其他货币资金"账户进行核算，用以反映其他货币资金增减变化和结存情况。该账户属于资产类账户，借方登记其他货币资金的增加数，贷方登记其他货币资金的减少数，期末借方余额表示其他货币资金的结余数。"其他货币资金"账户下应设置"外埠存款""银行汇票""银行本票""信用卡""信用证保证金""存出投资款"等明细账户，并按外埠存款的开户银行，银行汇票或本票、信用证的收款单位等设置明细账。有信用卡业务的企业应当在"信用卡"明细账中按开出信用卡的银行和信用卡种类设置明细账。

（二）应收及预付账款的管理与核算

应收及预付账款，主要是指企业在生产经营过程中发生的各项债权，包括应收款项和预付款项。应收款项包括应收票据、应收账款和其他应收款等；预付款项，是指企业按照合同规定预付的款项，如预付账款等。

随着市场经济的发展，社会竞争的加剧，企业为了扩大市场占有率，越来越多地运用商业信用进行促销，应收款项占企业总资产的比例越来越大。由于应收款项具有应收而未收的特点，它既在一定程度上反映了企业的经营绩效，也有可能因日后无法收回造成坏账损失，严重影响企业的经营业绩。因此，企业必须加强对应收款项的管理，根据企业的业务情况，严格控制应收账款的限额和回收的时间，采取有效措施，组织催收，避免企业的资金被其他单位长期占用，以提高资金的使用效率。

1.应收账款

（1）应收账款，是指企业因销售商品、提供劳务等业务，应向购货单位或接受劳务的单位收取的款项。凡不是因销售活动、提供劳务而发生的应收款项，不应列入应收账款，如各种应收取的赔款和罚款、应向职工收取的各种垫付款、应收债务人的利息、应收已宣告分配的股利、企业付出的各种存出保证金和押金、预付款项等。

（2）应收账款的入账价值，是指应向客户收取的款项，包括销售货物或提供劳务的价款、增值税税款以及代购货方垫付的运杂费等。在确认应收账款的入账价值时，应考虑有关的折扣、折让因素。折扣包括商业折扣和现金折扣两种。

①商业折扣，是指企业为了促进销售，在商品价目单原定价格的基础上给予购货方的价格扣除。商业折扣通常以百分比表示，如5%、10%等。企业采用商业折扣，一方面可以使商品价目单相对比较稳定，商品的实际售价发生变动时只需提高或降低商业

折扣；另一方面可将商业折扣作为一种促销手段，对于购买数量较大的顾客给予价格上的优惠，即采取"薄利多销"的策略。商业折扣是在交易成立及实际付款之前予以扣除的，因此对应收账款和销售收入均不产生影响，也就是说，商业折扣与会计记录无关。企业销售商品时，商品价目单上的价格扣除商业折扣后的净额才是真正的销售价格，据此确认销售收入和应收账款。

②现金折扣，是指企业为了鼓励客户在一定时期内早日偿还货款而给予的一种折扣优惠。现金折扣通常按以下方式表示：2/10，1/20，n/30（即 10 天内付款，给予 2% 的现金折扣；20 天内付款，给予 1% 的现金折扣，30 天内全价付款）。一般现金折扣在商品销售后发生，现金折扣会影响应收账款的账务处理，也就是说，现金折扣与会计记录有关。

③销售折让，是指企业因售出的商品在质量、规格等方面不符合销售合同规定条款的要求而在售价上给予的减让。通常情况下，销售折让发生在销售收入已经确认之后，因此发生时应直接冲减当期销售商品收入，所以销售折让与会计记录有关。

按照《企业会计准则——收入》的规定，若折扣、折让会影响与客户签订的合同的交易价格，企业应谨慎确认这部分可变对价因素，如果在商品控制权转移时即可确认折扣折让因素，则应当根据事实和情况以预期价值或最有可能的金额来估计相关金额计入交易价格，从而确认应收账款的入账金额。

【例题 4-5】某企业赊销商品一批，商品标价 20 000 元，商业折扣 20%，增值税税率为 13%。现金折扣条件为 2/10，n/20。该企业销售商品时代垫运费 600 元。请计算应收账款的入账金额。

【解析】商品销售实现时，无法确认享受现金折扣的可能性，无法计量折扣金额，因此，

应收账款的入账金额 = 20 000×（1 － 20%）×（1 ＋ 13%）＋ 600 ＝ 18 680（元）

（3）企业应设置"应收账款"账户以核算和监督企业应收账款的发生和收回情况。不单独设置"预收账款"账户的企业，预收的账款也在"应收账款"账户核算。"应收账款"账户属于资产类，核算企业因销售商品、对外提供劳务等业务，应向购货单位或接受劳务的单位收取的款项。借方登记赊销时发生的应收账款金额；贷方登记客户归还或已结转坏账损失或转作收商业汇票结算方式的应收账款金额；期末借方余额，反映企业尚未收回的应收账款。若企业将预收账款合并记入"应收账款"账户核算，"应收账款"账户可能会出现贷方余额，其贷方余额，反映企业预收的账款。该账户应按不同的购货单位或接受劳务的单位设置明细账户，进行明细核算。具体账务处理，则视折扣发生情况而定。应收账款的核算主要包括以下两个环节。

①应收账款发生的核算。企业发生应收账款时，按应收金额，借记"应收账款"账户，按实现的营业收入，贷记"主营业务收入"等账户，按税法相关规定收取的增值税税款，一般纳税人采用一般计税方法时贷记"应交税费——应交增值税（销项税额）"，

小规模纳税人贷记"应交税费——应交增值税"账户。企业代购货单位垫付的包装费、运杂费，借记"应收账款"账户，贷记"银行存款"等账户。

②应收账款收回的核算。收回应收账款时，借记"银行存款"等账户，贷记"应收账款"账户。收回代垫费用时，借记"银行存款"账户，贷记"应收账款"账户。

如果企业应收账款改用商业汇票结算，在收到承兑的商业汇票时，按账面价值，借记"应收票据"账户，贷记"应收账款"账户。

【例题 4-6】某企业于 2024 年 9 月 8 日销售给某机械厂钢材 20 吨，单价 4 000 元，总计货款 80 000 元。以银行存款代垫运杂费 800 元。为鼓励该厂及早偿还货款，该企业协议许诺给予该厂折扣优惠，即 10 天内付款，货款折扣 2%；20 天内付款，折扣 1%；30 天内全价付款。经分析该厂暂时资金周转困难，享受折扣的可能性为零。请进行相关业务的会计处理。

【解析】（1）销售钢材时，该企业开具增值税专用发票，计算销售额、销项税额及价税合计。

销项税额 $= 80\,000 \times 13\% = 10\,400$（元）

价税合计 $= 80\,000 + 10\,400 = 90\,400$（元）

（2）根据发票，该企业应作会计分录如下。

借：应收账款——某机械厂　　　　　　　　　　　　　　　　　　91 200

　　贷：主营业务收入　　　　　　　　　　　　　　　　　　　　　80 000

　　　　应交税费——应交增值税（销项税额）　　　　　　　　　　10 400

　　　　银行存款　　　　　　　　　　　　　　　　　　　　　　　　 800

（3）假如机械厂在 20 天内付款时，该企业按协议计算出折扣额，根据实收金额开具正式收款收据。

折扣额 $= 80\,000 \times 1\% = 800$（元）

机械厂实际付款金额 $= 80\,000 - 800 + 10\,400 + 800 = 90\,400$（元）

该企业应作会计分录如下。

借：银行存款　　　　　　　　　　　　　　　　　　　　　　　　 90 400

　　财务费用　　　　　　　　　　　　　　　　　　　　　　　　　　 800

　　贷：应收账款——机械厂　　　　　　　　　　　　　　　　　　91 200

（4）假如机械厂在 30 天内付款，收到货款时，该企业应作会计分录如下：

借：银行存款　　　　　　　　　　　　　　　　　　　　　　　　 91 200

　　贷：应收账款——机械厂　　　　　　　　　　　　　　　　　　91 200

2.应收票据

（1）应收票据，是指企业持有的、尚未到期兑现的商业票据。随着赊销、赊购等商品交易方式的不断发展与活跃，企业相互间的结算关系也由单一依赖于银行信用逐步转为银行信用与商业信用相结合。商业汇票结算方式的出现和逐渐被企业广泛使用就是这一转变的重要方面之一。

商业票据是一种载有一定付款日期、付款地点、付款金额和付款人的无条件支付证券，也是一种可以由持票人自由转让给他人的债权凭证，因而具有较强的法律约束力。在我国，除商业汇票外，大部分票据，如支票、银行本票、银行汇票均为即期票据，可以即刻收款或存入银行成为货币资金，不需要作为应收票据核算。因此，我国的应收票据即指商业汇票。商业汇票是建立在真实的交易关系或债权债务关系基础上的一种信用凭证，这种形式使得商业信用票据化。按照承兑人不同，商业汇票分为银行承兑汇票和商业承兑汇票。

应收票据一般按其面值计价。汇票的付款日期的计算分三种情况：定日付款的自出票日起计算并在汇票上记载具体到期日；出票后定期付款的付款期限自出票日起按月计算并在汇票上记载；见票后定期付款的汇票付款期限自承兑或拒绝承兑日起按月计算并在汇票上记载。商业汇票的提示付款期限为自汇票到期日起10日。

企业收到的商业汇票在未到期前经过背书后可向其开户银行申请贴现，银行按票据的到期值扣除贴现息后的余额支付给企业。票据贴现是企业与银行之间的票据转让行为，一般用来解决企业短期资金需要。不带息票据的到期值即为票据面值。贴现息以贴现率、票据到期值、贴现期的乘积计算得到，其中贴现率是银行统一确定的，贴现期是贴现日至到期日的期间，一般以实际天数表示。

（2）为了核算和监督企业应收票据的发生和到期收回等情况，企业应设置"应收票据"账户进行应收票据的总分类核算。"应收票据"账户属于资产类，借方登记取得的应收票据的面值；贷方登记到期收回票款或到期前向银行贴现的应收票据的票面余额，或因未能收回票款而转作应收账款的应收票据账面金额；期末借方余额，反映企业持有的商业汇票的票面金额。同时，企业应当设置"应收票据备查簿"，逐笔登记商业汇票的种类、号数和出票日、票面金额、交易合同号和付款人、承兑人、背书人的姓名或单位名称、到期日、背书转让日、贴现日、贴现率和贴现净额以及收款日和收回金额、退票情况等资料。商业汇票到期结清票款或退票后，在备查簿中应予注销。

①应收票据取得的核算。应收票据取得的原因不同，其会计处理亦有所区别。因债务人抵偿前欠货款而取得的应收票据，借记"应收票据"账户，贷记"应收账款"账户；因企业销售商品、提供劳务等而收到开出、承兑的商业汇票，借记"应收票据"账户，贷记"主营业务收入""应交税费——应交增值税（销项税额）"等账户。

【例题4-7】某企业2024年7月1日销售一批商品给乙公司，销售收入为200 000元，增值税税额为26 000元，商品已经发出，已办妥托收手续。适用的增值税税率为13%。7月18日收到乙公司商业承兑汇票。请编制相应的会计分录。

【解析】（1）该企业7月1日销售商品应编制会计分录如下：

借：应收账款——乙公司 226 000

　　贷：主营业务收入 200 000

应交税费——应交增值税（销项税额）　　　　　　　　　　　　26 000

（2）7月18日收到乙公司商业承兑汇票，编制会计分录如下：

借：应收票据——乙公司　　　　　　　　　　　　　　　　　226 000

　　贷：应收账款——乙公司　　　　　　　　　　　　　　　226 000

②应收票据转让的核算。企业可以将自己持有的商业汇票背书转让。背书是指在票据背面或者粘单上记载有关事项并签章的票据行为。背书转让的，背书人应当承担票据责任。企业将持有的商业汇票背书转让以取得所需物资时，按应计入取得物资成本的金额，借记"材料采购"或"原材料""库存商品"等账户，按专用发票上注明的可抵扣的增值税税额，借记"应交税费——应交增值税（进项税额）"账户，按商业汇票的票面金额，贷记"应收票据"科目，如有差额，借记或贷记"银行存款"等账户。

③应收票据到期收回票款的核算。商业汇票到期收回款项时，应按实际收到的金额，借记"银行存款"账户，贷记"应收票据"账户。

【例题4-8】根据【例题4-7】的相关信息，10月18日，该企业上述应收票据到期，收回票面金额226 000元，存入银行。请编制相应的会计分录。

【解析】该企业应编制会计分录如下：

借：银行存款　　　　　　　　　　　　　　　　　　　　　226 000

　　贷：应收票据——乙公司　　　　　　　　　　　　　　226 000

3.预付账款

（1）预付账款，是企业按照有关合同，预先支付给供货方或劳务提供方的款项，如预付的材料货款、商品采购货款等。预付账款和应收账款一样，都是企业的短期债权，但是两者又有区别。应收账款是企业因销售商品或提供劳务而产生的债权；而预付账款是企业因购货或接受劳务而产生的债权，是预先付给供货方或劳务提供方的款项。两者应分别进行核算。

（2）企业为核算按照购货合同规定预付给供应单位的款项及结算情况，应设置"预付账款"账户进行核算。"预付账款"账户属于资产类账户，借方登记企业向供货方预付的货款，贷方登记企业收到所购货物时结转的预付款项。期末借方余额，反映企业实际预付的款项，期末如为贷方余额，反映企业尚未补付的款项。该账户应按供货单位设置明细账，进行明细核算。预付款项情况不多的企业，也可以将预付的款项直接记入"应付账款"账户的借方，不设置"预付账款"账户。通过"应付账款"账户核算预付货款业务，会使应付账款的某些明细账户出现借方余额。在期末编制资产负债表时，若"应付账款"账户所属明细科目有借方余额，应将该部分借方余额列示在资产负债表资产方的"应收账款"项下。

预付账款的会计处理主要包括预付货款、收到货物以及补付或退回多余货款等业务事项。企业因购货而预付的款项，借记"预付账款"账户，贷记"银行存款"账户。收到所购物资时，根据发票账单等列明应计入购入物资成本的金额，借记"材料采购"或

"原材料""库存商品"等账户，按专用发票上注明的可抵扣增值税税额，借记"应交税费——应交增值税（进项税额）"账户，按应付金额，贷记"预付账款"账户。补付的款项，借记"预付账款"账户，贷记"银行存款"账户；退回多付的款项，借记"银行存款"账户，贷记"预付账款"账户。

【例题 4-9】某企业于 2024 年 6 月 10 日按照合同规定开出转账支票一张，预付给甲单位购买原材料的款项 50 000 元。该企业于 7 月 5 日收到原材料，甲单位开来的专用发票上注明价款 50 000 元，增值税税额 6 500 元。7 月 10 日该企业向甲单位补付剩余货款。请编制相关业务的会计分录。

【解析】该企业应作会计分录如下：

（1）6 月 10 日预付货款。

借：预付账款——甲单位   50 000

    贷：银行存款   50 000

（2）7 月 5 日收到原材料。

借：原材料   50 000

    应交税费——应交增值税（进项税额）   6 500

    贷：预付账款——甲单位   56 500

（3）7 月 10 日补付货款。

借：预付账款——甲单位   6 500

    贷：银行存款   6 500

（4）若实际收到的材料价款为 40 000 元，增值税税额为 5 200 元，公司收到多余货款 4800 元，则该企业应作如下会计分录：

借：原材料   40 000

    应交税费——应交增值税（进项税额）   5 200

    贷：预付账款——甲单位   45 200

同时：

借：银行存款   4 800

    贷：预付账款——甲单位   4 800

4.其他应收款

（1）其他应收款，是指除应收票据、应收账款、预付账款等以外的其他各种应收、暂付款项，通常与应收账款和预付账款等项目分开，以便会计报表的使用者把这些项目与由于购销业务而发生的应收项目识别清楚。其他应收款主要包括以下内容：企业应收的保险公司或其他单位和个人的各种赔款；企业应收的各种罚款；企业应收的各种存出保证金；企业应收的出租包装物的租金；企业应向职工收取的各种垫付的款项以及其他不属于上述各项的其他应收款项。

其他应收款所包括的内容是相当繁杂的。在实际业务中，一些企业内部管理不严，收款长期得不到清理，致使其他应收款金额巨大，因此企业必须加强对其他应收款的核算和控制。

（2）企业为核算和监督其他应收款项的结算情况，应设置"其他应收款"账户。该账户属于资产类账户，核算企业除应收票据、应收账款、预付账款、应收股利、应收利息、长期应收款等其他各种应收及暂付款项。"其他应收款"账户借方登记企业发生的各种其他应收款的款项，贷方登记企业其他应收款的收回。期末余额一般在借方，反映企业尚未收回的其他应收款。该账户应按其他应收款的项目分类，并按不同的债务人设置明细账，进行明细分类核算。

企业发生其他各种应收款项时，借记"其他应收款"账户，贷记有关账户；收回各种款项时，借记有关账户，贷记"其他应收款"账户。

【例题 4-10】某企业租入包装物一批，以银行存款向出租方支付押金 5 000 元。请编制相应的会计分录。

【解析】

（1）支付押金时编制相应的会计分录如下：

借：其他应收款——押金   5 000
　　贷：银行存款   5 000

（2）租入包装物按期退回，公司收到出租方退还的押金 5 000 元，已存入银行。

借：银行存款   5 000
　　贷：其他应收款——押金   5 000

5.应收款项的减值

企业的各种应收款项（包括应收账款、应收票据、预付账款和其他应收款等），可能会因购货人拒付、破产、死亡等原因而无法收回。这类无法收回的应收款项就是坏账。因坏账而遭受的损失称为坏账损失。企业应当在资产负债表日对应收款项的账面价值进行检查，有客观证据表明应收款项发生减值的，应当将该应收款项的账面价值减记至预计未来现金流量现值，减记的金额确认减值损失，计提坏账准备。借记资产减值损失，贷记坏账准备。

（三）存货的管理与核算

存货作为企业生产制造及销售过程中关键的基础物料，不仅占用的资金大，而且品种繁多，在企业中的地位不言而喻。与其他类型的资产相比，存货具有的特点是：流动性强、周转快；存在形式经常发生变化，但总会以某种形式存在，可通过盘点和计量确认其数量；存货存在于企业生产经营全过程，某些存货还会随着工艺过程的深入而发生有规律的变化。在会计核算上，存货对应的会计账项很多，存货项目的真实性与正确性，直接影响其他会计账项。因此，存货会计核算的主要目的是：确定期末存货数量，以便计算列入资产负债表中的存货价值；计算确定销货成本，以便和当期营业收入相配比，从而正确合理地确定本期损益。

1.存货概述

存货，是指企业在日常活动中持有以备出售的产成品或商品、处在生产过程中的在产品、在生产过程或提供劳务过程中耗用的材料和物料等。《企业会计准则第1号——存货》规定，存货在同时满足以下两个条件时，才能加以确认：一是该存货包含的经济利益很可能流入企业；二是该存货的成本能够可靠地计量。存货在企业的不同生产过程和阶段中具有不同的实物形态。只有符合存货的定义，同时满足上述的两个条件，才能确认为企业的存货。

不同行业的企业，存货的内容和分类有所不同。存货一般依据企业的性质、经营范围，并结合存货的用途进行分类。服务性企业，如旅馆、律师事务所、证券公司、美容院等，既不生产产品，也不经销产品。这些单位一般存有各种物料用品，如办公用品、家具用具等，提供业务活动时使用，这些货品就作为存货。商业企业，也有可能有少量物料用品，但它的资金有很大部分投放在准备转售的商品上，称为库存商品。制造业企业，以加工或生产产品为主，故其存货的构成最为复杂。总体上看，制造业企业的存货可分为以下几种。

（1）原材料。原材料指企业在生产过程中经加工改变其形态或性质并构成产品主要实体的各种原料以及主要材料、辅助材料、外购半成品、修理用备件、包装材料和燃料等。

（2）在产品。在产品指企业正在制造尚未完工的产品，包括正在各个生产工序加工的产品和已加工完毕，但尚未检验或已检验但尚未入库的相关产品。

（3）半成品。半成品指经过一定生产过程，并已检验合格，交付半成品库保管，但尚未制造完工成为产成品，仍需进一步加工的中间产品。半成品不包括从一个车间转给另一个车间继续加工的自制半成品以及不能单独计算成本的自制半成品（这类自制半成品属于在产品）。

（4）产成品。产成品指已经加工完成并验收入库，可以按合同规定的条件向相关单位予以交货，或者可以对外销售的产品。企业接受外来原材料加工制造的代制品和为外单位加工修理的代修理品，制造和修理完成验收入库以后应该视同企业的产成品。

（5）包装物。包装物指包装本企业商品而储备的各种包装容器，不包含包装材料（包装材料在原材料里核算），仅指出租、出售、出借的包装物（除此以外的包装物应作为固定资产或低值易耗品核算）。

（6）低值易耗品。低值易耗品指不作为固定资产的各种用具物品。

（7）委托代销商品。委托代销商品指企业委托其他单位代销的商品。

需要说明的是，为建造固定资产等各项工程而储备的各种材料，虽然也具有存货的某些特征，但它们并不符合存货的定义，因此不能作为企业的存货进行核算。企业的特种储备以及按国家指令专项储备的资产也不符合存货的定义，因而也不属于企业的存货。

2.存货成本的确定

正确估价存货是企业正确计算损益的重要前提。《企业会计准则第1号——存货》规定，各种存货应当以其成本入账，存货成本包括采购成本、加工成本和其他成本。企业可以通过外购、自制半成品、委托加工物资、接受投资、接受捐赠、非货币性资产交换、债务重组等不同的方式取得存货，其成本构成内容不同。如原材料、商品、低值易耗品等通过购买而取得的存货的成本由采购成本构成；产成品、在产品、半成品、委托加工物资等通过进一步加工而取得的存货的成本由采购成本、加工成本以及使存货达到目前场所和状态所发生的其他成本构成。

（1）存货的采购成本，包括购买价款、相关税费、运输费、装卸费、保险费以及其他可归属于存货采购成本的费用。

①存货的购买价款，是指企业购入的材料或商品的发票账单上列明的价款。一般来讲，企业购入的存货应根据发票金额确认购货价格，但不包括按规定可以抵扣的增值税税额。一般纳税人企业凡取得增值税专用发票或完税证明的，采购物资支付的经确认可以抵扣的增值税不计入所购物资的采购成本，而应作为进项税额单独核算。小规模纳税人企业则不可抵扣进项税额，采购物资支付的款项即为采购成本。

②存货的相关税费，是指企业购买存货所发生的进口关税、消费税、资源税和不能抵扣的增值税进项税额以及相应的教育费附加等应计入存货采购成本的税费。

③其他可归属于存货采购成本的费用，是指采购成本中除上述各项以外的可归属于存货采购的费用，如在存货采购过程中发生的仓储费、包装费、运输途中的合理损耗、入库前的挑选整理费用等。

（2）存货的加工成本，是指在存货的加工过程中发生的追加费用，包括直接人工以及按照一定方法分配的制造费用。

①直接人工，是指企业在生产产品和提供劳务过程中发生的直接从事产品生产和劳务提供人员的职工薪酬。

②制造费用，是指企业为生产产品和提供劳务而发生的各项间接费用。

（3）存货的其他成本，是指除采购成本、加工成本以外的，使存货达到目前场所和状态所发生的其他支出。企业设计产品发生的设计费用通常应计入当期损益，但是为特定客户设计产品所发生的、可直接确定的设计费用应计入存货的成本。

下列费用不应计入存货成本，而应在其发生时计入当期损益：

（1）非正常消耗。非正常消耗的直接材料、直接人工和制造费用，应在发生时计入当期损益，不应计入存货成本。如由于自然灾害而发生的直接材料、直接人工和制造费用，这些费用的发生无助于使该存货达到目前的场所和状态，不应计入存货成本，而应确认为当期损益。

（2）仓储费用。仓储费用指企业在存货采购入库后发生的储存费用，应在发生时计入当期损益。但是，在生产过程中为达到下一个生产阶段所必需的仓储费用应计入存货成本。如某种酒类产品生产企业为使生产的酒达到规定的产品质量标准，而必须发生的仓储费用，应计入酒的成本，而不应计入当期损益。

（3）其他支出。不能归属于使存货达到目前场所和状态的其他支出，应在发生时计入当期损益，不得计入存货成本。

关于存货的核算，可参考项目四二维码"库存管理业务的核算"中的相关内容，在此不再赘述。

（四）固定资产的管理与核算

固定资产是指企业为生产商品、提供劳务、出租或经营管理而持有的，使用寿命超过一个会计年度的有形资产。

1.固定资产的特征

《企业会计准则第4号——固定资产》规定，固定资产，是指符合下列特征的有形资产：一是为生产商品、提供劳务、出租或经营管理而持有的，而不像商品一样为了对外出售。这一特征是有别于商品等流动资产的重要标志。二是使用寿命超过一个会计年度。使用寿命指企业使用固定资产的预计期间，或者该固定资产所能生产产品或提供劳务的数量。这一特征表明固定资产能在一年以上的时间里为企业创造经济利益。就固定资产不同的具体实物形态而言，固定资产一般包括房屋、建筑物、机器、机械、运输工具等。

2.固定资产的分类

固定资产按其经济用途可分为经营用固定资产和非经营用固定资产两大类；按其使用情况可分为使用中固定资产、未使用固定资产和不需用固定资产；按其所有权可分为自有固定资产和租入固定资产等。为了更好地进行固定资产的管理和核算，在实际工作中，企业的固定资产是按经济用途和使用情况，并考虑提供某些特殊资料的要求，进行综合分类。

（1）生产用固定资产指参加生产经营过程或直接服务于生产经营过程的固定资产，包括房屋、建筑物、机器、机械设备、运输工具、器具以及其他生产经营用固定资产。

（2）非生产用固定资产指不直接服务于生产经营过程的固定资产。它包括作为企业内部生活福利设施用的食堂、医务室、托儿所、浴室、理发室、职工活动室等固定资产。

（3）租出固定资产指按规定出租、出借给外单位使用的固定资产。

（4）未使用固定资产指已完工或已购建的尚未交付使用的新增固定资产，以及因改、扩建等原因暂停使用的固定资产。

（5）不需用固定资产指本企业多余或不适用、不需用，准备调配处理的固定资产。

（6）土地指过去已经估价并单独入账的土地。因征用土地而支付的补偿费，应计入有关的房屋、建筑物的价值内，不单独作为土地价值入账。企业取得的土地使用权不作为固定资产管理，应作为无形资产核算。

（7）融资租入固定资产指企业采取融资租赁方式租入的固定资产，在租赁期内，视同自有固定资产进行管理。

3.固定资产的计量

固定资产计量，是指如何确定企业以各种方式取得的固定资产的入账价值，发生的后续支出以及如何在资产负债表上列示其价值（即期末价值）。

（1）固定资产的初始计量。固定资产应当按照实际成本进行初始计量，包括企业购置某项固定资产达到预定可使用状态前所发生的一切合理、必要的支出。这些支出既有直接发生的，如固定资产的购买价款、运杂费、包装费和安装成本等，也有间接发生的，如应承担的借款利息、外币借款折算差额以及应分摊的其他间接费用等。在进行固定资产的初始计量时，不符合固定资产扣税范围所发生的增值税一律计入其固定资产成本。企业为取得固定资产而缴纳的契税、耕地占用税、车辆购置税等相关税费也应包括在成本之中。而为建造固定资产发生的罚息支出等不能计入固定资产成本，应在发生时计入当期损益。

（2）固定资产的后续支出。固定资产的后续支出通常包括固定资产在使用过程中发生的日常修理费、大修理费用、更新改造支出、房屋的装修费用等。发生的后续支出若符合固定资产确认条件，应当计入固定资产成本，否则应当在发生时计入当期损益。

（3）固定资产的期末减值。固定资产因发生损坏、技术陈旧或其他原因，导致其可收回金额低于其账面价值，这种情况称为固定资产减值。为了核算和监督固定资产减值准备的计提和转销情况，企业应设置"固定资产减值准备"账户，该账户属于资产类账户，是固定资产的备抵账户。期末余额在贷方，反映企业已提取的固定资产减值准备。

4.固定资产核算的账户设置

（1）"固定资产"账户。"固定资产"账户属于资产类账户，用以核算企业持有的固定资产原价。该账户的借方登记固定资产原价的增加，贷方登记固定资产原价的减少。期末余额在借方，反映企业期末固定资产的原价。该账户可按固定资产类别和项目进行明细核算。

（2）"累计折旧"账户。"累计折旧"账户属于资产类备抵账户，用以核算企业固定资产计提的累计折旧。该账户贷方登记按月提取的折旧额，即累计折旧的增加额，借方登记因减少固定资产而转出的累计折旧。期末余额在贷方，反映期末固定资产的累计折旧额。该账户可按固定资产的类别或项目进行明细核算。

（3）"工程物资"账户。"工程物资"账户属于资产类账户，用以核算企业为在建工程准备的各种物资的成本，包括工程用材料、尚未安装的设备以及为生产准备的工器具等。该账户借方登记企业购入工程物资的成本，贷方登记领用工程物资的成本。期末余额在借方，反映企业期末为在建工程准备的各种物资的成本。该账户可按"专用材料""专用设备""工器具"等进行明细核算。

（4）"在建工程"账户。"在建工程"账户属于资产类账户，用以核算企业基建、更新改造等在建工程发生的支出。该账户借方登记企业各项在建工程的实际支出，贷方登记工程达到预定可使用状态时转出的成本等。期末余额在借方，反映企业期末尚未达到预定可使用状态的在建工程的成本。该账户可按"建筑工程""安装工程""在安装设备""待摊支出"以及单项工程等进行明细核算。

（5）"固定资产清理"账户。"固定资产清理"账户是资产类账户，用来核算企业因出售、报废和毁损等原因转入清理的固定资产净值以及在清理过程中所发生的清理费用和清理收入。借方登记固定资产转入清理的净值和清理过程中发生的费用；贷方登记出售固定资产取得的价款、残料价值和变价收入。其贷方余额表示清理后的净收益；借方余额表示清理后的净损失。清理完毕后净收益转入"营业外收入"账户；净损失转入"营业外支出"账户。"固定资产清理"账户应按被清理的固定资产设置明细账。

5.固定资产的核算

（1）固定资产取得的核算。根据不同的来源渠道，固定资产取得时的价值构成也有所不同。这里主要介绍外购固定资产和自行建造固定资产的核算。

①外购的固定资产包括购入不需要安装的固定资产和购入需要安装的固定资产。

购入不需要安装的固定资产，是指企业购入的固定资产不需要安装就可以直接交付使用。企业应按实际支付的归属该项固定资产的实际成本，借记"固定资产"账户，按可抵扣的增值税进项税额，借记"应交税费——应交增值税（进项税额）"账户，贷记"应付账款""应付票据""银行存款""长期应付款"等账户。

【例题 4-11】某企业购入生产用设备一台，增值税专用发票上注明价款 200 000 元，确认可抵扣增值税 26 000 元，支付运费 20 000 元，确认可抵扣税款 1 800 元。已取得增值税合法抵扣凭证，款项均以银行存款支付。请编制相应的会计分录。

【解析】编制相应的会计分录如下：

借：固定资产——某项生产设备　　　　　　　　　　　　　　　220 000

　　应交税费——应交增值税（进项税额）　　　　　　　　　　 27 800

　　贷：银行存款　　　　　　　　　　　　　　　　　　　　　 247 800

购入需要安装的固定资产，是指购入的固定资产需要经过安装以后才能交付使用。其成本应在取得成本的基础上，加上安装调试成本等。作为固定资产的取得成本，先通过"在建工程"账户归集其成本，等达到预定可使用状态时，再由"在建工程"账户转入"固定资产"账户。

企业购入固定资产时，按实际支付的购买价款、运输费、装卸费和其他相关税费等，借记"在建工程"账户，按可抵扣的增值税进项税额，借记"应交税费——应交增值税（进项税额）"账户，贷记"银行存款"等账户；支付安装费用等时，借记"在建工程"账户，按可抵扣的增值税进项税额，借记"应交税费——应交增值税（进项税额）"账户，贷记"银行存款"等账户；安装完毕达到预定可使用状态时，按其实际成本，借记"固定资产"账户，贷记"在建工程"账户。

【例题 4-12】某企业购入一台需要安装的生产用设备，增值税专用发票上的设备买价为 400 000 元，增值税税率为 13%，确认可抵扣增值税 52 000 元，支付运费 20 000元，取得增值税专用发票确认可抵扣增值税 1 800 元。全部款项已由银行存款支付，设备已运达本公司，交付安装，向安装人员支付相关费用 6 000 元。安装完毕交付使用。假定不考虑其他相关税费。请编制相应的会计分录。

【解析】（1）支付价款、税费、运输费。

借：在建工程——安装工程   420 000
　　应交税费——应交增值税（进项税额）   53 800
　　贷：银行存款   473 800

（2）支付安装费用。

借：在建工程——安装工程   6 000
　　贷：银行存款   6 000

（3）安装完成交付使用。

借：固定资产   426 000
　　贷：在建工程——安装工程   426 000

②企业可根据生产经营的特殊需要，利用自有的人力、物力条件自行建造固定资产，即称为自行建造的固定资产。企业自行建造的固定资产，按建造该项固定资产达到预定可使用状态前所发生的必要支出作为入账价值，包括工程用物资成本、人工成本、应予以资本化的固定资产借款费用、缴纳的相关税金以及应分摊的其他间接费用等。

自行建造的固定资产按营建方式的不同，可分为自营工程和出包工程。

企业以自营方式建造固定资产，是指企业自行组织工程材料采购、自行组织施工人员从事工程施工完成固定资产的建造。其成本应当按照直接材料、直接人工、直接机械施工费等计量。

企业将购入的工程所需专用材料通过"工程物资"账户核算，购入工程物资时，按支付的价款借记"工程物资"账户，贷记"银行存款"等账户。工程耗用的材料、人工以及其他费用和缴纳的有关税金，通过"在建工程"账户核算，施工时借记"在建工程"账户，贷记"工程物资""应付职工薪酬"等账户，设备施工完毕达到可使用状态时，将"在建工程"账户中归集的全部实际支出作为固定资产入账价值，借记"固定资产"账户，贷记"在建工程"账户。如果所建造的固定资产已达到预定可使用状态，但尚未办理竣工结算的，应当自达到可使用状态之日起，按照工程预算、造价或者工程实际成本等估计的价值转入固定资产，并按有关计提固定资产折旧的规定，计提固定资产折旧，待办理了竣工结算手续后再作调整。

【例题 4-13】某企业自行建造仓库一座，购入为工程准备的各种物资 300 000 元，支付增值税税额 39 000 元，全部用于工程；另外还领用了企业生产用的原材料一批，实际成本为 50 000 元；发生工程人员工资 60 000 元，工程完工交付使用。原材料适用的增值税税率为 13%。请编制相应的会计分录。

【解析】公司应作会计分录如下：

（1）购入为工程准备的物资。

借：工程物资	300 000
应交税费——应交增值税（进项税额）	39 000
贷：银行存款	339 000

（2）工程领用物资。

借：在建工程——仓库	300 000
贷：工程物资	300 000

（3）工程领用原材料。

借：在建工程——仓库	50 000
贷：原材料	50 000

（4）发生工程人员工资。

借：在建工程——仓库	60 000
贷：应付职工薪酬	60 000

（5）工程完工交付使用。

借：固定资产——仓库	410 000
贷：在建工程——仓库	410 000

企业以出包方式建造固定资产，是指企业通过招标方式将工程项目发包给建造承包商，由建造承包商（即施工企业）组织工程项目施工，完成固定资产的建造。

企业要与建造承包商签订建造合同，企业是建造合同的甲方，负责筹集资金和组织管理工程建设，通常称为建设单位，建造承包商是建造合同的乙方，负责建筑安装工程施工任务。其成本由建造该项固定资产达到预定可使用状态前所发生的必要支出构成。

出包工程企业按规定预付承包单位的工程价款时，借记"预付账款"账户所属的相关明细账户，贷记"银行存款"等账户，再按合同规定的进度结算，记入"在建工程——××工程"账户；工程完工收到承包单位账单，补付或补记工程价款时，借记"在建工程——××工程"账户，贷记"银行存款"等账户；工程完工交付使用时，按实际发生的全部支出，借记"固定资产"账户，贷记"在建工程——××工程"账户。

【例题 4-14】某企业 2024 年 4 月 2 日将一幢新建厂房工程出包给乙公司承建，按合同规定先向承包单位预付工程价款 500 000 元，以银行存款转账支付；2024 年 8 月 2 日，工程达到预定可使用状态后，收到承包单位的有关工程结算单据，注明工程总价款 550 000 元，增值税税额 49 500 元。该企业补付工程款 99 500 元，以银行存款转账支付。2024 年 8 月 3 日，工程经验收后交付使用。请编制相应的会计分录。

【解析】

（1）4月2日预付工程款。

借：预付账款——乙公司   500 000

    贷：银行存款   500 000

（2）8月2日收到结算单。

借：在建工程——厂房   550 000

    应交税费——应交增值税（进项税额）   49 500

    贷：预付账款——乙公司   599 500

（3）8月2日补付工程款。

借：预付账款——乙公司   99 500

    贷：银行存款   99 500

（4）8月3日工程验收交付使用。

借：固定资产   550 000

    贷：在建工程——厂房   550 000

总之，自营工程和出包工程建设方式不同，核算也不相同。但不管何种方式下，自行建造固定资产从发生第一笔购置支出到固定资产完工交付使用，通常需要经历一段较长的建造期间，因此企业需先通过"在建工程"账户归集固定资产建造期间实际发生的各项支出，并按工程项目设置明细账户，所建造的固定资产达到预定可使用状态时，再从"在建工程"账户转入"固定资产"账户。工程项目较多且工程支出较大的企业，应当按照工程项目的性质分别核算各工程项目的成本。

（2）固定资产折旧的核算。固定资产折旧，是指在固定资产使用寿命内，按照确定的方法对应计折旧额进行的系统分摊。固定资产折旧是固定资产在使用过程中，由于磨损和其他经济原因而逐渐转移的价值。这部分转移的价值以折旧费的形式计入成本费用中，并从企业营业收入中得到补偿，转化为货币资金。

①影响固定资产折旧的因素。主要有三个影响固定资产折旧的因素：一是固定资产原价，是指固定资产的成本。二是预计净残值，是指假定固定资产预计使用寿命已满并处于寿命终了的预期状态，企业从该项资产处置中获得的扣除预计处置费用后的金额。三是固定资产减值准备，是指固定资产已计提的固定资产减值准备累计金额。四是固定资产的使用寿命，是指企业使用固定资产的预计期间，或者该固定资产所能生产产品或提供劳务的数量。

企业应合理地确定固定资产预计使用年限和预计净残值，并选择合理的折旧方法，经股东会或董事会、经理（厂长）会议或类似机构批准，作为计提折旧的依据。上述方法一经确定不得随意变更。

②计提固定资产折旧的范围。企业应当对所有固定资产计提折旧，但是已提足折旧仍继续使用的固定资产和单独入账的土地除外。提足折旧是指已经提足该项固定资产的

应提折旧总额。所谓应提折旧是指应当计提折旧的固定资产的原价扣除其预计净残值后的金额。已计提减值准备的资产，还应当扣除已计提的固定资产减值准备累计金额。

③计提固定资产折旧的方法。固定资产由于磨损和其他经济原因而转移到产品成本或期间费用中去的价值，很难用技术方法准确测定，企业应当根据固定资产所含经济利益预期实现方式，选择平均年限法、工作量法、双倍余额递减法或者年数总和法等折旧方法，同时要求企业定期对固定资产的折旧方法进行复核。如果固定资产包含的经济利益的预期实现方式有重大改变，则应当改变固定资产折旧方法。严格说来，各种折旧方法的根本区别，在于将固定资产应计折旧总额在固定资产规定的年限内进行分摊的方式不同。

a.平均年限法也叫直线法，是将固定资产的折旧均衡地分摊到各期的一种方法。其计算公式是：

年折旧率＝（1－预计净残值率）÷预计使用年限×100%

月折旧率＝年折旧率÷12

月折旧额＝固定资产原价×月折旧率

【例题 4-15】某企业一台大型设备原值 400 000 元，预计净残值率为 5%，预计使用年限为 5 年。请按平均年限法计算该设备每年应提折旧额。

【解析】该设备每年应提折旧额计算如下：

年折旧率＝（1－5%）÷5＝19%

每年折旧额＝400 000×19%＝76 000（元）

在平均年限法下，每年计提的折旧额是相等的。因此，它体现了固定资产的有效使用损耗相当均衡，而技术陈旧因素基本上可以不予考虑的情况。典型的例子是铺筑的道路、输送管道、储存罐、栅栏等，一般的房屋也可以认为是这样的固定资产。

b.工作量法是根据固定资产在规定的折旧年限内可以完成工作量（如车辆的行驶里程、机器设备的工作小时等）的比例计算折旧额的一种方法。按照这种方法可准确地为各月使用程度相对较大的固定资产计提折旧。其计算公式为

单位工作量折旧额＝固定资产原价×（1－预计净残值率）÷预计总工作量

月折旧额＝固定资产当月工作量×单位工作量折旧额

【例题 4-16】某企业有一设备，账面原值为 240 000 元，预计净残值率为 5%，预计工作总量为 100 000 小时，该月实际完成工时 800 小时。请按工作量法计算该设备该月的折旧额。

1. 双倍余额递减法
2. 年数总和法

【解析】单位工作小时折旧额＝240 000×（1－5%）÷100 000＝2.28（元）

本月折旧额＝800×2.28＝1 824（元）

④固定资产折旧的会计处理。固定资产应当按月计提折旧，以月初可提取折旧的固定资产账面价值为依据。为简化核算，当月增加的固定资产，当月不计提折旧，从下月

起计提折旧；当月减少的固定资产，当月仍计提折旧，从下月起不计提折旧。用计算公式表示为：

$$当月固定资产折旧额＝上月固定资产折旧额＋上月增加固定资产折旧额－上月减少$$
$$固定资产折旧额$$

会计实务中，固定资产折旧的计算是通过按月编制固定资产折旧计算表进行的。计算出的折旧额应根据使用地点和用途不同，记入相应的成本费用账户。如生产车间管理部门正常使用固定资产的折旧，应借记"制造费用"账户；行政管理部门正常使用固定资产的折旧，应借记"管理费用"账户；工程正常使用固定资产的折旧，应借记"在建工程"账户；未使用不需用固定资产的折旧，应借记"管理费用"账户；大修理、季节性停用固定资产的折旧应借记原成本费用账户，贷记"累计折旧"账户。

【例题 4-17】某企业采用平均年限法计提固定资产折旧，根据 2024 年 3 月固定资产折旧计算表，确定该公司各部门应分配的折旧额为生产车间 24 000 元，公司管理部门 7 200 元，未使用固定资产的折旧额为 800 元。请编制相应的会计分录。

【解析】编制相应的会计分录如下：

```
借：制造费用                                    24 000
    管理费用                                     8 000
  贷：累计折旧                                   32 000
```

企业至少应当于每年年度终了，对固定资产的使用寿命、预计净残值和折旧方法进行复核。使用寿命预计数与原先估计数有差异的，应当调整固定资产使用寿命。预计净残值预计数与原先估计数有差异的，应当调整预计净残值。与固定资产有关的经济利益预期实现方式有重大改变的，应当改变固定资产折旧方法。固定资产使用寿命、预计净残值和折旧方法的改变应当作为会计估计变更。

（3）固定资产处置的核算。固定资产满足下列条件之一的，应当予以终止确认：一是固定资产处于处置状态；二是固定资产预期通过使用或处置不能产生未来经济利益。因此，固定资产的处置主要是指企业因出售、转让、报废和毁损、对外投资、非货币性资产交换、债务重组等对固定资产进行的清理工作。

企业在生产经营过程中，对那些不适用或不需用的固定资产，可以出售转让。对那些由于使用而不断磨损直至最终报废，或由于技术进步等原因发生提前报废，或由于遭受自然灾害等非常损失发生毁损的固定资产应及时进行清理。企业应按规定程序办理有关手续，结转固定资产账面价值，确认和计量有关的清理收入、清理费用及残料价值等。

企业因出售、转让、报废或毁损等原因（除固定资产盘亏）减少的固定资产，要通过"固定资产清理"账户核算。会计核算一般可分以下几个步骤。

①固定资产转入清理。企业因出售、转让、报废或毁损的固定资产转入清理时，应按清理固定资产的账面价值，借记"固定资产清理"账户，按已提的折旧，借记"累计

折旧"账户,按已提的减值准备,借记"固定资产减值准备"账户,按固定资产原价,贷记"固定资产"账户。

②发生的清理费用。固定资产清理过程中发生的清理费用(如支付清理人员的工资等),也应记入"固定资产清理"账户,按实际发生的清理费用及其可抵扣的增值税进项税额,借记"固定资产清理""应交税费——应交增值税(进项税额)"账户,贷记"银行存款"等账户。

> **小贴士**
>
> 　　一般纳税人销售2009年1月1日以后购进或者自制的有形动产固定资产(进项税已抵扣),按照适用税率征收增值税。销售2008年12月31日之前购进或者自制的有形动产固定资产(进项税未抵扣),一律按照简易办法征收增值税,依3%征收率减按2%征收增值税,同时不得开具增值税专用发票。
>
> 　　如果涉及的是不动产固定资产,则2016年5月1日为时间节点。若一般纳税人销售其2016年4月30日前取得(不含自建)的不动产,可以选择适用简易计税方法,以取得的全部价款和价外费用减去该项不动产购置原价或者取得不动产时作价后的余额为销售额;若自建,则为销售额;按照5%的征收率在不动产所在地预缴税款后,向机构所在地主管税务机关进行纳税申报。若一般纳税人销售其2016年5月1日后取得(不含自建)的不动产,应适用一般计税方法,以取得的全部价款和价外费用减去该项不动产购置原价或者取得不动产时作价后的余额为销售额;若为自建,则以取得的全部价款和价外费用为销售额;按照5%的预征率在不动产所在地预缴税款后,向机构所在地主管税务机关进行纳税申报。

③出售收入和残料等的处理。企业收回出售固定资产的价款和税款,借记"银行存款"账户,按增值税专用发票上注明的价税,贷记"固定资产清理"和"应交税费——应交增值税(销项税额)"账户,报废固定资产的残料价值和变价收入等,应冲减清理支出,按实际收到的出售价款及残料变价收入等,借记"银行存款""原材料"等账户,贷记"固定资产清理"账户。

④保险赔偿的处理。企业计算或收到的应由保险公司或过失人赔偿的报废、毁损的固定资产的损失,应冲减清理支出,借记"银行存款"或"其他应收款"账户,贷记"固定资产清理"账户。

⑤清理净损益的处理。清理净损益时,应区别不同的情况进行处理。因固定资产已丧失使用功能或因自然灾害发生毁损等原因,属于生产经营期间报废清理产生的处理净损失,借记"营业外支出——非流动资产处置损失"或"营业外支出——非常损失"账户,贷记"固定资产清理"账户。因出售、转让等原因产生的固定资产处置净损失,借记"资产处置损益"账户,贷记"固定资产清理"账户;如为净收益,借记"固定资产

清理"账户，贷记"资产处置损益"账户。

【例题 4-18】某企业将一台 2022 年购置的机器设备出售给乙公司，该设备账面原价为 1 000 000 元，已提折旧 200 000 元，开具的增值税专用发票上注明的价款为 820 000 元，增值税为 106 600 元，款项已存入银行。出售时以银行存款支付该设备拆卸费用 10 000 元，未取得可抵扣税款的相关单据。机械设备已清理完毕，将出售设备的净损益转入当期损益。请编制相应的会计分录。

【解析】

（1）将欲出售厂房原价和已计提折旧冲减净值转入固定资产清理。

借：固定资产清理	800 000
累计折旧	200 000
贷：固定资产	1 000 000

（2）支付清理费用。

借：固定资产清理	10 000
贷：银行存款	10 000

（3）收到变价收入。

借：银行存款	926 600
贷：固定资产清理	820 000
应交税费——应交增值税（销项税额）	106 600

（4）结转清理收益。

借：固定资产清理	10 000
贷：资产处置损益	10 000

【例题 4-19】某企业在年终财产清查中，发现盘亏设备一台，经查账面原值为 5 000 元，预计净残值为零，已提折旧 3 000 元，应分摊转出的增值税进项税额为 260 元，经批准后作为营业外支出。请编制相应的会计分录。

【解析】公司发生固定资产盘亏时，按盘亏固定资产的净值，借记"待处理财产损溢——待处理固定资产损溢"账户，按已提折旧，借记"累计折旧"账户，按固定资产的原价，贷记"固定资产"账户，贷记"应交税费——应交增值税（进项税额转出）"账户；盘亏的固定资产报经批准转销时，借记"营业外支出"账户，贷记"待处理财产损溢——待处理固定资产损溢"账户。

（1）发生盘亏后，公司应作会计分录如下：

借：待处理财产损溢——待处理固定资产损溢	2 260
累计折旧	3 000
贷：固定资产	5 000
应交税费——应交增值税（进项税额转出）	260

（2）经批准列作营业外支出，应作会计分录如下：

借：营业外支出——盘亏损失　　　　　　　　　　　　　2 260
　贷：待处理财产损溢——待处理固定资产损溢　　　　　　　2 260

（五）无形资产及其他资产的管理与核算

无形资产，是指企业拥有或者控制的没有实物形态的可辨认非货币性资产。

1.无形资产的特征与确认

与有形资产相比，无形资产具有以下主要特征。

（1）无形资产不具有实物形态，属于非货币性长期资产。无形资产通常表现为某种权利、某项技术或某种获取超额利润的综合能力，如土地使用权、非专利技术等。而某些无形资产的存在有赖于实物载体，如计算机软件需要存储在磁盘中，但这并没有改变无形资产本身不具有实物形态的特性。

（2）无形资产在创造经济利益方面存在较大的不确定性。无形资产在为企业创造经济利益方面存在较大的不确定性，因此对无形资产进行核算时应持更为谨慎的态度。

（3）持有的目的是使用而非出售。如软件公司开发的、用于对外销售的计算机软件，对于购买方而言属于无形资产，而对于开发商而言却是存货。

（4）具有可辨认性。资产在符合下列条件时，满足无形资产定义中的可辨认性标准：一是能够从企业中分离或者划分出来，并能单独或者与相关合同、资产或负债一起，用于出售、转移、授予许可、租赁或者交换。二是源自合同性权利或其他法定权利，无论这些权利是否可以从企业或其他权利和义务中转移或者分离。

同时满足下列条件的资产，才能确认为无形资产：一是符合无形资产的定义；二是与该资产相关的预计未来经济利益很可能流入企业；三是该资产的成本能够可靠计量。在判断无形资产产生的经济利益是否很可能流入企业时，需要职业判断，企业管理部门应对无形资产在预计使用年限内存在的各种因素作出稳健的估计。企业内部产生的品牌、报刊名等，因其成本无法明确区分，不应当确认为无形资产。商誉是企业合并成本大于合并取得被购买方各项可辨认资产、负债公允价值份额的差额，其存在无法与企业自身分离，不具有可辨认性的特点，不属于《企业会计准则第6号——无形资产》规范的无形资产。

2.无形资产的分类

无形资产按是否能够预见为企业带来未来经济利益的使用寿命，分为使用寿命可确定的无形资产和使用寿命不确定的无形资产。使用寿命如为有限的，应当估计该使用寿命的年限或者构成使用寿命的产量等类似计量单位数量；无法预见无形资产为企业带来未来经济利益的期限的，应当视为使用寿命不确定的无形资产。无形资产主要包括以下几类

（1）专利权。专利权是指国家专利主管机关依法授予发明创造专利申请人对其发明创造在法定期限内所享有的专有权利，包括发明专利权、实用新型专利权和外观设计利权。

（2）非专利技术。非专利技术也称专有技术，它是指不为外界所知、在生产经营活动中已采用了的、不享有法律保护的各种技术和经验。非专利技术一般包括工业专有技术、商业贸易专有技术、管理专有技术等。非专利技术可以用蓝图、配方、技术记录、操作方法的说明等具体资料表现出来，也可以通过卖方派出技术人员进行指导，或接受买方人员进行技术实习等手段实现。非专利技术具有经济性、机密性和动态性等特点。

（3）商标权。商标是用来辨认特定的商品或劳务的标记。商标权是指专门在某类指定的商品或产品上使用特定的名称或图案的权利。商标权包括独占使用权和禁止权两个方面。独占使用权是指商标权享有人在商标的注册范围内独家使用其商标的权利；禁止权是指商标权享有人排除和禁止他人对商标独占使用权进行侵犯的权利。

（4）著作权。著作权又称版权，是指作者对其创作的文学、科学和艺术作品依法享有的某些特殊权利。著作权包括两方面的权利，即精神权利（人身权利）和经济权利（财产权利）。前者指作品署名、发表作品、确认作者身份和保护作品的完整性、修改已经发表的作品等项权利，包括发表权、署名权、修改权和保护作品完整权；后者指以出版、表演、广播、展览、录制唱片和摄制影片等方式使用作品以及因授权他人使用作品而获得经济利益的权利。

（5）土地使用权。土地使用权，是指国家准许某企业在一定期间内对国有土地享有开发、利用、经营的权利。根据我国土地管理法的规定，我国土地实行公有制，任何单位和个人不得侵占、买卖或者以其他形式非法转让。企业取得土地使用权的方式大致有行政划拨取得、外购取得、投资者投入取得等。

（6）特许权。特许权又称经营特许权、专营权，是指企业在某一地区经营或销售某种特定商品的权利，或是一家企业接受另一家企业使用其商标、商号、技术秘密等的权利。前者一般是由政府机构授权，准许企业使用或在一定地区享有经营某种业务的特权，如水、电、邮电通信等专营权、烟草专卖权等；后者指企业间依照签订的合同，有期限或无期限使用另一家企业的某些权利，如连锁店、分店使用总店的名称等。

3.无形资产的计量

无形资产计量，是指如何确定企业以各种方式取得的无形资产的入账价值、发生的后续支出以及如何在资产负债表上列示其价值（期末价值）。

（1）无形资产的初始计量。无形资产取得时应按实际成本计量，企业可通过外购、自行研创、接受投资、接受捐赠等方式取得无形资产。详细内容结合无形资产取得的核算加以说明。

（2）无形资产的后续支出。无形资产的后续支出，是指无形资产入账后，为确保该无形资产能够给企业带来预定经济利益而发生的支出。比如，相关的宣传活动支出；取得专利权之后，每年支付的年费和维护专利权发生的诉讼费。这些支出仅是为了确保已确认的无形资产能够为企业带来预定的经济利益，因而应在发生当期确认为管理费用。

（3）无形资产的期末计量。企业应当定期或者至少每年年度终了，检查各项无形资产预计给企业带来经济利益的能力。如果无形资产将来为企业创造的经济利益还不足以补偿无形资产成本（摊余成本），即无形资产的账面价值超过了其可收回金额，则说明无形资产发生了减值。

4. 无形资产核算的账户设置

（1）"无形资产"账户。"无形资产"属于资产类账户，核算企业持有的无形资产成本，包括专利权、非专利技术、商标权、著作权、特许权、土地使用权等，借方登记企业购入、自行创造并按法律程序申请取得的、投资者投入的以及接受捐赠的各种无形资产价值等；贷方登记企业因出售、报废等处置而减少的无形资产价值；期末借方余额为企业已入账但尚未处置的无形资产价值。该账户可按无形资产项目进行明细核算。

（2）"研发支出"账户。"研发支出"属于成本类账户，核算企业进行研究与开发无形资产过程中发生的各项支出，类似固定资产中"在建工程"账户。"研发支出"账户记入资产负债表中开发支出项目。期末借方余额反映企业正在进行无形资产研究开发项目满足资本化条件的支出。该账户可按研究开发项目，分"费用化支出""资本化支出"账户进行明细核算。

（3）"累计摊销"账户。"累计摊销"账户属于资产类账户，是"无形资产"账户的备抵账户，核算企业对使用寿命有限的无形资产计提的累计摊销。贷方登记企业按月计提的无形资产摊销额；借方登记处置无形资产转出的累计摊销额；期末贷方余额反映企业无形资产的累计摊销额。该账户可按无形资产项目进行明细核算。

此外，企业无形资产发生减值的，还应当设置"无形资产减值准备"账户进行核算。

5. 无形资产的核算

（1）无形资产的取得。根据不同的来源渠道，无形资产取得时的价值构成也有所不同。这里主要介绍外购无形资产和自创无形资产的核算。

①企业从外部购入无形资产的成本，按实际支付的价款确定，具体包括购买价款、进口关税和其他税费以及直接归属于使该项无形资产达到预定用途所发生的其他支出。而企业外部取得的无形资产若属于增值税应税服务项目，无论通过何种途径，只要取得符合抵扣条件的发票，都可以进行抵扣，否则购进时支付的增值税税额计入无形资产成本。但为引入新产品进行宣传发生的广告费用、管理费用、其他间接费用以及已经达到无形资产预定用途以后发生的费用不包括在无形资产的初始成本中。

企业购入属于增值税应税服务项目时，应按实际支付归属该项无形资产的实际成本，借记"无形资产"账户；按可抵扣的增值税进项税额，借记"应交税费——应交增值税（进项税额）"账户；贷记"银行存款"等账户。

【例题 4-20】某企业购入一项专利权，增值税发票上注明价款 600 000 元，确认可抵扣增值税税款 36 000 元，总价款 636 000 元，以银行存款支付。请编制相应的会计分录。

【解析】编制相应的会计分录如下:

借: 无形资产——专利权	600 000
应交税费——应交增值税（进项税额）	36 000
贷: 银行存款	636 000

②企业内部研发形成的无形资产成本，由可直接归属于该资产的创造、生产并使该资产能够以管理层预定的方式运作的所有必要支出构成。

对于企业自行研究和开发项目，应当区分为研究阶段与开发阶段。企业应当根据研究与开发的实际情况加以判断。企业内部研究开发费用处理的基本原则是：企业研究阶段的支出全部费用化，计入当期损益；开发阶段的支出符合条件的才能资本化，不符合资本化条件的计入当期损益。企业自行研发无形资产，若在研究阶段和开发阶段领用生产用原材料和自产的产成品，可以比照自行建造的固定资产的账务处理对增值税进行核算。

企业自行开发无形资产发生的研发支出，不满足资本化条件的，借记"研发支出——费用化支出"，贷记"原材料""银行存款""应付职工薪酬"等账户。期（月）末，应将"研发支出——费用化支出"账户归集的费用化支出金额转入"管理费用"账户，借记"管理费用"账户，贷记"研发支出——费用化支出"账户。

企业自行开发无形资产发生的研发支出，满足资本化条件的，借记"研发支出——资本化支出"，贷记"原材料""银行存款""应付职工薪酬"等账户。研究开发项目达到预定用途形成无形资产的，应按"研发支出——资本化支出"账户的余额，借记"无形资产"账户，贷记"研发支出——资本化支出"科目。

【例题 4-21】某企业自行研究开发一项新产品专利技术，在研究开发过程中发生材料费 500 000 元（购进该项原材料支付的增值税进项税额为 65 000 元）、人工工资 100 000 元，以及其他费用 80 000 元，总计 680 000 元，其中，符合资本化条件的支出为 520 000 元，期末，该专利技术已经达到预定用途。请列出上述成本费用发生时应作的会计分录以及该专利技术达到预定用途时应作的会计分录。

【解析】

（1）发生研发支出。

借: 原材料	500 000
应交税费——应交增值税（进项税额）	65 000
贷: 银行存款	565 000
借: 研发支出——费用化支出	160 000
——资本化支出	520 000
贷: 原材料	500 000
应付职工薪酬	100 000
银行存款	80 000

（2）专利技术已经达到预定用途。

借：无形资产——非专利技术   520 000

　　管理费用   160 000

　　贷：研发支出——费用化支出   160 000

　　　　　　——资本化支出   520 000

（2）无形资产的摊销。无形资产的使用期限超过一个会计年度时，为取得无形资产而发生的支出属于资本性支出，应该把这一支出在其使用期限内摊入成本费用中，这一过程称为无形资产的摊销。《企业会计准则第6号——无形资产》规定使用寿命不确定的无形资产不应摊销，而使用寿命有限的无形资产有一定的有效期限，它所具有价值的权利或特权总会终结或消失，因此企业应对已入账的使用寿命有限的无形资产在使用寿命内合理摊销。

与固定资产计提折旧不同的是，无形资产增加的当月就开始摊销。无形资产摊销期限为自无形资产可供使用时起，至不再作为无形资产确认时为止。企业应当选择反映企业预期消耗该项无形资产所产生的未来经济利益的方式作为无形资产摊销方法。无法可靠确定消耗方式的，应当采用直线法摊销。其摊销金额为无形资产入账价值扣除残值后的金额，已经计提无形资产减值准备的，还应扣除已经提取的减值准备金额。摊销金额一般应当计入当期损益。

企业进行无形资产摊销时，对于自用的无形资产，摊销的无形资产价值应借记"管理费用——无形资产摊销"账户；对于出租的无形资产，相关的无形资产摊销价值应借记"其他业务成本"账户，贷记"累计摊销"账户。

【例题4-22】某企业2023年1月1日外购无形资产A，增值税发票上注明价款800 000元，可抵扣增值税税款48 000元，总价款848 000元，用转账支票付讫。公司合理估计该无形资产的净残值为零，预计使用年限为10年，每年按照直线法摊销。请编制相应的会计分录。

【解析】公司应作会计分录如下：

（1）购入无形资产。

借：无形资产——A资产   800 000

　　应交税费——应交增值税（进项税额）   48 000

　　贷：银行存款   848 000

（2）无形资产每年摊销。

借：管理费用   80 000

　　贷：累计摊销   80 000

（3）无形资产的处置。

①无形资产出售。企业将无形资产出售，表明企业放弃无形资产的所有权。如果出售无形资产所得不符合《企业会计准则第14号——收入》中的收入定义，根据《企业

会计准则第 6 号——无形资产》规定，应将出售无形资产所得以净额反映，即将所得价款与该无形资产的账面价值之间的差额计入资产处置损益。

企业出售无形资产时，应按实际出售所得，借记"银行存款"等账户；按该项无形资产已计提的减值准备，借记"无形资产减值准备"账户；按已计提的摊销金额，借记"累计摊销"账户；按无形资产的账面余额，贷记"无形资产"账户；按实际支付的相关费用，贷记"银行存款"账户；按开具的增值税专用发票上注明的增值税销项税额，贷记"应交税费——应交增值税（销项税额）"账户；按其差额，贷记或借记"资产处置损益"账户。

【例题 4-23】某企业将拥有的一项专利权出售，价款 300 000 元，增值税 18 000元。该专利权账面原价 400 000 元，已摊销 120 000 元，未计提减值准备。假定不考虑其他相关税费。请编制相应的会计分录。

【解析】编制相应的会计分录如下：

借：银行存款	318 000
累计摊销	120 000
贷：无形资产	400 000
应交税费——应交增值税（销项税额）	18 000
资产处置损益	20 000

②无形资产出租。无形资产出租，是指企业将所拥有的无形资产的使用权让渡给他人，并收取租金。出租企业仍拥有无形资产的所有权，因此不应注销无形资产的账面摊余价值，出租取得的收入计入其他业务收入，发生的与出租有关的各种费用支出计入其他业务支出。

③无形资产报废并转销。如果无形资产预期不能为企业带来经济利益，从而不再符合无形资产的定义，则应将该项无形资产的账面价值全部转入当期损益，按已计提累计摊销，借记"累计摊销"账户；按其账面余额，贷记"无形资产"账户；如已计提减值准备，借记"无形资产减值准备"账户；按其差额，借记"营业外支出——处置非流动资产损失"账户。

企业在判断无形资产是否预期不能为企业带来经济利益时，应根据以下迹象加以判断：一是该无形资产是否已被其他新技术等所替代，且已不能为企业带来经济利益；二是该无形资产是否不再受法律的保护，且不能给企业带来经济利益。比如，企业的某项无形资产的法定有效年限已过，且借以生产的产品没有市场。这种情况出现时，甲企业应立即转销该无形资产。

1. 采购业务的核算
2. 销售业务的核算
3. 库存管理业务的核算

6. 其他资产

其他资产是指不能包括在流动资产、长期股权投资、固定资产、无形资产等以内的长期待摊费用和其他长期资产。

素养提升

2023 年 10 月，张某入职某公司担任销售经理。2024 年 2 月至 4 月，公司在审核张某的报销材料时发现有申报不实的情况，但考虑到销售工作不易且违规报销情况轻微，仍按其申请金额进行了报销。自 2024 年 5 月起，公司发现张某申报不实的情况过多，就暂停了相关报销打款。2024 年 8 月，公司以张某"在就职期间个人提交报销存在大量违规事实"为由与其解除了劳动合同。法院审理后认为张某在费用报销事宜方面的不诚实行为已构成公司员工手册中载明的解除劳动合同的情况。

劳动者在全面履行劳动合同时，除了要遵守劳动合同约定的条款以及企业各项规章制度外，还应做到诚实守信、勤勉工作、遵守职业道德等，虚假报销行为有悖于诚实信用原则和对用人单位的忠诚义务。另外，虚假报销行为具有较强的隐蔽性，企业不易发现且取证比较困难，事先制定合理的报销审批流程，且在审批时尽到注意义务，才能有效维护企业的合法权益。

项目检测

一、单项选择题

1.（　　）能够反映企业某一特定时点的财务状况，表明企业运用所有的资产的获利能力。

A.资产负债表　　　　　　　　　　B.利润表

C.现金流量表　　　　　　　　　　D.所有者权益变动表

2.在我国，利润表的结构大多采用（　　）。

A.账户式　　　　　B.报告式　　　　　C.多步式　　　　　D.单步式

3.在借贷记账法下，（　　）。

A.资产增加记借方，负债和所有者权益减少记贷方

B.资产减少记借方，负债和所有者权益增加记贷方

C.资产增加记借方，负债和所有者权益增加记贷方

D.资产减少记借方，负债和所有者权益增加记贷方

4.会计凭证按其（　　）不同，可以分为原始凭证和记账凭证。

A.填制的方式　　　　　　　　　　B.取得的来源

C.填制的程序和用途　　　　　　　D.反映经济业务的次数

5.企业销售部门发生的业务招待费应记入（　　）账户。

A.制造费用　　　　B.管理费用　　　　C.生产成本　　　　D.销售费用

6.下列各项中，不属于存货范围的是（　　）。

A.尚在加工中的在产品

B.委托加工存货

C.购货单位已交款并已开出提货单，而尚未提走的货物

D.款项已支付，而尚未运达企业的存货

7.下列项目中，属于应收账款范围的是（　　　）。

A.应向接受劳务单位收取的款项　　　B.应收外单位的赔偿款

C.应收存出保证金　　　　　　　　　D.应向职工收取的各种垫付款项

8.（　　　）账户是用来核算企业在销售商品过程中发生的费用。

A.制造费用　　　　B.财务费用　　　　C.管理费用　　　　D.销售费用

9.采购员出差预借差旅费时，应借记（　　　）账户。

A.在途物资　　　　B.其他应收款　　　C.其他应付款　　　D.管理费用

10.企业某项应收账款 50 000 元，现金折扣条件为 2/10，1/20，n/30，客户在第 20 天付款，应给予客户的现金折扣为（　　　）元。

A.1 000　　　　　B.750　　　　　　C.500　　　　　　D.0

二、多项选择题

1.按现行的《企业会计准则》规定，一套完整的财务报表应当包括（　　　）。

A.资产负债表　　　　　　　　　　　B.利润表

C.现金流量表　　　　　　　　　　　D.所有者权益变动表

2.复式记账法的特点是（　　　）。

A.可以全面、系统地反映经济活动过程和经营成果

B.可以清晰地反映经济业务的来龙去脉

C.可以简化账簿的登记工作

D.便于核对账户记录

3.下列项目中，应计入企业存货成本的有（　　　）。

A.进口原材料支付的关税

B.生产过程中发生的制造费用

C.原材料入库前的挑选整理费用

D.自然灾害造成的原材料净损失

4.企业进行材料清查时，对于盘亏的材料，应先记入"待处理财产损溢"账户，待期末或报经批准后，根据不同的原因可分别转入（　　　）。

A.管理费用　　　　B.销售费用　　　　C.营业外支出　　　D.其他应收款

5.企业结转已销产品成本时，应通过（　　　）账户核算。

A.生产成本　　　　B.主营业务成本　　C.库存商品　　　　D.本年利润

三、判断题

1.资产负债表是时点报表，利润表是时期报表，前者主要反映一个企业的财务状况及偿债能力，后者主要反映企业的获利能力。（　　）

2.企业必须对外提供资产负债表、利润表和现金流量表，财务报表附注不属于企业必须对外提供的资料。（　　）

3.会计核算工作的起点是合法地取得、正确地填制和审核会计凭证。（　　）

4.复式记账法是指对发生的每一项经济业务，都以相等的金额，在相互关联的两个账户中进行记录的一种方法。（　　）

5.每日终了，企业必须将现金日记账的余额与现金总账的余额及现金的实际库存数进行核对，做到账账、账实相符。（　　）

6.不单独设置"预收账款"账户的企业，预收的账款可在"应付账款"账户中核算。（　　）

7.企业计提的固定资产折旧费，除了计入制造费用以外，都应该计入管理费用。（　　）

8."待处理财产损溢"账户是损益类账户。（　　）

9.已经支付货款但尚未验收入库的在途物资，属于购货方存货。（　　）

10.制造费用、税金及附加、销售费用、管理费用、财务费用均属于期间费用。（　　）

四、业务处理题

1.某公司发生以下业务：

（1）职工王芳出差，借支差旅费1 500元，以现金支付。

（2）收到甲公司交来的转账支票一张，金额50 000元，用以归还上月所欠货款，支票已送交银行。

（3）向乙公司采购A材料，收到的增值税专用发票上列明价款100 000元，经确认可抵扣增值税13 000元。公司采用汇兑结算方式将款项113 000元支付给乙公司，A材料已验收入库。

（4）职工王芳出差回来报销差旅费，原借支1 500元，实报销1 650元，其中车票、住宿费可抵扣进项税额50元，差额150元用现金补付。

（5）将现金1 800元送存银行。

（6）公司在现金清查中发现现金短缺200元，原因待查。

（7）经查明原因后，现金短缺200元应由出纳员赔偿150元，其余50元经批准后作为管理费用。

请编制相应的会计分录。

2.某公司发生以下业务：

（1）1月5日，向A商场销售婴儿车50台，单价480元/台，儿童多功能车80辆，单价580元/辆，增值税税率13%，税额9 152元，价税合计79 552元，款存银行。

（2）1月9日，向B商场销售婴儿车100台，单价480元/台，儿童多功能车120辆，单价580元/辆，增值税税率13%，税额15 288元，价税合计132 888元，款项暂时未收，但已办理委托收款。

（3）1月15日，收到B商场1月9日所欠货款132 888元，存入银行。

（4）1月20日，预收C商场购货款239 560元，存入银行。

（5）1月25日，向C商场发货，婴儿车200台，单价480元/台，儿童多功能车200辆，单价580元/辆，增值税税率13%，税额27 560元，款项1月20日已预收。

请编制相应的会计分录。

3.某公司购入设备一台，增值税专用发票上注明的货款为36 835元，确认可抵扣增值税进项税额4 788.55元；另支付运费500元，安装调试费2 700元，取得增值税专用发票，注明可抵扣增值税额共计288元。该设备预计残值收入2 200元，预计使用年限为5年。

（1）计算该设备的入账价值，并编写购入设备的会计分录；

（2）采用平均年限法和双倍余额递减法计算该项设备每年的折旧额。

五、简答题

1.什么是财务报表？财务报表应包含哪些信息？

2.什么是借贷记账法？说明其包括的内容。

3.什么是存货？存货包括哪些范围？

4.材料采购成本是由哪些内容构成的？

5.什么是财产清查？财产清查有何意义？

项目四项目检
测参考答案

项目五　应知应会的成本核算知识

◎ 学习目标

知识目标：

1.了解成本的含义及内容；

2.掌握直接费用、制造费用的归集与分配方法；

3.掌握辅助生产费用的归集与分配方法；

4.理解生产费用在完工产品与在产品之间的分配方法；

5.了解产品成本计算的基本方法和辅助方法；

6.掌握产品成本计算的品种法。

能力目标：

1.能够正确进行直接费用、制造费用的归集与分配；

2.能够熟练运用交互分配法进行辅助生产费用的分配；

3.能够运用约当产量法进行生产费用在完工产品与在产品之间的分配；

4.能够运用品种法计算产品成本。

素质目标：

1.具备较强的成本意识，理解成本的重要性；

2.具备强烈的合规意识，按规范进行成本核算；

3.具备一定的成本信息运用和分析能力；

4.具备一定的沟通能力、组织协调和解决问题的能力。

📖 情境导入

通过跟周会计的沟通交流，赵磊了解到，要想提高企业的利润，除了要增加企业的收入外，还要控制企业的成本费用。企业的成本费用都有哪些，又是怎么核算出来的呢？赵磊带着问题，再次向周会计进行了咨询。

任务实施

任务一　生产费用的归集与分配

一、成本的含义及分类

（一）成本的含义

所谓成本，就是企业在生产经营活动中耗费的、可以用货币计量的各种物资材料、人工及其他费用的价值。在不同的情况下，成本具有不同的含义，其涵盖的范围也不同。

广义的成本是指为达到特定的目的而发生或应发生的价值的牺牲，即成本是指企业为制造产品、取得存货、销售商品、对外投资以及开展各项管理活动而耗费的能够用货币计量的资源。广义的成本不仅包括产品成本，还包括期间费用；不仅包括已经发生的实际成本，还包括可能发生（或应当发生）的预计成本。

狭义的成本则仅指产品的生产成本，是指企业在生产产品过程中所发生的材料费用、职工薪酬等，以及不能直接计入而按一定标准分配计入的各种间接费用。产品，是指企业日常生产经营活动中持有以备出售的产成品、商品、提供的劳务或服务。

制造企业的成本一般由直接材料、燃料和动力、直接人工和制造费用等成本项目构成。

（二）成本的分类

企业产品成本核算，是将企业发生的各项生产成本分配计入产品成本，从而计算出产品的总成本和单位成本的过程。为了正确进行成本核算，首先需要对生产费用按一定标准进行分类，从而确定相关成本。

1.按生产费用的经济用途分类

生产费用的经济用途，是指生产成本在生产产品或提供劳务过程中的实际用途。生产费用按经济用途分类，通常称为"成本项目"，也就是构成产品生产成本的项目。制造企业的产品成本的核算项目包括直接材料、燃料和动力、直接人工、制造费用等内容。

（1）直接材料是指构成产品实体的原材料以及有助于产品形成的主要材料和辅助材料，如原材料、辅助材料、设备配件、外购半成品、包装物以及其他直接材料。

（2）燃料和动力是指直接用于产品生产的燃料和动力。制造企业生产用燃料和动力耗用额不大时，可以将该项目并入"直接材料"或者"制造费用"。

（3）直接人工是指直接从事产品生产的工人的职工薪酬。

（4）制造费用是指企业为生产产品和提供劳务而发生的各项间接费用，如生产部门发生的水电费、固定资产折旧、无形资产摊销、管理人员的职工薪酬、机物料消耗、低值易耗品摊销、取暖费、办公费、劳动保护费、季节性和修理期间的停工损失、废品损失、运输费、保险费等。

2.按生产费用的经济内容进行分类

生产费用按经济内容进行分类，是指生产过程中消耗了什么。凡为生产产品和提供劳务而开支的货币资金以及消耗的实物资产，均称为费用要素，制造企业的生产费用可以分为外购材料、外购燃料、外购动力、职工薪酬、折旧费、其他支出等费用要素。

（1）外购材料是指企业为了生产产品和提供劳务而消耗的由外部购入的原材料及主要材料、辅助材料、外购半成品、外购周转材料等。

（2）外购燃料是指企业为了生产产品和提供劳务而耗用的一切由外部购入的各种固体、液体和气体燃料。

（3）外购动力是指企业为了生产产品和提供劳务而耗用的一切由外部购入的电力、蒸汽等各种动力。

（4）职工薪酬是指企业为了生产产品和提供劳务而发生的职工薪酬。

（5）折旧费是指企业的生产单位（车间、分厂等）按规定计提的固定资产折旧费。

（6）其他支出是指企业为了生产产品和提供劳务而发生的不属于以上费用要素的费用支出，如车间发生的办公费、差旅费、水电费、保险费等。

3.按生产费用与产品生产的关系分类

按生产费用与产品生产的关系分类，可以分为直接费用和间接费用。

（1）直接费用是指消耗后能够形成产品实体或有助于产品形成的费用，如直接材料费、直接人工费、机器设备折旧费等。

（2）间接费用是指消耗后与产品的形成没有直接关系的费用，如车间管理人员的薪酬、车间的办公费、保险费、取暖费等。

4.按生产费用计入产品成本的方法分类

按生产费用计入产品成本的方法不同，可以分为直接计入费用和间接计入费用。

（1）直接计入费用是指发生后能分清是哪种产品耗用的，可以直接计入某种产品成本的生产费用。

（2）间接计入费用是指几种产品共同耗用的，而且不能直接分清哪种产品耗用了多少的生产费用。间接计入费用需要按照一定的分配标准进行分配，然后根据分配结果分别计入各种产品成本。

5.按生产费用与产量的关系分类

按生产费用与产量的关系可以分为变动成本、固定成本与混合成本。

（1）变动成本是指成本总额随产品产量增减而成正比例变动，但单位成本却不变的成本，如直接材料、计件工资等。

（2）固定成本是指成本总额在一定期间的相关产量范围内，并不随产量的增减而变动，但单位成本却随产量增减变化而成反比例变动的成本，如管理人员的工资、固定资产折旧费等。

（3）混合成本兼有固定成本和变动成本两种性质，发生额虽受业务量变动影响，但其变动幅度不与业务量的变动保持严格的比例关系，这种成本称为混合成本。

6.按生产费用的可控性分类

按生产费用的可控性可以分为可控成本和不可控成本。

（1）可控成本是指能被一个责任单位的行为所制约，并受其工作好坏影响的成本。责任单位可能是某一个部门，也可能是某一个单位或某个人。

（2）不可控成本是指成本的发生不能被某个责任单位的行为所制约，也不受其工作好坏影响的成本。

成本是否可控，应从权责上加以划分。所谓不可控成本，只是从权责划分上不属于某一责任单位所能控制的成本。例如机器设备的保险费，从产品生产车间看，是不可控成本；而对于负责企业保险业务的责任单位来说，则是可控的。

成本的可控程度，应从成本发生的时间上加以确定。例如，在产品的设计阶段，成本处于预测、决策和计划阶段，即成本尚未发生，成本基本上都是可控的；在产品生产过程中，成本逐步形成，因而只能对成本未形成的部分进行控制；而产品完工后，成本基本形成，也就无所谓可控与不可控了，这个阶段的成本控制，主要是对形成的成本进行分析和考核，查明成本升降原因，确定责任归属，寻求成本降低的途径。

成本分为可控与不可控成本，主要意义在于明确成本责任，评价或考核责任单位的工作业绩，使其增强成本意识，积极采取有效措施，消除不利因素的影响，促使其可控成本不断下降。

7.生产费用的其他分类

（1）按成本与决策的关系可划分为相关成本与非相关成本；

（2）按决策方案变动时成本是否可避免划分为可避免成本和不可避免成本；

（3）按成本的计量单位可分为单位成本和总成本；

（4）按成本的计算依据可分为个别成本和平均成本；

（5）按成本包括的范围可分为全部成本和部分成本。

二、直接费用的归集与分配

（一）直接材料费用的归集与分配

直接材料是生产过程中的劳动对象，对于生产过程中发生的直接材料费用，应首先按其发生的地点和用途进行归集，然后再采用适当的方法进行分配。所以，直接材料费用的核算，包括直接材料费用的归集和分配两个方面。

直接材料在生产过程中的用途及其所起的作用各不相同：有的材料经过加工后构成产品的主要实体；有的材料虽不构成产品的主要实体，但却有助于产品的形成；有的材料在生产过程中被劳动工具所消耗。企业的材料，不论起到什么作用，也不论是外购、自制、委托加工还是投资者投入，其材料费用的核算方法基本相同。首先是进行材料发出的核算，然后根据发出材料的具体用途，分配材料费用，计算各种产品成本。

1.直接材料发出的核算

直接材料发出所依据的原始凭证是领料单、限额领料单或领料登记表，会计部门应该对发料凭证所列材料的种类、数量和用途等进行审核，检查所领材料的种类和用途是否符合规定，数量是否超过定额或计划。只有经过审核、签章的凭证才能据以发料，并作为核算的原始凭证。为了更好地控制材料的领发，节约材料费用，应该尽量采用限额领料单，实行限额领料制度。领料单和限额领料单见表5-1和表5-2。

表5-1 领料单

领料单位：　　　　　　用途：　　　　　　日期：　　　　　　发料仓库：

材料编号	材料类别	名称	规格	计量单位	数量		成本	
					请领	实发	单价	金额

发料人：　　　　　　领料人：　　　　　　领料单位负责人：　　　　主管：

表5-2 限额领料单

领料单位：　　　　　　材料名称：　　　　　　发料仓库：
计划产量：　　　　　　单位消耗定额：　　　　编号：

材料编号	材料名称	规格	计量单位	单价	领用限额	全月实用	
						数量	金额
领料日期	请领数量	实发数量	领料人签章		发料人签章	限额结余	
合计							

供应部门负责人：　　　　生产部门负责人：　　　　仓库管理人员：

为了进行材料收发结存的明细核算，应该按照材料的品种、规格设置材料明细账。材料收发结存的核算，可以按照材料的实际成本进行，也可以先按材料的计划成本进行，然后在月末计算材料成本差异率，将材料发出的计划成本调整为实际成本。

（1）按实际成本计价的材料发出的核算。在按实际成本计价进行材料的日常核算时，不管是材料的总账，还是明细账都要按实际成本计价，发出材料的金额，可按照先进先出法，或加权平均法，或个别计价法等方法计算登记。为了简化总账的登记工作，一般都是在月末根据全部发料凭证汇总编制发料凭证汇总表，然后根据发料凭证汇总表登记总账。

根据材料的用途，分别计入相关的费用账户，其中直接用于产品生产的材料费用，计入"基本生产成本"账户；辅助车间耗用的材料费用，计入辅助生产成本；生产车间一般耗用的材料，计入"制造费用"；企业行政管理部门耗用的材料，计入"管理费用"。有关分录如下：

借：基本生产成本

　　辅助生产成本

　　制造费用

　　管理费用

　　贷：原材料

（2）按计划成本计价的材料发出的核算。按计划成本进行的材料核算的特点是材料的总账及明细账必须是根据收、发料凭证或收、发料凭证汇总表按计划成本登记的。

为了核算材料采购的实际成本、计划成本，调整发出材料的成本差异，计算发出和结存材料的实际成本，除设置"原材料"科目外，还应设立"材料采购"和"材料成本差异"两个总账科目，并应按照材料类别设立材料采购明细账和材料成本差异明细账。

月末为了调整发出材料的成本差异，计算发出材料的实际成本，还必须根据"原材料"和"材料成本差异"科目计算材料成本差异率，其计算公式为：

材料成本差异率＝（月初结存材料成本差异＋本月收入材料成本差异）÷（月初结存材料计划成本＋本月收入材料计划成本）×100%

根据材料成本差异率和发出材料的计划成本，可计算发出材料的成本差异，其计算公式为：

发出材料成本差异＝发出材料计划成本×材料成本差异率

【例题5-1】某企业月初库存材料的计划成本为30 000元，实际成本为31 000元。本月收入材料的计划成本为120 000元，实际成本为122 000元。本月发出材料的计划成本为90 000元。请计算本月发出材料的实际成本。

【解析】月初结存材料的成本差异额＝31 000－30 000＝1 000（元）

本月收入材料的成本差异额＝122 000－120 000＝2 000（元）

材料成本差异率＝（1 000＋2 000）÷（30 000＋120 000）×100%＝2%

发出材料应负担的差异额＝90 000×2%＝1 800（元）

发出材料的实际成本＝90 000＋1 800＝91 800（元）

2.直接材料费用分配的核算

直接用于产品生产的原料及主要材料、辅助材料、包装材料等，属于直接生产费用，一般可根据"发出材料汇总表"记入相应产品成本明细账的"直接材料"成本项目中。如果同一期间同一生产车间同时生产两种以上产品，而领用同一种原材料，这时原材料费用就属于间接记入费用，需要采用一定的分配标准分配计算后，才能记入有关产品成本明细账中。分配标准一般可按产品的产量、体积、重量进行分配，也可以按材料的定额消耗量或定额费用进行分配。

（1）定额消耗量比例分配法是按照产品材料定额消耗量比例分配材料费用的方法。它适用于各种材料消耗量定额比较健全而且相对准确的材料费用的分配。其计算公式为：

某种产品材料定额消耗量＝该种产品实际产量×单位产品材料消耗量定额

材料消耗量分配率＝材料实际消耗总量÷各种产品材料定额消耗量之和

某种产品应分配的材料数量＝该种产品的材料定额消耗量×材料消耗量分配率

某种产品应分配的材料费用＝该种产品应分配的材料数量×材料单价

其中，单位产品材料消耗量定额是指单位产品可以消耗的数量限额，可以根据企业的有关指标确定；定额消耗量是指一定产量下按照单位产品材料消耗量定额计算的可以消耗的材料数量。

上述直接用于产品生产、专设成本项目的各种材料费用，应记入"基本生产成本"科目借方及其所属各产品成本明细账"直接材料"成本项目；直接用于辅助生产、产品销售以及组织和管理生产经营活动等方面的各种材料费用，应分别记入"辅助生产成本""制造费用""销售费用""管理费用"等科目的借方及其所属明细账中的有关成本项目或费用项目中。同时，将已发生的各种材料费用总额，记入"原材料"科目的贷方。

【例题 5-2】某企业本月生产甲、乙两种产品，实际耗用某种材料 12 000 千克，每千克单价 8 元，共计 96 000 元，生产甲产品 100 件，单位消耗定额为 40 千克；生产乙产品 200 件，单位消耗定额为 30 千克。现采用定额消耗量比例分配法计算甲、乙两种产品应分配的材料费用。

【解析】甲产品定额消耗量＝40×100＝4 000（千克）

乙产品定额消耗量＝30×200＝6 000（千克）

材料定额消耗总量＝4 000＋6 000＝10 000（千克）

材料消耗量分配率＝12 000÷10 000＝1.20

甲产品应分配的材料费用＝1.20×4 000×8＝38 400（元）

乙产品应分配的材料费用＝1.20×6 000×8＝57 600（元）

上述计算分配，可以考核原材料消耗量定额的执行情况，有利于加强原材料消耗量的实物管理，但分配计算的工作量较大。为了简化分配计算的工作量，也可以按原材料定额消耗量的比例分配法，直接分配原材料费用。计算分配如下：

材料费用分配率＝材料实际费用总额÷各种产品材料定额消耗量之和＝96 000÷（4 000＋6 000）＝9.60

甲产品应分配材料费用＝9.60×4 000＝38 400（元）

乙产品应分配材料费用＝9.60×6 000＝57 600（元）

（2）定额费用比例分配法是以产品材料定额成本为标准分配材料费用的一种方法。它适用于多种产品共同耗用多种材料的情况。其计算公式为：

某种产品某种材料定额费用＝该种产品实际产量×单位产品该种材料费用定额

材料费用分配率＝各种材料实际费用总额÷各种产品材料定额费用之和

某种产品应负担的材料费用＝该种产品各种材料定额费用×材料费用分配率

【例题5-3】某企业生产A、B两种产品，共同领用甲、乙两种材料，合计45 120元。本月生产A产品100件，B产品80件。A产品材料消耗量定额为：甲材料10千克，乙材料12千克；B产品材料消耗量定额为：甲材料15千克，乙材料10千克。甲材料单价8元，乙材料单价10元。用定额费用比例分配法计算A、B两种产品应分配的材料费用。

【解析】计算分配如下：

A产品两种材料定额费用分别为：

甲材料定额费用＝8×10×100＝8 000（元）

乙材料定额费用＝10×12×100＝12 000（元）

B产品两种材料定额费用分别为：

甲材料定额费用＝8×15×80＝9 600（元）

乙材料定额费用＝10×10×80＝8 000（元）

材料费用分配率＝45 120÷（8 000＋12 000＋9 600＋8 000）＝1.20

A产品应分配材料费用＝（8 000＋12 000）×1.20＝24 000（元）

B产品应分配材料费用＝（9 600＋8 000）×1.20＝21 120（元）

（二）燃料与动力费用的归集与分配

燃料的归集与分配和材料的归集与分配类似，不再赘述，这里重点讲述外购动力费用的归集与分配。外购动力费用是指向外单位购买电力、蒸汽、煤气等动力所支付的费用。进行外购动力费用核算，一是动力费用支出核算，二是动力费用分配核算。

1.外购动力费用支出的核算

在实际工作中，外购动力费用一般不是在每月末支付，而是在每月下旬的某日支付，因此支付时一般借记"应付账款"科目，贷记"银行存款"科目，到月末时再借记各成本、费用类科目，贷记"应付账款"科目，这是因为支付日计入的动力费用并不完全是当月动力费用，而是上月付款日到本月付款日的动力费用。所以，为了正确计算当月动力费用，不仅要计算扣除上月付款日到上月末的已付动力费用，而且还要分配，补记当月付款日到当月末的应付未付动力费用，核算工作量太大。因此，支付动力费用时一般都通过"应付账款"科目核算，只在每月的月末分配登记一次动力费用。这样核算"应付账款"科目时，借方所记本月已付动力费用与贷方所记本月应付动力费用往往不相等，从而会出现月末余额，如果月末余额在借方，表示本月实际支付款大于应付款，多付了动力费用,可以抵冲下月应付费用;如果月末余额在贷方,表示本月应付款大于实际支付款,形成应付动力费用,可以在下月支付。

如果每月支付动力费用的日期基本固定,而且每月付款日到月末的应付动力费用相差不多时,各月付款日到月末的应付动力费用可以互相抵消,如果不影响各月动力费用核算的准确性,也可以不通过"应付账款"科目,而直接借记有关成本、费用类科目,贷记"银行存款"科目。

2.外购动力费用分配的核算

外购动力费用的分配也必须通过编制外购动力费用分配表进行。外购动力有的直接用于产品生产,如生产工艺过程耗用电力;有的间接用于生产,如生产车间照明用电;有的用于行政经营管理,如行政管理部门耗用等。这些动力费用是按用途进行分配的,在有仪表记录的情况下,按照仪表所示耗用动力数量以及动力单价计算;在没有安装仪表以及车间生产用的动力无法按不同产品分别安装仪表的情况下,所发生的外购动力费用应采用一定的分配方法在受益对象之间进行分配。分配方法有生产工时比例分配法、机器工时比例分配法、定额耗用量比例分配法等。

在进行外购动力费用分配的账务处理时,直接用于产品生产的外购动力,如能分清是哪种产品耗用的,可直接记入该种产品成本明细账的"燃料及动力"成本项目;不能分清是哪种产品耗用的,则应采用上述的分配方法将外购动力费用分配计入各产品的成本中。照明、取暖用动力费用分别记入"制造费用"和"管理费用"科目及其所属的明细账中。

【例题5-4】某企业本月共用电75 000度,每度电费为1.00元,共发生电费75 000元。该企业各部门均安装有电表,电表显示各部门的用电情况如下:基本生产车间生产产品用电60 000度,照明用电5 000度,其中一车间3 000度,二车间2 000度,辅助生产车间(锅炉车间)用电8 000度,企业管理部门用电2 000度。基本生产车间生产甲、乙两种产品,本月甲产品的生产工时为8 000小时,乙产品的生产工时为4 000小时。该企业采用生产工时比例分配法分配动力费用。

【解析】该企业生产产品耗用的60 000度电在甲、乙两种产品之间的分配如下:

电费分配率= 60 000÷(8 000 + 4 000)= 5

甲产品负担电费= 5×8 000×1.00 = 40 000(元)

乙产品负担电费= 5×4 000×1.00 = 20 000(元)

编制会计分录如下:

借:基本生产成本——甲产品   40 000

           ——乙产品   20 000

   辅助生产成本——锅炉车间   8 000

   制造费用——一车间   3 000

         ——二车间   2 000

```
        管理费用                                                2 000
    贷：应付账款                                               75 000
```

如果实际的生产成本明细账没有设置"燃料及动力"成本项目，则直接用于产品生产的燃料及动力费用，可以分别计入"直接材料"和"制造费用"成本项目。

（三）直接人工费用的归集与分配

直接人工费用是企业在一定时期内直接支付给本企业直接生产人员的劳动报酬总额，由计时工资、计件工资、奖金、津贴和补贴、加班工资和带薪休假工资构成。

进行人工费用核算，必须有一定的原始记录作为依据。不同的薪酬制度所依据的原始记录不同。计算计时工资费用，应以考勤记录中的工作时间记录为依据；计算计件工资费用，应以产量记录中的产品数量和质量为依据。因此，考勤记录和产量记录是工资费用核算的主要原始记录。

1.直接人工费用的计算

（1）计时工资的计算。职工的计时工资，是根据考勤记录登记的每一位职工出勤或缺勤天数，按照规定的工资标准计算的，计时工资的计算方法有两种：月薪制和日薪制。

①月薪制是指不论各月日历天数多少，每月的标准工资相同，只要职工当月出满勤，就可以得到固定的月标准工资。企业固定职工的计时工资一般按月薪制计算。为了按照职工出勤或缺勤日数计算应付月工资，还应根据月工资标准计算日工资率。日工资率也称日工资，是指每位职工每日应得的平均工资额。

按照《中华人民共和国劳动法》的规定，法定节假日用人单位应当依法支付工资，即折算日工资率时不剔除国家规定的 11 天法定节假日。据此，月计薪天数为：

$$（365 - 104）÷12 = 21.75（天）$$

因此，日工资率的计算公式为：

日工资率 = 月标准工资 ÷ 21.75

按照这种方法计算的日工资率不论大小月一律按 21.75 天计算，月内的休息日不付工资，缺勤期间的休息日，当然也不扣工资。此外，应付月工资，可以按月标准工资扣除缺勤工资计算，其计算公式为：

应付计时工资 = 月标准工资 - （事假、旷工天数 × 日工资率 + 病假天数 × 日工资率 × 病假扣款率）

也可以直接根据职工的出勤天数计算，其计算公式为：

应付计时工资 = 本月出勤天数 × 日工资率 + 病假天数 × 日工资率 × （1 - 病假扣款率）

②日薪制是按职工出勤天数和日标准工资计算应付计时工资的方法。一般企业的临时职工的计时工资大多按日薪制计算，按日薪制计算计时工资的企业里，职工每月的全勤月工资不是固定的，而是随着当月月份大小而发生变化。

【例题 5-5】假定某企业某工人的月工资标准为 4 350 元，10 月份共 31 天，其中病假 2 天，事假 3 天，休假 11 天（含 3 天节日休假），出勤 15 天。根据该工人的工龄，其病假工资按工资标准的 80% 计算。该工人的病假和事假期间没有节假日。请采用月薪制计算该工人 10 月份的标准工资。

【解析】（1）按 21.75 天计算日工资率为：

日工资率＝ 4 350 ÷ 21.75 ＝ 200（元/天）

（2）按缺勤天数扣除缺勤工资计算的月工资为：

应付工资＝ 4 350 － 200×2×20% － 200×3 ＝ 3 670（元）

（3）按出勤天数计算的月工资为：

应付工资＝ 200×（15＋3）＋ 200×2×80% ＝ 3 920（元）

（2）计件工资的计算。计件工资是根据每人（或班组）当月生产的实际合格产品数量和规定的计件单价计算的工资。材料不合格造成的废品，应支付工资；加工人员的过失造成的废品，则不支付工资。有关计算公式为：

应付计件工资＝∑［（合格产品数量＋料废产品数量×加工程度）×计件单价］

（3）奖金、津贴和补贴以及加班工资的计算。奖金分为单项奖和综合奖两种。单项奖按规定的奖励条件和奖金标准及有关原始记录计算；综合奖由班组、车间或部门评定分配。

各种津贴、补贴应根据国家规定的享受范围和标准进行计算。

加班工资，应根据加班天数和时数，以及职工个人的日工资率和小时工资率计算。

根据上述计算出计时工资、计件工资及其他奖金、津贴、加班工资以后，就可以计算职工的应付工资和实发工资。其计算公式为：

应付工资＝应付计时工资＋应付计件工资＋奖金＋津贴补贴＋加班工资＋特殊情况下支付的工资

在实际工作中，为了减少现金收付工作，便于职工收付有关款项，企业向职工支付工资时，一般可同时支付某些福利费用和交通补贴等代发款项，并且扣除职工应付的房租费、托儿费、个人所得税等代扣款项。实发工资计算公式为：

实发工资＝应付工资＋代发款项－代扣款项

2. 直接人工费用的分配

企业的会计部门应该根据前述计算出来的职工工资，按照车间、部门分别编制工资结算单，按照职工类别和姓名分行填列应付每一职工的各种工资、代发款项、代扣款项和应发金额，作为与职工进行工资结算的依据。为了掌握整个企业工资结算和支付情况，还应根据各车间、部门的工资结算单等资料，编制全厂工资结算单（也称工资结算汇总表），同时据以编制工资费用分配表。

根据工资费用分配表进行工资的分配时，其中直接进行产品生产和辅助生产的生产工人工资，应分别记入"基本生产成本"和"辅助生产成本"科目；生产车间的组织和管理人员的工资应记入"制造费用"科目；企业管理人员的工资、销售人员的工资、基本建设人员的工资等，应分别记入"管理费用""销售费用""在建工程"等科目；已分配的工资总额，应记入"应付职工薪酬"科目的贷方。

采用计件工资形式支付的生产工人工资，作为直接费用，可直接计入所生产产品的成本；采用计时工资形式支付的工资，如果生产工人只生产一种产品，仍可以作为直接费用，计入所生产产品的成本。如果生产多种产品，则需要选用合适方法，在各种产品之间进行分配。一般以产品生产所耗用的生产工时作为分配标准进行分配。计算公式为：

生产工资分配率＝应分配的工资费用÷各种产品生产工时之和

某产品应分配的工资费用＝该产品的生产工时×生产工资分配率

【例题 5-6】某企业生产甲、乙两种产品，应直接计入的工资费用分别为 36 000 元和 24 000 元。需要间接计入的工资费用为 160 000 元。甲、乙两种产品的生产工时分别为 12 000 小时和 8 000 小时。人工费用按产品生产工时比例进行分配，请计算甲、乙两种产品的人工费用。

【解析】甲、乙两种产品的人工费用分别计算如下：

工资费用分配率＝160 000÷（12 000＋8 000）＝8.00

甲产品人工费用＝36 000＋8.00×12 000＝132 000（元）

乙产品人工费用＝24 000＋8.00×8 000＝88 000（元）

（1）工资费用分配的核算。根据工资结算单等有关资料编制会计分录，工资费用按不同的部门单位计入相应的费用项目。

借：基本生产成本——甲产品

　　　　　　——乙产品

　　辅助生产成本——A 车间

　　　　　　——B 车间

　　制造费用

　　管理费用

　　销售费用

　　在建工程

　贷：应付职工薪酬——工资

（2）社会保险费及住房公积金分配的核算。对社会保险费及住房公积金，由于不同地区、不同年份的缴费基数和缴费比例不一样，企业应当按照本地区的有关规定计算缴纳并进行会计处理，并根据当地政策，及时做出调整。如 2024 年北京社保缴费比例为养老保险：单位 16%，个人 8%；医疗保险：单位 10%，个人 2%；失业保险：单位 0.8%，个人 0.2%；生育保险：单位 0.8%，个人不缴；工伤保险：单位 0.5%～2%，个人不缴；北京的住房公积金缴存比例单位可根据自身经济情况在 5%～12% 的范围内自主确定，单位缴存比例与个人缴存比例应保持一致。

企业应根据社会保险费及住房公积金计提表等有关资料编制会计分录，按不同的部门单位计入相应的费用项目。

借：基本生产成本——甲产品

     ——乙产品

  辅助生产成本——A车间

     ——B车间

  制造费用

  管理费用

  销售费用

  在建工程

 贷：应付职工薪酬——社会保险费

     ——住房公积金

（3）工会经费、职工教育经费分配的核算。按照税法规定，企业拨付的工会经费，不超过工资薪金总额2%的部分允许税前扣除；除国务院财政、税务主管部门另有规定外，企业发生的职工教育经费支出，不超过工资薪金总额8%的部分，准予在计算企业所得税应纳税所得额时扣除；超过的部分，准予结转以后纳税年度扣除。

企业应根据工会经费、职工教育经费计提表等有关资料编制会计分录，按不同的部门单位计入相应的费用项目。

借：基本生产成本——甲产品

     ——乙产品

  辅助生产成本——A车间

     ——B车间

  制造费用

  管理费用

  销售费用

  在建工程

 贷：应付职工薪酬——工会经费

     ——职工教育经费

三、辅助生产费用的归集与分配

（一）辅助生产费用的归集

辅助生产是指为基本生产和行政管理部门服务而进行的产品生产和劳务供应。辅助生产所进行的产品生产主要包括工具、模具、修理用备件、零件制造等；辅助生产所进行的劳务供应主要包括运输、修理、供水、供电、供气、供风等服务。辅助生产部门在进行产品生产和劳务供应时所发生的各种费用就是辅助生产费用。

为了归集所发生的辅助生产费用，应设置"辅助生产成本"总账科目，按辅助生产车间及其生产的产品、劳务的种类进行明细核算。"辅助生产成本"明细账的设置与"基本生产成本"明细账相似，一般应分车间、按产品或劳务设置，明细账内再按规定的成本项目设置专栏。对于规模较小，发生的制造费用不多、也不对外销售产品或劳务的车间，为了简化核算工作，辅助生产车间的制造费用可以不单独设置"制造费用——辅助生产车间"明细账，而直接记入"辅助生产成本"科目及其明细账。

（二）辅助生产费用的分配

辅助生产车间所生产的产品和提供的劳务种类不同，其转出分配的程序也不同，辅助生产车间所生产产品应在完工入库时，从"辅助生产成本"科目的贷方转入"周转材料"或"原材料"等科目的借方；提供劳务的辅助生产部门所发生的费用，要在各受益单位之间按照所耗数量或其他比例进行分配。分配时，应从"辅助生产成本"科目的贷方转入"基本生产成本""制造费用""销售费用""管理费用""在建工程"等科目的借方。

辅助生产费用的分配，应通过辅助生产费用分配表进行。分配辅助生产费用的方法有很多，主要有直接分配法、交互分配法、代数分配法和计划成本分配法等。

1. 直接分配法

直接分配法是指不计算辅助生产车间相互提供产品和劳务的费用，直接将辅助生产车间发生的实际费用分配给辅助生产车间以外的各受益对象。其计算公式为：

某辅助生产车间费用分配率＝某辅助生产车间待分配费用总额÷辅助生产车间对外提供劳务数量之和

某受益对象应负担的劳务费用＝某受益对象耗用的劳务数量×辅助生产费用分配率

【例题5-7】某企业设有供电、供水两个辅助生产车间，根据辅助生产明细账可知，2024年9月，供电车间直接发生的待分配费用为95 000元，供水车间直接发生的待分配费用为63 000元，两个车间本月提供劳务量见表5-3。

表5-3 辅助车间本月提供劳务量

2024年9月

受益部门		供电度数	供水吨数
辅助生产车间	供电		500
	供水	6 500	
基本生产车间	甲产品	30 000	
	乙产品	35 000	
	一车间	8 000	3 000
	二车间	6 000	2 200
管理部门		16 000	1 800
合计		101 500	7 500

请用直接分配法分配辅助生产费用。

【解析】（1）根据上述资料，编制采用直接分配法计算的"辅助生产费用分配表"，见表5-4。

表5-4　辅助生产费用分配表（直接分配法）

2024 年 9 月

项目		供电车间		供水车间		金额合计 / 元
		数量	金额 / 元	数量	金额 / 元	
待分配费用			95 000		63 000	158 000
对外提供劳务数量		95 000		7 000		
费用分配率			1.000 000		9.000 000	
基本生产成本	甲产品	30 000	30 000			30 000
	乙产品	35 000	35 000			35 000
制造费用	一车间	8 000	8 000	3 000	27 000	35 000
	二车间	6 000	6 000	2 200	19 800	25 800
管理费用		16 000	16 000	1 800	16 200	32 200
分配费用合计		95 000	95 000	7 000	63 000	158 000

（2）根据表5-4，应编制会计分录如下：

借：基本生产成本——甲产品　　　　　　　　　　　　　　　30 000

　　　　　　　　　——乙产品　　　　　　　　　　　　　　35 000

　　制造费用——一车间　　　　　　　　　　　　　　　　　35 000

　　　　　　　——二车间　　　　　　　　　　　　　　　　25 800

　　管理费用　　　　　　　　　　　　　　　　　　　　　　32 200

　　　贷：辅助生产成本——供电车间　　　　　　　　　　　95 000

　　　　　　　　　　　　——供水车间　　　　　　　　　　63 000

采用直接分配法，各辅助生产车间的待分配费用只对辅助生产车间以外的受益单位分配一次，计算工作简便；但各辅助生产车间包括的费用不全，如例题5-7中供电车间的费用不包括所耗用的水费，供水车间的费用不包括所耗用的电费，因而分配结果不够准确。直接分配法一般适宜在辅助生产车间内部相互提供劳务不多，不进行费用的交互分配，对辅助生产成本和企业产品影响不大的情况下采用。

2.交互分配法

采用交互分配法，应先根据各辅助生产车间、部门相互提供劳务的数量和交互分配前的费用分配率（单位成本），进行一次交互分配；然后将各辅助生产车间、部门交互分配后的实际费用（交互分配前的费用加上交互分配转入的费用，减去交互分配转出的费用）按对外提供劳务的数量，在辅助生产车间、部门以外的各受益单位之间进行分配。其有关计算公式为：

辅助生产车间交互分配率＝待分配费用总额÷提供劳务总量

某辅助生产车间应负担其他辅助生产费用＝该辅助生产车间耗用其他辅助生产车间劳务量×交互分配率

辅助生产车间对外分配率＝（待分配费用＋交互分配转入的费用－交互分配转出的费用）÷对外提供的劳务总量

某受益对象应负担的辅助生产费用＝该受益对象耗用的劳务数量×对外费用分配率

【例题 5-8】本例沿用例题 5-7 的资料，请用交互分配法分配辅助生产费用。

【解析】编制采用交互分配法计算的"辅助生产费用分配表"，见表 5-5。

表 5-5　辅助生产费用分配表（交互分配法）

2024 年 9 月

步骤	项目		供电车间		供水车间		金额合计 /元
			数量	金额 / 元	数量	金额 / 元	
交互分配	待分配费用			95 000.00		63 000.00	158 000.00
	提供劳务总量		101 500		7 500		
	交互分配率			0.935 961		8.400 000	
	辅助生产车间	供电车间			500	4 200.00	4 200.00
		供水车间	6 500	6 083.74			6 083.74
对外分配	交互分配后对外分配费用			93 116.26		64 883.74	158 000.00
	对外提供劳务数量		95 000		7 000		
	对外分配率			0.980 171		9.269 106	
	基本生产成本	甲产品	30 000	29 405.13			29 405.13
		乙产品	35 000	34 305.99			34 305.99
	制造费用	一车间	8 000	7 841.37	3 000	27 807.32	35 648.69
		二车间	6 000	5 881.03	2 200	20 392.03	26 273.06
	管理费用		16 000	15 682.74	1 800	16 684.39	32 367.13
	分配费用合计			93 116.26		64 883.74	158 000.00

根据表 5-5，应编制会计分录如下：

借：基本生产成本——甲产品　　　　　　　　　　　　　　　　　　29 405.13

　　　　　　　　——乙产品　　　　　　　　　　　　　　　　　　34 305.99

　　制造费用——一车间　　　　　　　　　　　　　　　　　　　　35 648.69

　　　　　　　——二车间　　　　　　　　　　　　　　　　　　　26 273.06

　　管理费用　　　　　　　　　　　　　　　　　　　　　　　　　32 367.13

　　贷：辅助生产成本——供电车间　　　　　　　　　　　　　　　93 116.26

　　　　　　　　　　　——供水车间　　　　　　　　　　　　　　64 883.74

采用交互分配法，由于辅助生产内部相互提供劳务进行了交互分配，因而提高了分配结果的正确性，但由于各种辅助生产费用都要计算两个费用分配率，进行两次分配，特别是在辅助生产车间较多的情况下，加大了分配的工作量，因此，这种方法适用于辅助生产部门之间相互提供产品和劳务的数量较多的情况。

1. 代数分配法
2. 计划成本分配法

四、制造费用的归集与分配

（一）制造费用的归集

制造费用指企业为生产产品或提供劳务而发生的、应计入产品成本，但没有专设成本项目的各项生产费用。制造费用的项目一般包括人工费、折旧费、修理费、租赁费（不包括融资租赁费）、保险费、机物料消耗、周转材料摊销、运输费、取暖费、水电费、劳动保护费、办公费、差旅费、设计制图费、试验检验费、在产品盘亏、毁损和报废（减盘盈）、季节性及修理期间的停工损失等。

制造费用的归集应通过"制造费用"总账科目的借方进行，该科目应按不同的生产部门设置明细账，按具体的制造费用项目设置专栏。发生制造费用时，借记"制造费用——××费用项目"，贷记"银行存款""原材料""应付职工薪酬""累计折旧""辅助生产成本"等科目。辅助生产车间发生的制造费用可通过"制造费用——××辅助生产车间"科目的借方进行归集，也可直接在"辅助生产成本"科目的借方进行归集。

（二）制造费用的分配

如果一个车间只生产一种产品，所发生的制造费用应直接计入该种产品的成本；如果一个车间生产多种产品，所发生的制造费用应采用适当的分配方法分配计入各种产品的成本。

制造费用分配的方法有很多，通常采用生产工人工时比例分配法、生产工人工资比例分配法、机器工时比例分配法、年度计划分配率分配法和作业成本法等。

1. 生产工人工时比例分配法

生产工人工时比例分配法是按照各种产品所用生产工人实际工时的比例分配制造费用的一种方法。按照生产工人工时比例分配制造费用，同按生产工人工时分配工资费用一样，也能将劳动生产率与产品负担的费用水平联系起来，使分配结果比较合理。其计算公式为：

制造费用分配率＝该车间制造费用总额÷该车间生产工时总数

某产品应负担的制造费用＝该产品生产工时数×制造费用分配率

【例题 5-9】某企业基本生产车间生产甲、乙两种产品，按生产工时比例分配制造费用。2024 年 9 月，甲产品生产工时为 8 000 小时，乙产品生产工时为 4 000 小时，根据基本生产车间"制造费用明细账"中所列制造费用总额为 96 000 元，进行制造费用分配。

【解析】应分配计算如下：

制造费用分配率＝96 000÷（8 000＋4 000）＝8.00（元/小时）

甲产品应分配制造费用＝8 000×8.00＝64 000（元）

乙产品应分配制造费用＝4 000×8.00＝32 000（元）

根据上述计算结果，编制"制造费用分配表"，见表5-6。

表5-6　制造费用分配表

车间：基本生产车间　　　　　　　　　　　　2024年9月

应借科目		生产工时／元	分配率／（元／小时）	分配金额／元
基本生产成本	甲产品	8 000		64 000
	乙产品	4 000		32 000
合计		12 000	8.00	96 000

根据表5-8，应编制下列会计分录：

借：基本生产成本——甲产品　　　　　　　　　　　　　　　64 000

　　　　　　　　——乙产品　　　　　　　　　　　　　　　32 000

　　贷：制造费用——基本生产车间　　　　　　　　　　　　96 000

如果产品的工时定额比较准确，制造费用也可按生产定额工时的比例分配。

2.生产工人工资比例分配法

生产工人工资比例分配法是按照计入各种产品成本的生产工人实际工资的比例分配制造费用的一种方法。生产工人工资的资料比较容易取得，因而采用这一分配方法，核算工作很简便。但是采用这种方法，各种产品的机械化程度应该相差不多，否则会影响费用分配的合理性。其计算公式为：

1. 机器工时比例分配法
2. 年度计划分配率分配法

制造费用分配率＝该车间制造费用总额÷该车间生产工人工资总额

某种产品应分配的制造费用＝该种产品的生产工人工资数×制造费用分配率

如果生产工人工资是按照生产工时比例分配计入各种产品成本的，那么按照生产工人工资比例分配制造费用，实际上也就是按照生产工时比例分配制造费用。

五、完工产品成本的计算

按照《企业产品成本核算制度》的规定，企业应当根据产品的生产特点和管理要求，按成本计算期结转成本，通常以月为成本计算期。通过前述对费用的归集与分配，应计入产品成本的直接材料、直接人工及制造费用等都已按成本项目全部集中反映在"基本生产成本"账户及其明细账的借方。如果产品已经全部完工，产品成本明细账中归集的生产费用之和，就是该种完工产品的成本；如果产品全部未完工，产品成本明细账归集的生产费用之和，就是该种在产品的成本；如果既有完工产品又有在产品，产品成本明细账中归集的生产费用之和，还应在完工产品与月末在产品之间采用适当的分配方法进行生产费用的分配，以计算完工产品和月末在产品的成本。

生产费用合计数与本月完工产品及月末在产品成本之间的关系，可以用公式表示为：

月初在产品成本＋本月发生生产费用＝本月完工产品成本＋月末在产品成本

根据上述公式，则有：

本月完工产品成本＝月初在产品成本＋本月发生生产费用－月末在产品成本

生产费用在完工产品和在产品之间分配的常用方法有：不计算在产品成本法、在产品成本按年初固定数计算法、原材料扣除法、在产品成本按完工产品成本计价法、在产品按定额成本计价法、定额比例法以及约当产量法。其中应用最为广泛的是约当产量法。

（一）约当产量法

约当产量法是指将月末实际盘存的在产品数量，按其完工程度或投料程度折算成相当于完工产品的数量，然后将本期的生产费用按照月末完工产品数量和在产品约当产量比例进行分配，从而计算出完工产品成本和月末在产品成本的方法。有关计算公式为：

在产品约当产量＝在产品数量×在产品加工程度（投料率）

约当总产量＝本月完工产品数量＋月末在产品约当产量

某项费用分配率＝（月初在产品成本＋本月发生生产费用）÷约当总产量

月末在产品应分配的费用＝月末在产品约当产量×费用分配率

本月完工产品应分配的某项费用＝完工产品产量×费用分配率

＝月初在产品费用＋本月发生费用－月末在产品费用

在产品在生产加工过程中加工程度和投料情况不同，因此必须区别成本项目计算在产品的约当产量，要正确计算在产品的约当产量，首先必须确定投料程度和完工程度。

1.投料程度的确定

直接材料费用项目约当产量的确定，取决于产品生产过程中的投料程度。在产品投料程度是指在产品已投材料占完工产品应投材料的百分比。在生产过程中，材料投入形式通常有四种：在生产开始时一次性投入；在生产过程中陆续投入，且投入量与加工进度一致；在生产过程中陆续投入，且投入量与加工进度不一致；在生产过程中分工序一次性投入。由于投料形式不同，在产品投料程度也不同。

（1）原材料在生产开始时一次性投入。当直接材料于生产开始时一次性投入，即投料百分比为100%时，不论在产品完工程度如何，其单位在产品耗用的原材料与单位完工产品耗用的原材料是相等的。因此，用以分配直接材料费用的在产品的约当产量即为在产品的实际数量。

【例题5-10】某企业A产品本月份完工240件，月末在产品60件，原材料在生产开始时一次性投入。应分配费用：月初和本月发生的原材料费用9 000元，人工费及其他费用5 760元，在产品完工程度测定为80%，请将上述费用在完工产品和月末在产品之间进行分配。

【解析】完工产品和月末在产品的原材料费用和人工及其他费用的分配计算如下：

原材料费用项目在产品约当产量＝60×100%＝60（件）

人工及制造费用项目在产品约当产量＝60×80%＝48（件）

原材料分配率＝9 000÷（240＋60）＝30（元/件）

人工及其他费用分配率＝5 760÷（240＋48）＝20（元/件）

在产品应分配原材料费用＝60×30＝1 800（元）

在产品应分配人工及其他费用＝48×20＝960（元）

完工产品应分配原材料费用＝240×30＝7 200（元）

$$或＝9 000－1 800＝7 200（元）$$

完工产品应分配人工及其他费用＝240×20＝4 800（元）

$$或＝5 760－960＝4 800（元）$$

（2）原材料陆续投入，且投入量与加工进度一致。当直接材料随生产过程陆续投入且投入量与加工进度一致时，在产品投料程度的计算与完工程度的计算相同。此时，分配直接材料费用的在产品约当产量按完工程度折算。

【例题5-11】某企业B产品本月完工500件，月末在产品200件，原材料随加工进度陆续投入，月末在产品完工程度测定为50%，月初和本月发生的原材料费用共计120 000元，人工及其他费用共计72 000元，请将上述费用在完工产品和月末在产品之间进行分配。

【解析】完工产品和月末在产品的原材料费用和人工及其他费用的分配计算如下：

月末在产品约当产量＝200×50%＝100（件）

原材料费用分配率＝120 000÷（500＋100）＝200（元/件）

人工及其他费用分配率＝72 000÷（500＋100）＝120（元/件）

完工产品原材料费用＝500×200＝100 000（元）

完工产品人工及其他费用＝500×120＝60 000（元）

月末在产品原材料费用＝100×200＝20 000（元）

月末在产品人工及其他费用＝100×120＝12 000（元）

（3）原材料陆续投入，且投入量与加工进度不一致。当直接材料随生产过程陆续投入，且原材料投料程度与加工进度不一致时，原材料的投料程度应按每工序的原材料投料定额计算，其计算公式为：

某工序在产品投料程度＝（前面各道工序投料定额之和＋本工序投料定额×50%）÷完工产品投料定额×100%

【例题5-12】某企业C产品由两道工序制成，原材料在生产过程中分工序陆续投入。各工序原材料消耗定额为：第一工序60千克，第二工序40千克，共100千克。本月完工200件，各工序月末在产品数量为：第一工序100件，第二工序50件。月初和本月发生的原材料费用为179 800元，请将材料费用在完工产品和月末在产品之间进行分配。

【解析】（1）计算原材料每道工序的投料率：

第一工序投料率＝60×50%÷100×100%＝30%

第二工序投料率＝（60＋40×50%）÷100×100%＝80%

（2）计算各工序在产品的约当产量：

第一工序在产品约当产量＝100×30%＝30（件）

第二工序在产品约当产量＝50×80%＝40（件）

期末在产品约当产量＝30＋40＝70（件）

（3）计算分配材料费用：

原材料费用分配率＝179 800÷（200＋70）＝665.93（元/件）

月末在产品分配材料费用＝70×665.93＝46 615.10（元）

完工产品分配材料费用＝179 800－46 615.10＝133 184.90（元）

（4）原材料在各工序开始时一次性投入。如果在生产过程中，原材料不是在生产开始时一次性投入，而是分工序一次性投入，即在每道工序开始时一次性投入本工序所耗原材料。此时，各工序在产品耗用的原材料同完工产品耗用的原材料是一样的。则月末在产品投料程度的计算公式为：

某工序投料程度＝到本工序为止的累计投料定额÷完工产品投料定额×100%

【例题5-13】本例沿用例题5-12的资料，其原材料分两道工序在每道工序开始时一次性投入，其他资料同上。请将材料费用在完工产品和月末在产品之间进行分配。

【解析】（1）计算原材料每道工序的投料率：

第一工序投料率＝60÷100×100%＝60%

第二工序投料率＝（60＋40）÷100×100%＝100%

（2）计算各工序在产品的约当产量：

第一工序在产品约当产量＝100×60%＝60（件）

第二工序在产品约当产量＝50×100%＝50（件）

在产品约当总产量＝60＋50＝110（件）

（3）计算分配材料费用：

原材料费用分配率＝179 800÷（200＋110）＝580（元/件）

月末在产品分配材料费用＝110×580＝63 800（元）

完工产品分配材料费用＝179 800－63 800＝116 000（元）

2.完工程度的确定

对于直接人工和制造费用，也称加工费用，通常按完工程度计算约当产量。完工程度的确定通常有以下两种形式。

（1）按平均完工程度计算。当企业生产进度比较均衡，各道工序在产品数量和加工量上都相差不大时，后面各工序在产品多加工的程度可以弥补前面各工序少加工的程度。这样，全部在产品完工程度均可按50%平均计算。

（2）按各工序的累计工时定额占完工产品工时定额的比例计算。如果各工序在产品数量和加工量上差别较大，后面各工序在产品多加工的程度不足以弥补前面各工序少加工的程度，则要分工序分别计算在产品的完工程度。计算公式为：

某工序在产品完工程度＝（前面各道工序工时定额之和＋本工序工时定额×50%）÷完工产品工时定额×100%

【例题 5-14】某企业 C 产品由两道工序制成，本月完工 200 件，各工序月末在产品数量为：第一工序 100 件，第二工序 50 件。每道工序的工时定额分别为 30 小时和 20 小时，产品的工时定额共为 50 小时。月初和本月发生的人工及其他费用为 3 808 元。请分配人工及其他费用。

【解析】（1）计算各工序在产品的完工率。

第一工序完工率＝30×50%÷50×100%＝30%

第二工序完工率＝（30＋20×50%）÷50×100%＝80%

（2）计算在产品约当产量。

第一工序在产品约当产量＝100×30%＝30（件）

第二工序在产品约当产量＝50×80%＝40（件）

月末在产品约当产量＝30＋40＝70（件）

（3）分配工资及其他费用

人工及其他费用分配率＝64 800÷（200＋70）＝240（元/件）

月末在产品分配人工及其他费用＝70×240＝16 800（元）

完工产品分配人工及其他费用＝64 800－16 800＝48 000（元）

（二）其他方法

1.不计算在产品成本法

不计算在产品成本法的基本特点是：当月发生的生产费用，全部由当月完工产品负担。对于在产品数量少，且各月变动不大的企业，在产品成本的计算与否，对完工产品成本影响不大，为了简化核算，可以不计算在产品成本。这种方法计算出的本月完工产品的总成本等于该产品生产成本明细账中归集的全部生产费用。

2.在产品成本按年初固定数计算法

在产品成本按年初固定数计算法的基本特点是：年内各月（1—11月份）的在产品成本都按年初在产品成本计算，即 1—11 月份发生的生产费用，全部由当月完工产品负担；期末有在产品成本，其金额按年初数确定；年末（12月份），根据盘点数重新确定在产品成本，作为次年在产品计价的依据。该方法适用于在产品数量较少，或虽然数量较多，但各月数量比较均衡，月初月末在产品成本差异较小，对各月完工产品成本影响不大的企业。

3.原材料扣除法

原材料扣除法是一种月末在产品成本只计算其所耗用的材料费用，不计算人工费用和制造费用的成本方法，也就是说，产品的加工费用全部由完工产品负担。采用这种方法时，本月完工产品成本等于月初在产品材料成本加上本月发生的全部生产费用，再减去月末在产品材料成本。这种方法适用于各月末在产品数量较多、各月在产品数量变化较大且材料费用在成本中所占比重较大的企业采用。

4.在产品成本按完工产品成本计价法

在产品成本按完工产品成本计价法就是将在产品视同完工产品计算，分配生产费用的方法。该方法适用于月末在产品已接近完工，或产品已经加工完毕，但尚未验收或包装入库的产品。

5.在产品按定额成本计价法

在产品按定额成本计价法是指月末在产品按定额成本计算，该产品的全部生产费用（月初在产品费用加上本月发生的费用）减去按定额成本计算的月末在产品成本后的余额作为完工产品的成本。这种方法适用于各项消耗定额或费用定额比较准确、稳定，而且各月末在产品数量变化不大的产品。采用这种方法时，月末在产品成本不负担实际生产费用脱离定额的差异，而全部由完工产品成本负担，所以在实际生产费用脱离定额差异比较大的情况下，就会影响产品成本计算的准确性。

6.定额比例法

定额比例法是指产品的生产费用在完工产品与月末在产品之间按照两者的定额消耗量或定额费用比例分配。其中，原材料费用按原材料的定额消耗量或定额费用比例分配，各项加工费通常按定额工时比例分配。这种方法适用于各项消耗定额比较准确、稳定，但各月末在产品数量变动较大的产品。

上述完工产品与在产品费用分配的常用方法，企业可以根据实际需要自行选择某一种或几种方法。

📖 素养提升

在当今快速发展的经济时代，成本核算不仅仅是企业内部管理的一项核心工作，更是每一个即将走向社会的青年学子应当深刻理解和掌握的知识。成本核算，不仅有助于培养学生的专业素养，更能引导学生在未来的职业生涯中，成为具有强烈社会责任感的担当者。

成本核算，要求学生在数据的海洋中，寻找成本的真相，为企业的决策提供有力支持。这一过程，不仅锻炼了学生的逻辑思维和数据分析能力，更教会了学生如何在复杂的市场环境中，保持清醒的头脑，坚守诚信的底线。

然而，成本核算并不仅仅是冰冷的数字和计算，它更是一种责任，一种对企业、对社会、对国家的责任。在成本核算的过程中，学生不仅要关注企业的经济效益，更要关注其社会效益和环境效益。每一个决策都可能影响到企业的未来，甚至影响到整个社会的福祉。因此，在学习中应培养学生高度的责任感和使命感，以更加负责任的态度去面对未来的工作。

任务二　产品成本计算的品种法

一、产品成本的计算方法

产品成本的计算，就是按照一定的方法系统地记录生产过程中所发生的费用，并按照一定的对象和标准进行归集与分配，确定各种产品的总成本和单位成本的过程。不同的企业和车间，特点不同，生产类型和管理要求不同，采用的产品成本计算方法也不同。企业只有根据不同生产类型的特点和管理要求，选择不同的成本计算方法，才能正确地计算产品成本。

产品成本计算方法通常是指产品、作业、劳务成本的计算方法，是将一定期间的生产费用按照适当的方法予以归集和分配，以求得各种产品的总成本和单位成本的方法。

（一）产品成本计算方法的组成要素

产品成本计算方法的组成要素一般包括：成本计算对象的确定、成本计算期的确定、生产费用计入产品成本的程序、生产费用在完工产品与在产品之间的分配方法等。

1.成本计算对象

成本计算对象是指为归集和分配生产费用进行成本计算而确定的生产费用的承担者。成本计算对象的确定，既要适合企业的生产类型的特点，又要满足加强成本管理的要求。制造企业一般可以按照产品品种、批次订单、生产步骤等确定成本计算对象。

2.成本计算期

成本计算期是指每次计算产品成本的期间，即生产费用归集与分配计入产品成本的起讫日期。制造企业产成品和在产品的成本核算，除季节性生产企业等以外，应当以月为成本计算期。

3.生产费用计入产品成本的程序

生产费用计入产品成本的程序是指将产品生产过程中发生的各种费用进行归集和分配的方法和步骤。生产工艺特点、生产组织方式、成本管理要求等均会对生产费用的归集和分配程序产生影响。大批量生产单一产品的企业，其所有的生产费用都是直接费用，可以直接计入该产品成本，如发电厂、自来水公司等；而对于多品种生产的企业，应当将生产费用区分为直接费用和间接费用，并采用适当的方法在不同品种、批次、步骤间予以归集分配，如服装生产、化工生产、机械制造等。

4.生产费用在完工产品与在产品之间的分配方法

前面已经详细介绍了生产费用在完工产品与在产品之间的分配方法，不难发现，其主要受生产工艺和生产组织方式的影响。如大批量的单步骤生产，因为期末无在产品或在产品很少，所以一般采用"不计算在产品成本法"；如果是多步骤生产，期末通常会存在一定量的在产品，所以通常需要采用"约当产量法"等将生产费用在完工产品与在产品之间进行分配。

（二）产品成本计算方法的影响因素

产品成本计算方法主要受生产类型和管理要求的影响。

1.生产类型对成本计算方法的影响

生产类型包括生产工艺和生产组织方式两个方面，其对成本计算方法的影响可以通过其对成本计算方法的组成要素的影响来体现。

（1）生产类型对成本计算对象的影响。不同的企业，由于生产经营特点不同，具体的成本计算对象亦会有所不同。如大批量单步骤生产的企业，由于生产工艺的不可间断性，只能以产品品种作为成本计算对象；对于需要按照客户订单组织生产的企业，通常以产品的订单或批次作为成本计算对象；大批量多步骤生产的企业，其生产工艺具有可间断性的特点，为了更好地掌握不同生产阶段的成本信息，通常在按照品种或批次核算成本的基础上，进一步对各个加工步骤的成本进行细化核算，所以以加工步骤作为成本计算对象。

（2）生产类型对成本计算期的影响。在大量、大批生产的情况下，一种产品会连续不断或经常重复地生产出来，通常按月计算产品成本。

在小批、单件生产的情况下，各批次产品的生产周期不同，而且批量小，生产不重复或者很少重复，虽然也需要每月月末将归集的费用进行分配，但各批次完工产品的成本需要等到该批次（或订单）的产品全部完工后，才能计算出其实际总成本和单位成本；对于跨月部分完工的产品，虽然月末暂时按定额成本等予以结转，但待整批产品全部完工后，需要重新计算实际成本。

（3）生产类型对生产费用计入产品成本程序的影响。如果企业生产的是单件或单一产品，则其发生的所有生产费用都属于直接费用，直接计入该产品成本，不存在间接费用的归集与分配问题；而如果属于多品种（批次）生产的企业，生产费用除了能够明确归属对象的直接费用可以直接计入各个产品成本核算对象外，通常还会发生一些共耗费用（间接费用），则需要设置专门的账簿对这些共耗费用予以归集，并采用适当的方法予以分配。

如果企业是单步骤生产的企业，不会存在步骤间费用结转的问题；如果是多步骤生产的企业，则下一生产步骤会耗用上一生产步骤的半成品，就需要根据成本管理的需要计算结转不同生产步骤的生产成本。

（4）生产类型对生产费用在完工产品与在产品之间的分配方法的影响。对于生产周期很短的单步骤生产，因为期末无在产品或在产品很少，不考虑在产品成本对产品成本计算的准确性不会产生大的影响，所以一般采用"不计算在产品成本法"；而如果是多步骤生产，因为生产周期一般比较长，月末通常会存在一定量的在产品，所以通常需要采用"约当产量法""原材料扣除法"等将生产费用在完工产品与在产品之间进行分配。

2.管理要求对产品成本计算方法的影响

成本计算对象的确定除了要适应企业的生产特点外，还要适应成本管理的要求。成本管理要求对成本计算方法的影响主要有以下几个方面。

（1）单步骤生产或者管理上不要求分步骤计算产品成本的多步骤生产，通常以产品品种、批次作为成本计算对象，采用品种法或分批法核算；

（2）管理上要求分步骤计算产品成本的多步骤生产，通常以产品品种、批次结合生产步骤作为成本计算对象，采用分步法核算；

（3）在产品品种、规格繁多的企业，管理上要求尽快提供成本资料，为了简化成本计算工作，可以采用分类法计算产品成本，再进一步计算出各类产品中不同品种的产品成本；

（4）在定额管理制度比较健全的企业，为了加强定额管理工作，可以采用定额法计算产品成本。

企业的生产特点（包括生产组织方式、生产工艺特点、产品种类等）不同，成本管理要求不同（如大公司通常会要求提供尽量详细的成本资料，为成本管理提供数据资源；而小公司通常出于成本效益的考虑，不要求提供详尽的成本资料），所以成本核算方法的选择和使用也不同。成本计算方法的选择应当根据企业的实际情况确定，既要考虑生产经营的特点，也要考虑成本管理的需要；既要保证成本核算的准确性，也要考虑成本效益原则。

（三）产品成本计算的常用方法

制造企业一般按照产品品种、批次或生产步骤确定成本计算对象，所以制造企业的三种基本成本计算方法是：品种法、分批法和分步法。

以产品的品种作为成本计算对象的产品成本计算方法，即品种法。以产品的批次作为成本计算对象的产品成本计算方法，即分批法。以产品的生产步骤作为成本计算对象的产品成本计算方法，即分步法。其中，品种法是最基本的一种方法，其他方法都需要与之结合使用。

在实际工作中，除了采用上述三种基本的成本计算方法外，还常用到一些辅助方法。如果企业生产的产品规格繁多，也可以将产品结构、耗用材料和工艺过程基本相同的产品作为一类，先按类计算成本，再在类内的不同品种的产品之间进行分配，即采用分类法核算。但在定额管理制度比较好的企业，为了考核定额的执行情况，便于定额的管理与分析，将符合定额的生产费用和脱离定额差异分别核算，即采用定额法核算。需要注意的是产品成本计算的辅助方法，一般应与基本方法结合起来使用，不单独使用。

二、品种法的工作原理

（一）品种法的含义及适用范围

产品成本计算的品种法，是指以产品品种作为成本计算对象，归集生产费用、计算产品成本的一种成本计算方法。它主要适用于以下企业或部门。

（1）大量、大批、单步骤生产的企业，如采掘业、发电厂等。

（2）大量、大批、多步骤生产，且管理上不要求分步骤计算产品成本的小型企业，如小型水泥厂、造纸厂等。

（3）企业的辅助生产部门，如供水、供电车间等。

因为按品种核算产品成本是最基本的要求，所以品种法是最基本的成本计算方法。

（二）品种法的工作原理

品种法因其应用于不同的企业以及成本计算的繁简程度不同，可以分为单一品种法（简单品种法）和多品种法（标准品种法）。

1.单一品种法的工作原理

单一品种法（简单品种法）的工作原理是：对于大量、大批、单步骤、生产单一产品的企业，通常没有或极少有在产品存在，生产过程中发生的应计入产品成本的各种生产费用都是直接费用，所以只需要直接根据有关凭证登记产品成本明细账（或成本计算单），所归集的费用就构成了该产品的总成本，除以当月完工产量，就是单位成本。该方法适用于产品品种单一、生产周期较短的大量、大批、单步骤生产的企业及企业的辅助生产车间的成本计算，如发电、采掘、辅助生产的供电、供水、供汽等。

2.多品种法的工作原理

多品种法（标准品种法）的工作原理是：按各种产品设明细账；生产费用需要区分直接费用和间接费用；期末如果有一定数量的在产品，需要将归集的生产费用在完工产品和在产品之间按一定方法进行分配。该方法适用于生产多种产品的大量、大批、单步骤生产，或管理上不要求分步骤计算成本的大量、大批、多步骤生产的企业，如小型造纸厂、水泥厂、制砖厂等。

（三）品种法的特点

1.成本计算对象

品种法的成本计算对象是产品品种，采用品种法计算产品成本的企业，如果只生产一种产品（如发电厂），则只需要为该产品设产品成本明细账（或以成本计算单代替），账内按成本项目设专栏，这时发生的全部费用都是直接费用，可以直接计入该产品成本明细账，不存在将生产费用在各种产品之间分配的问题。如果企业生产的是两种或两种以上的产品，则需要按每种产品设明细账，发生的直接费用可以直接计入，间接费用则需要采用适当方法在各种产品之间进行分配，然后计入各种产品的明细账。

2.成本计算期

品种法的成本计算期一般按月进行，因为大量、大批意味着不间断重复生产一种或多种产品，不可能等到产品全部完工再计算成本，所以只能定期在月末计算当月产出的完工产品成本。因此，品种法的成本计算期与会计报告期一致，但与生产周期不一致。

3.生产费用在完工产品和在产品之间的分配

月末，如果没有在产品或在产品数量很少，占有生产费用数额不大，按照重要性原则，就不需要计算在产品成本，归集的所有生产费用就是完工产品总成本，将其除以产量就是单位成本；如果月末在产品数量较多，占用费用较大，就需要采用适当的分配方法将所归集的生产费用在完工产品和在产品之间进行分配，计算出完工产品成本和在产品成本。

三、品种法的具体应用

（一）单一品种法（简单品种法）的应用举例

【例题 5-15】某企业 2024 年 9 月份只生产甲产品，采用大量、大批、单步骤生产，工艺比较简单，生产周期较短，月底 20 000 件甲产品全部完工并验收入库。本月生产车间生产甲产品耗用 A 材料 3 000 千克，单价 12 元；耗用 B 材料 2 400 米，单价 15 元；耗电 8 000 千瓦·时，单价 1.20 元；生产工人工资 50 000 元；车间一般耗用 A 材料 200 千克，照明用电 400 千瓦·时，机物料消耗 2 400 元，办公用品费用 600 元，管理人员工资 8 000 元，计提折旧 18 680 元。另外按照工资总额的 20% 计提企业负担的养老保险费用、按 5% 计提医疗保险费用、按 1% 计提失业保险费用、按 12% 计提住房公积金。

请根据上述资料按照简单品种法计算本月生产的甲产品的成本总额及单位成本。

【解析】（1）根据上述资料编制成本明细汇总表（见表5-7）。

表 5-7　成本明细汇总表

产品名称：甲产品　　　　　　　　　2024 年 9 月　　　　　　　　　单位：元

项目	直接材料	直接人工	制造费用
A 材料	36 000.00		2 400.00
B 材料	36 000.00		
电	9 600.00		480.00
工人工资		50 000.00	8 000.00
机物料消耗			2 400.00
办公用品			600.00
折旧			18 680.00
养老保险		10 000.00	1 600.00
医疗保险		2 500.00	400.00
失业保险		500.00	80.00

续表

项目	直接材料	直接人工	制造费用
住房公积金		6 000.00	960.00
合计	81 600.00	69 000.00	35 600.00

（2）根据成本明细汇总表编制甲产品成本计算单（见表5-8）。

表5-8　甲产品成本计算单

产量：20 000 件　　　　　　　　　　2024 年 9 月　　　　　　　　　　单位：元

成本项目	总成本	单位成本
直接材料	81 600.00	4.08
直接人工	69 000.00	3.45
制造费用	35 600.00	1.78
合计	186 200.00	9.31

（二）多品种法（标准品种法）的应用举例

【例题 5-16】某企业设有一个基本生产车间和一个辅助生产车间——供电车间。基本生产车间大量生产甲、乙两种产品，根据生产特点和管理要求，公司采用品种法计算产品成本。

材料在生产开始时一次性投入，甲、乙产品共同耗用的材料按直接材料比例分配；基本生产车间生产工人薪酬、制造费用均按生产工时比例分配；辅助生产成本采用直接分配法按用电度数进行分配；甲、乙两种产品均采用约当产量法计算完工产品和月末在产品成本（加工程度为 50%）。

该企业 2024 年 6 月份的有关资料见表5-9 至表5-12。请根据相关资料计算该企业完工产品和在产品成本。

表5-9　月初在产品成本

2024 年 6 月 1 日　　　　　　　　　　　　　　　　单位：元

产品品种	直接材料	直接人工	制造费用	合计
甲产品	40 000	6 000	4 000	50 000
乙产品	20 000	6 000	4 000	30 000

表5-10　产量资料

2024 年 6 月　　　　　　　　　　　　　　　　单位：件

项目	甲产品	乙产品
期初在产品	100	80
本月投产	700	470
本月完工	600	450
期末在产品	200	100

表 5-11　工时记录及用电度数统计

2024 年 6 月

项目		生产工时 / 小时	用电度数 / 千瓦·时
基本生产车间	甲产品	3 000	
	乙产品	2 000	
	一般消耗		32 000
管理部门			8 000
合计		5 000	40 000

表 5-12　本月生产费用资料

2024 年 6 月　　　　　　　　　　　　　　　　　　　单位：元

费用要素 / 用途	甲产品耗用	乙产品耗用	甲、乙产品共同耗用	基本生产车间一般耗用	辅助生产车间耗用	合计
原材料	320 000	160 000	120 000	2 800	1 200	604 000
人工费用			60 000	7 200	8 000	75 200
折旧费				36 000	24 000	60 000
水费				24 000	3 000	27 000
燃料费				6 000	2 000	8 000
办公费等				2 000	1 800	3 800
合计	320 000	160 000	180 000	78 000	40 000	778 000

【解析】（1）计算分配材料费用，见表 5-13。

表 5-13　材料费用分配

2024 年 6 月

产品名称	直接耗用材料费用 / 元	共同耗用材料费用 / 元	分配率	分配金额 / 元	材料费用合计 / 元
甲产品	320 000			80 000	400 000
乙产品	160 000			40 000	200 000
合计	480 000	120 000	0.250 000	120 000	600 000

说明：甲、乙产品共同耗用的材料按直接材料比例分配。

（2）计算分配人工费用，见表 5-14。

表 5-14　人工费用分配

2024 年 6 月

产品名称	分配标准 / 元	待分配费用 / 元	分配率	分配金额 / 元
甲产品	3 000			36 000
乙产品	2 000			24 000
合计	5 000	60 000	12.000 000	60 000

说明：甲、乙产品共同耗用的人工费用按生产工时比例分配。

（3）计算分配辅助生产费用，见表 5-15。

表 5-15　辅助生产费用分配表

2024 年 6 月

受益部门	分配标准 / 元	待分配费用 / 元	分配率	分配金额 / 元
基本生产车间	32 000			32 000
公司管理部门	8 000			8 000
合计	40 000	40 000	1.000 000	40 000

说明：辅助生产成本采用直接分配法按用电度数进行分配。

（4）计算分配基本生产车间制造费用，见表 5-16。

表 5-16　制造费用分配表

2024 年 6 月

产品名称	分配标准 / 元	待分配费用			分配率	分配金额 / 元
		基本生产车间耗用 / 元	辅助生产车间转入 / 元	合计 / 元		
甲产品	3 000					66 000
乙产品	2 000					44 000
合计	5 000	78 000	32 000	110 000	22.000 000	110 000

说明：制造费用按生产工时比例进行分配。

（6）编制"完工产品与月末在产品成本分配表"，分别见表 5-17 和表 5-18，计算甲、乙两种产品的完工产品和在产品成本。

表 5-17　甲完工产品与月末在产品成本分配

产品名称：甲产品　　　　　　　　　2024 年 6 月

成本项目	直接材料	直接人工	制造费用	合计
期初在产品 / 元	40 000	6 000	4 000	50 000
本月投入 / 元	400 000	36 000	66 000	502 000
生产费用合计 / 元	440 000	42 000	70 000	552 000
完工产品数量 / 件	600	600	600	
月末在产品数量 / 件	200	200	200	
投料率 / 加工程度	100%	50%	50%	
月末在产品约当产量 / 件	200	100	100	
约当总产量 / 件	800	700	700	
单位成本 / 元	550	60	100	710
月末在产品成本 / 元	110 000	6 000	10 000	126 000

成本项目	直接材料	直接人工	制造费用	合计
完工产品成本 / 元	330 000	36 000	60 000	426 000

说明：材料在生产开始时一次性投入，采用约当产量法计算完工产品和月末在产品成本（加工程度为 50%）。

表 5-18　乙完工产品与月末在产品成本分配

产品名称：乙产品　　　　　　　　　　2024 年 6 月

成本项目	直接材料	直接人工	制造费用	合计
期初在产品 / 元	20 000	6 000	4 000	30 000
本月投入 / 元	200 000	24 000	44 000	268 000
生产费用合计 / 元	220 000	30 000	48 000	298 000
完工产品数量 / 件	450	450	450	
月末在产品数量 / 件	100	100	100	
投料率 / 加工程度	100%	50%	50%	
月末在产品约当产量 / 件	100	50	50	
约当总产量 / 件	550	500	500	
单位成本 / 元	400	60	96	556
月末在产品成本 / 元	40 000	3 000	4 800	47 800
完工产品成本 / 元	180 000	27 000	43 200	250 200

说明：材料在生产开始时一次性投入，采用约当产量法计算完工产品和月末在产品成本（加工程度为 50%）。

1. 产品成本计算的分批法
2. 产品成本计算的分步法

素养提升

在现代企业管理中，产品成本核算是一项至关重要的工作。进行成本核算时，必须具备精细化管理的意识。每一个产品都有其独特的生产流程和成本结构，只有深入了解并准确核算，才能为企业决策提供有力支持。这种精细化管理的要求，也体现在日常生活中。无论是学习还是工作，学生都应该注重细节，追求卓越，不断提升自己的综合素质。

同时，成本核算也体现了企业对于社会责任的担当。在成本核算过程中，学生需要关注资源的合理利用和环境的保护。通过优化生产流程、降低能耗和减少废弃物排放等措施，企业可以在保证经济效益的同时，积极履行社会责任。这种对社会责任的关注和担当，正是作为新时代青年应该具备的品质。学生应该树立正确的价值观，积极投身社会实践，为构建和谐社会贡献自己的力量。

此外，要注重经济效益与可持续发展的平衡。在追求经济效益的同时，不能忽视对生态环境的保护。只有实现经济效益与生态效益的双赢，企业才能长久发展。这也提醒学生，在追求个人发展的过程中，要注重个人成长与社会进步的和谐统一。学生应该树立全局观念，关注社会整体利益，为实现中华民族伟大复兴的中国梦贡献智慧和力量。

【模块检测】

一、单项选择题

1.下列各项，直接计入费用的有（   ）。

A.几种产品负担的制造费用

B.一种产品耗用的生产工人工资

C.几种产品共同耗用的原材料费用

D.几种产品共同负担的机器设备折旧费

2.制造企业的期间费用包括（   ）。

A.直接材料和直接人工

B.原材料费用、人工费用和制造费用

C.财务费用和管理费用

D.销售费用、管理费用和财务费用

3.下列各项中，不计入产品成本的费用是（   ）。

A.直接材料费   B.辅助生产车间管理人员工资

C.车间厂房折旧费   D.厂部办公楼折旧费

4.生产车间领用的直接用于产品生产、有助于产品生产形成的材料的费用，应借记的账户为（   ）。

A.基本生产成本　　　　　　　　B.辅助生产成本

C.原材料　　　　　　　　　　　D.制造费用

5.辅助生产费用直接分配法的特点是将辅助生产费用（　　　）。

A.直接计入辅助生产提供的劳务的成本

B.直接分配给辅助生产车间以外的各受益单位

C.直接计入"辅助生产成本"账户

D.直接分配给所有受益的车间、部门

6.某种产品经过两道工序加工完成。两道工序的工时定额分别为24小时、16小时。在产品在各道工序的加工程度按工时定额的50%计算。据此计算的第二道工序在产品累计工时定额为（　　　）。

A.16小时　　　　B.20小时　　　　C.32小时　　　　D.40小时

7.下列方法中最基本的成本计算方法是（　　　）。

A.品种法　　　　B.分步法　　　　C.分批法　　　　D.定额法

8.在各种产品成本计算方法中，必须设置基本生产成本二级账的方法是（　　　）。

A.分类法　　　　B.定额法　　　　C.简化分批法　　　　D.平行结转法

9.在大量、大批、多步骤生产的情况下，如果管理上不要求分步骤计算产品成本，其所采用的成本计算方法应是（　　　）。

A.品种法　　　　B.分步法　　　　C.分批法　　　　D.分类法

10.需要进行成本还原的分步法是（　　　）。

A.平行结转分步法　　　　　　　B.分项结转分步法

C.综合结转分步法　　　　　　　D.逐步结转分步法

二、多项选择题

1.下列各项费用中，可以直接借记"基本生产成本"账户的有（　　　）。

A.车间照明用电费　　　　　　　B.构成产品实体的原材料费用

C.车间管理人员的工资　　　　　D.车间生产工人工资

2.辅助生产费用分配的交互分配法的特点是（　　　）。

A.核算工作量较大　　　　　　　B.核算工作较简便

C.需计算两个费用分配率　　　　D.核算结果较准确

3.约当产量法适用于分配（　　　）。

A.直接材料　　　　B.直接人工　　　　C.制造费用　　　　D.管理费用

4.下列方法中，属于产品成本计算基本方法的有（　　　）。

A.品种法　　　　B.分步法　　　　C.分批法　　　　D.定额法

5.采用逐步结转分步法，按照结转的半成品成本在下一生产步骤产品成本明细账中反映的方法，可分为（　　　）。

A.综合结转法   B.按实际成本结转法

C.按计划成本结转法   D.分项结转法

三、判断题

1.凡是生产车间领用的材料都属于直接材料。（　　　）

2.直接分配法是最准确的辅助生产费用的分配方法。（　　　）

3.生产车间耗用的低值易耗品，采用一次摊销法核算时，报废的残料作价入库时，应借记"原材料"账户，贷记"制造费用"账户。（　　　）

4.在任何情况下，辅助生产的制造费用都可以不通过"制造费用——辅助生产车间"明细账单独归集，而直接计入"辅助生产成本"明细账。（　　　）

5.为简化产品成本计算工作，对月末在产品数量较少、价值很低并且各月月末在产品数量变化不大的，可以不计算月末在产品成本。（　　　）

6.按照品种法计算产品成本不存在生产费用在各种产品之间分配的问题。（　　　）

7.成本还原的对象是产成品成本中以"半成品"项目列示的综合成本，成本还原的依据是上一生产步骤的半成品的成本结构。（　　　）

8.产品成本计算的品种法只能用于单步骤生产的企业。（　　　）

9.采用品种法计算产品成本时，成本的计算期一般与报告期一致，与生产周期不一致。（　　　）

10.生产类型不同，管理要求不同，产品成本计算对象也应该有所不同。（　　　）

四、简答题

1.产品成本都包含哪些内容？

2.生产费用在完工产品和在产品之间进行分配常用的方法有哪些？分别适用于什么情况？

3.产品成本计算的方法有哪些？分别有什么样的特点？

项目五项目检测
参考答案

项目六　应知应会的财务分析知识

知识目标：

1.了解企业财务报表分析的主要内容和基本方法；

2.掌握偿债能力、营运能力和盈利能力分析的常用指标；

3.理解杠杆分析的方法和基本原理；

4.了解杜邦分析体系。

能力目标：

1.能够运用财务报表分析的基本方法对企业的财务状况和经营成果等进行简单分析；

2.能够运用相关指标对企业偿债能力、营运能力和盈利能力进行基本的分析和判断；

3.能够理解和运用杠杆分析原理，并对企业经营风险和财务风险进行基本的判断。

素质目标：

1.具备诚实守信、爱岗敬业的职业精神；

2.具备较强的诚信意识和道德观念；

3.具备一定的企业社会责任意识。

情境导入

随着企业的不断发展壮大，赵磊越发觉得对企业的财务状况进行分析非常有必要，于是，赵磊从网上查阅了大量关于财务分析的资料。但是，赵磊对网上查到的财务分析方法和各种指标似懂非懂，就向自己会计专业的校友，现在已经是企业财务主管的郑同学进行咨询。郑主管非常耐心，就赵磊感到疑惑的一些问题，进行了详细的讲解。

任务实施

任务一　财务报表分析

企业的财务报表是反映企业特定日期的财务状况和一定时期的经营成果以及现金流量情况的书面文件，主要包括资产负债表、利润表、现金流量表以及一些相关的附表。通过对财务报表进行分析，可以较为系统地了解企业的经营状况。为了便于进行财务报表分析，以A公司财务报表数据为例，该公司2024年资产负债表、利润表和现金流量表如表 6-1 至表 6-3 所示，为简化计算，所列数据均为假设值，报表格式也是简化格式。

表 6-1　资产负债表

编制单位：A 公司　　　　　　　　　　2024 年 12 月 31 日　　　　　　　　　　单位：万元

资产	年末金额	年初金额	负债和所有者权益	年末金额	年初金额
流动资产：			流动负债：		
货币资产	132	100	短期借款	180	180
应收票据	60	92	应付票据	99	56
应收账款	1 192	796	应付账款	330	452
预付账款	66	16	其他应付款	291	192
其他应收款	36	88	流动负债合计	900	880
存货	358	602	非流动负债：		
其他流动资产	256	446	长期借款	1 500	1 280
流动资产合计	2 100	2 140	应付债券	720	840
非流动资产：			非流动负债合计	2 220	2 120
长期股权投资	90	0	负债合计	3 120	3 000
固定资产	3 710	3 048	所有者权益：		
在建工程	58	140	实收资本	300	300
无形资产	18	32	资本公积	30	40
长期待摊费用	16	60	盈余公积	180	160
其他非流动资产	8	0	未分配利润	2 370	1 920
非流动资产合计	3 900	3 280	所有者权益合计	2 880	2 420
资产总计	6 000	5 420	负债和所有者权益总计	6 000	5 420

表 6-2　利润表

编制单位：A 公司　　　　　　　　　　2024 年 12 月　　　　　　　　　　单位：万元

项目	本年金额	上年金额
一、营业收入	9 000	8 550
减：营业成本	7 912	7 431
税金及附加	92	82
销售费用	166	160
管理费用	230	240
财务费用	130	168
加：投资收益	18	0
二、营业利润	488	469
加：营业外收入	135	116

项目	本年金额	上年金额
减：营业外支出	3	0
三、利润总额	620	585
减：所得税费用	170	165
四、净利润	450	420

表 6-3　现金流量表

编制单位：A 公司　　　　　　　　2024 年 12 月　　　　　　　　单位：万元

项目	本年金额	上年金额（略）
一、经营活动产生的现金流量：		
销售商品、提供劳务收到的现金	8 406	
收到其他与经营活动有关的现金	30	
经营活动现金流入小计	8 436	
购买商品、接受劳务支付的现金	7 336	
支付给职工以及为职工支付的现金	72	
支付的各项税费	270	
支付其他与经营活动有关的现金	42	
经营活动现金流出小计	7 720	
经营活动产生的现金流量净额	716	
二、投资活动产生的现金流量：		
取得投资收益收到的现金	18	
处置固定资产、无形资产收回的现金净额	246	
投资活动现金流入小计	264	
购建固定资产、无形资产支付的现金	900	
投资支付的现金	90	
投资活动现金流出小计	990	
投资活动产生的现金流量净额	−726	
三、筹资活动产生的现金流量：		
取得借款收到的现金	660	
筹资活动现金流入小计	660	
分配股利、利润或偿付利息支付的现金	510	
支付其他与筹资活动有关的现金	108	
筹资活动现金流出小计	618	
筹资活动产生的现金流量净额	42	
四、汇率变动对现金及现金等价物的影响	0	
五、现金及现金等价物净增加额	32	

续表

项目	本年金额	上年金额（略）
加：期初现金及现金等价物余额	100	
六、期末现金及现金等价物余额	132	

一、财务报表分析的内容与方法

（一）财务报表分析的含义与目的

财务报表分析，是以财务报表为主要依据，采用科学的评价标准和适用的分析方法，遵循规范的分析程序，通过对企业的财务状况、经营成果和现金流量等重要指标的比较分析，从而对企业的经营情况及其绩效作出判断、评价和预测的一种方法。财务报表分析的起点是阅读财务报表，终点是作出某种判断（包括评价和找出问题），中间的财务报表分析过程，由比较、分类、类比、归纳、演绎、分析和综合等认识事物的步骤和方法组成。

财务报表分析的目的是帮助财务报表使用者对庞杂的信息进行筛选和评价，从而读懂、理解一个企业的财务现状、经营成果、质量和发展前景，并利用财务报表的各项数据帮助其作出更好的决策。因此，财务报表分析的最基本功能，是将大量的报表数据转换成对特定决策有用的信息，减少决策的不确定性。从最初评价借款人的偿债能力，发展到现在的预测未来发展趋势，财务报表分析的目的已经得到了充分的体现，具体表现为以下几个方面。

（1）评价过去的经营业绩。通过对指标的计算、分析，有助于正确判断企业过去的经营业绩，从而可以与计划或与同行业相比较，评价企业经营的成败得失。

（2）衡量现在的财务状况。了解企业目前的财务状况，有助于判断企业经营管理制度是否健全，协助企业管理者改善经营管理。

（3）预测未来的发展趋势。根据对企业过去、目前的经营状况的了解，可以预测企业未来发展的趋势。企业管理者也可针对具体情况，拟定出开源节流、提质增效的改善措施，用以指导企业未来的发展。

（二）财务报表分析的主要内容

1.财务报表初步分析

财务报表初步分析，是指在了解企业基本情况及所处行业背景的前提下，初步了解各项目总量和结构及其变动情况，分析其总量增减和结构变动是否合理，初步判断企业的财务状况、经营成果和现金流量的发展趋势是否有利，并找到需重点分析的报表项目。

对财务报表的初步分析又可分为横向分析和纵向分析两个方面。

（1）横向分析是将财务报表各项目报告期的数据与上一期的数据进行对比，分析企业财务数据变动情况。横向分析一般不是只对比一两个项目，而是把财务报表报告期的所有项目与上一期进行全面的、综合的对比分析，揭示各项目存在的问题，为进一步全面、深入地分析企业财务状况打下基础。这种本期与上期的对比分析，既要包括增减变动额的绝对值，又要包括增减变动比率的相对值，才可以避免得出片面的结论。通过横向对比分析可以确定财务报表年度变化较大的重要项目，并进行具体分析。

（2）纵向分析实质上是结构分析。第一步，计算确定财务报表中各项目占总额的比重或百分比。第二步，通过各项目的占比，分析其在企业经营中的重要性。一般项目占比越大，其重要程度越高，对企业总体的影响程度越大。第三步，将分析期各项目的比重与上一期同项目比重进行对比，研究各项目的比重变动情况，确定财务报表结构占比较大及结构变动较大的重要项目，并进行进一步分析。

比如通过观察资产负债表中流动资产在总资产中的比重，可以明确企业当前是否面临较大的流动性风险，是否对长期资产投入过少等。

2.财务报表项目分析

财务报表项目分析，是指对通过初步分析确定的重点项目进行分析，分析其变动的原因及合理性。对于异常变动应结合附注、报表间的勾稽关系进一步分析其深层原因，以及这种变动对企业财务状况和经营业绩的影响，为报表使用者进行决策提供帮助。

3.财务比率分析

财务比率，是根据表内或表间各项目之间存在的相互关系，计算出一系列反映企业财务能力的各项指标。财务比率分析是财务报表分析的中心内容，即根据计算得出的各项指标，结合科学合理的评价标准进行比较分析，以期深入揭示企业的财务问题，客观评价企业的经济活动，预测企业的发展前景。

财务比率分析主要包括偿债能力分析、盈利能力分析、营运能力分析、发展能力分析和财务综合分析等内容。

（1）偿债能力，是关系企业财务风险的重要内容，企业使用负债融资，可以获得财务杠杆利益，提高净资产收益率，但同时也会使企业财务风险加大。如果企业陷入财务危机，不能如期归还债务，企业相关利益人都会受到损害，所以应当关注企业偿债能力。企业偿债能力分为短期偿债能力和长期偿债能力，两种偿债能力的衡量指标不同，企业既要关注即将到期的债务，还应当对未来远期债务有一定的规划。此外，企业偿债能力不仅与偿债结构有关，而且还与企业未来盈利能力联系紧密，所以在分析时应结合其他方面的能力一起分析。

（2）盈利能力，也称为获利能力，是指企业赚取利润的能力。首先，利润的大小直接关系到企业所有相关利益人的利益，企业存在的目的就是最大限度地获取利润，所以盈利能力分析是企业财务分析中最重要的一项内容。其次，盈利能力还是评估企业价值的基础，企业价值的大小取决于企业未来获取盈利的能力。最后，企业盈利指标还可以用于评价内部管理层的业绩。

（3）营运能力，主要指资产运用、循环效率的高低。一般而言，资产周转速度越快，说明企业的资产管理水平越高，资产利用效率越高，企业可以以较少的投入获得较多的收益。因此，营运能力指标是通过投入与产出（主要指收入）之间的关系反映出来的。企业营运能力分析主要包括：流动资产营运能力分析、固定资产营运能力分析和总资产营运能力分析三个方面。

（4）发展能力，也称企业的成长能力，它是企业通过自身的生产经营活动，不断扩大积累而形成的发展潜能。企业发展不仅仅是规模的扩大，更重要的是企业获取收益能力的上升，即净收益的增长。同时，企业的发展能力会受到企业的经营能力、制度环境、人力资源、分配制度等诸多因素的影响，所以在分析企业发展能力时，还需要预测这些因素对企业发展的影响程度，将其变为可量化的指标进行表示。

（5）在以上对企业各个方面进行深入分析的基础上，最后应当给企业相关利益人提供一个总体的评价结果，否则仅仅凭借某一方面的优劣难以评价一个企业的总体财务状况。财务综合分析，就是解释各种财务能力之间的相关关系，得出企业整体财务状况及经营业绩的结论。财务综合分析采用的具体方法有杜邦分析法、沃尔评分法等。

（三）财务报表分析的基本方法

财务报表分析采用何种方法，取决于对财务报表进行分析的内容，常用的方法有比较分析法、比率分析法、因素分析法、差额分析法等。

1.比较分析法

比较分析法是通过实际数与基数的对比来揭示实际数与基数之间的差异，借以了解经济活动的成绩和问题的一种分析方法。比较分析法适用于同质指标的数量对比。采用这种分析方法，应注意各指标的可比性。

（1）将财务的实际指标与计划或定额指标对比，分析财务指标计划或定额的完成情况；

（2）将本期实际财务指标与前期（上期、上年同期或历史最好水平）实际财务指标对比，观察企业财务指标的变动情况和变动趋势；

（3）以本企业实际财务指标与国内外同行业先进财务指标对比，可以在更大范围内找出企业经营管理的差距，推动企业改进经营管理。

2.比率分析法

比率分析法是通过计算指标之间的比率来考察企业经济活动相对效益的一种分析方法。比率分析法主要分为相关指标比率分析法、构成比率分析法和动态比率分析法三种。

（1）相关指标比率分析法是先将两个性质不同但又相关的指标进行对比求出比率，再用实际数与计划数（或前期实际数）进行对比分析的一种数量分析方法。

（2）构成比率分析法，又称比重分析法，是通过某项经济指标的各个组成部分占总体的比重，来分析其构成内容的变化，以便进一步掌握该项经济活动的特点和变化的一种数量分析方法。

（3）动态比率分析法，又称趋势比率分析法，是将不同时期的同类指标进行对比求出比率，据以分析指标的增减速度和变动趋势，从而发现企业在生产经营方面取得的成绩或存在的不足的一种分析方法。根据计算时采用的不同基数，动态比率又分为定基比率和环比比率以及同比比率。

定基比率＝分析期指标数额÷固定期指标数额

环比比率＝分析期指标数额÷前一期指标数额

同比比率＝分析期指标数额÷上年同期指标数额

3. 因素分析法

因素分析法是根据因素之间的内在依存关系，依次测定各因素变动对经济指标差异的影响的一种分析方法。连环替代法是因素分析方法的一种，它是把综合性指标分解为各个相互联系的因素，并测定各个因素变动对综合性指标影响的数值，为深入分析提供依据。

连环替代法的计算步骤：①指标分解，列出关系式；②依次替代，比较替代结果；③计算综合影响数值，将各个因素变动对综合经济指标影响的数值进行累计，与实际脱离计划的差异进行核对，验证分析的结果。

具体替代方法如下：

计划指标：$Y_0 = A_0 \times B_0 \times C_0$，实际指标：$Y = A \times B \times C$；

分析对象为差异额 $Y - Y_0$，则 A、B、C 三个因素变动分别对综合指标 Y 的影响计算过程如下：

第一次替代 A 因素：$Y_1 = A \times B_0 \times C_0$，则因素 A 变动对综合指标 Y 的影响为 $Y_1 - Y_0$；

第二次替代 B 因素：$Y_2 = A \times B \times C_0$，则因素 B 变动对综合指标 Y 的影响为 $Y_2 - Y_1$；

第三次替代 C 因素：$Y = A \times B \times C$，则因素 C 变动对综合指标 Y 的影响为 $Y - Y_2$；

综合影响数值 $= (Y_1 - Y_0) + (Y_2 - Y_1) + (Y - Y_2) = Y - Y_0$。

【例题 6-1】某企业 2024 年 6 月生产 A 产品所耗甲材料费用的实际数是 9 720 元，而其计划数是 8 000 元。实际比计划增加了 1 720 元。材料费用的资料如表 6-4 所示。请用连环替代法分析各因素对差异的影响。

表 6-4　材料费用

项目	单位	计划数	实际数	差异
甲产品产量	件	100	120	20
A 材料单耗	千克/件	10	9	−1
A 材料单价	元/千克	8	9	1
材料费用	元	8 000	9 720	1 720

【解析】材料费用由产品产量、单位产品材料耗用量和材料单价三个因素的乘积构成，因此可以把材料费用这一总指标分解为三个因素，然后逐个分析它们对材料费用总额的影响程度。运用连环替代法，可以计算各因素变动对材料费用总额的影响程度，具

体如下：

计划指标：$100 \times 10 \times 8 = 8\,000$（元）　　　　　　　　　①

第一次替代：$120 \times 10 \times 8 = 9\,600$（元）　　　　　　　②

第二次替代：$120 \times 9 \times 8 = 8\,640$（元）　　　　　　　③

第三次替代：$120 \times 9 \times 9 = 9\,720$（元）（实际数）　④

各因素变动的影响程度分析：

产品产量增加的影响＝②－①＝$9\,600 - 8\,000 = 1\,600$（元）

材料单耗节约的影响＝③－②＝$8\,640 - 9\,600 = \text{-}960$（元）

材料价格提高的影响＝④－③＝$9\,720 - 8\,640 = 1\,080$（元）

全部因素的影响＝$1\,600 - 960 + 1\,080 = 1\,720$（元）

4.差额分析法

差额分析法是从因素分析法简化而来的一种分析方法。它是利用各个因素的实际数与基数之间的差额，直接计算各个因素对综合指标差异的影响的数值的一种技术方法，用以确定各个因素变动对分析对象的影响程度。

差额计算法是连环替代法的一种简化形式，所依据的仍然是连环替代法的原理。它是利用各因素实际与计划的差额，直接计算各因素变动对综合性指标影响的数值。具体做法如下：

用某因素实际与计划的差额，乘以分解因式中前面因素的实际数，同时乘以后面因素的计划数，所得乘积即为该因素变动对综合指标的影响程度。

因素 A 的影响＝$(A - A_0) \times B_0 \times C_0$

因素 B 的影响＝$A \times (B - B_0) \times C_0$

因素 C 的影响＝$A \times B \times (C - C_0)$

【例题 6-2】本例沿用例题 6-1 的资料，请用差额分析法分析各因素对差异的影响。

【解析】产品产量增加的影响＝$(120 - 100) \times 10 \times 8 = 1\,600$（元）

材料单耗节约的影响＝$120 \times (9 - 10) \times 8 = \text{-}960$（元）

材料价格提高的影响＝$120 \times 9 \times (9 - 8) = 1\,080$（元）

全部因素的影响＝$1\,600 - 960 + 1\,080 = 1\,720$（元）

二、偿债能力分析

偿债能力是指企业偿还各种到期债务的能力。通过偿债能力分析，可以揭示企业财务风险的大小。企业债务有长短期之分，对偿债能力进行分析也分为短期偿债能力分析和长期偿债能力分析。

（一）短期偿债能力分析

短期偿债能力是指企业偿付流动负债的能力。流动负债因其时间短、风险大，对企业有较大的威胁，如果不能及时偿还可能使企业面临倒闭的危险。在资产负债表中，流动负债与流动资产形成一种对应关系。一般来说，流动负债需以流动资产来偿付，通常情况下它需要以现金来直接偿还。因此，可以通过分析企业流动负债与流动资产之间的关系，来判断企业短期偿债能力的强弱。常用的指标有：流动比率、速动比率、现金比率、现金流量比率等。

1. 流动比率

流动比率是企业流动资产与流动负债的比率，它表明企业每一元流动负债能有多少流动资产作为保证，反映企业可在短期内转变为现金的流动资产偿还到期流动负债的能力。其计算公式为：

流动比率＝流动资产÷流动负债

流动资产主要包括现金、短期投资、应收及预付款项、存货、待摊费用和1年内到期的长期债券投资等，一般用资产负债表中的期末流动资产总额计算；流动负债主要包括短期借款、应付及预收款项、各种应交款项、1年内即将到期的长期负债等，通常也用资产负债表中的期末流动负债总额计算。流动比率反映企业短期偿债能力，流动比率越高，说明企业偿债能力越强。不同行业的流动比率差别很大，但企业流动资产过多将会影响企业的资产报酬率。

根据表6-1中A公司的财务报表数据：

本年末流动比率＝2 100÷900＝2.33

上年末流动比率＝2 140÷880＝2.43

流动比率假设全部流动资产都可用于偿还流动负债，表明每1元流动负债有多少流动资产作为偿债保障。A公司的流动比率降低了0.10（2.43－2.33＝0.10），即为每1元流动负债提供的流动资产保障减少了0.10元。

2. 速动比率

速动比率是企业速动资产与流动负债的比率。所谓速动资产是指流动资产减去变现能力较差的且不稳定的存货、待摊费用后的余额。速动资产主要包括现金（即货币资金）、短期投资、应收票据、应收账款等。其计算公式为：

速动比率＝速动资产÷流动负债

由此可见，速动资产较流动资产的流动性更高，变现能力更强。速动比率反映企业短期偿债能力，速动比率越高，说明企业偿债能力越强。

根据表6-1中A公司的财务报表数据：

本年末速动比率＝（132＋60＋1 192＋66）÷900＝1.61

上年末速动比率＝（100＋92＋796＋16）÷880＝1.14

速动比率假设速动资产是可偿债资产，表明每1元流动负债有多少速动资产作为偿债保障。A公司的速动比率比上年提高了0.47，说明为每1元流动负债提供的速动资产保障增加了0.47元。

与流动比率一样，不同行业的速动比率差别很大。例如，大量现销的商店几乎没有应收款项，速动比率低于 1 亦属正常。相反，一些应收款项较多的企业，速动比率可能要大于 1。

3. 现金比率

现金比率是企业的现金类资产与流动负债的比率。现金类资产包括企业的库存现金、随时可以用于支付的存货和现金等价物，即现金流量表中所反映的现金流量。其计算公式为：

现金比率＝（现金＋现金等价物）÷流动负债

现金比率可以直接反映企业的直接支付能力，现金比率越高，说明企业短期偿债能力越强。但是，如果这个比率过高，可能意味着企业拥有过多的获利能力较低的现金类资产，将降低企业的获利能力。

根据 A 公司的财务报表数据：

本年末现金比率＝132÷900＝0.15

上年末现金比率＝100÷880＝0.11

现金比率表明每 1 元流动负债有多少现金作为偿债保障。A 公司的现金比率比上年提高 0.04，说明企业为每 1 元流动负债提供的现金保障增加了 0.04 元。

4. 现金流量比率

现金流量比率是企业经营活动中现金净流量与年末流动负债的比率。其计算公式为：

现金流量比率＝年经营活动现金净流量÷年末流动负债

这一比率反映本期经营活动所产生的现金净流量足以抵付流动负债的倍数。需要说明的是，经营活动所产生的现金流量是过去一个会计年度的经营成果，而流动负债则是未来一个会计年度需要偿还的债务，二者的会计期间不同。因此，这个指标是建立在以过去一年的现金流量来估计未来一年现金流量的假设基础之上的。使用这一财务比率时，需要考虑未来一个会计年度影响经营活动现金流量变动的因素。

根据表 6-1 和表 6-3 中 A 公司的财务报表数据：

现金流量比率＝716÷900＝0.80

（二）长期偿债能力分析

长期偿债能力是指企业偿还长期债务的能力。企业的长期负债主要有长期借款、应付长期债券、长期应付款等。反映企业长期偿债能力的财务比率有资产负债率、股东权益比率、权益乘数、负债股权比率、利息保障倍数和现金流量利息保障倍数等。

1. 资产负债率

资产负债率是企业负债总额与资产总额的比率，它反映企业的资产总额中有多少是通过举债而得到的。其计算公式：

资产负债率＝负债总额÷资产总额×100%

资产负债率反映企业偿还债务的综合能力，该比率越高，企业偿还债务的能力越差；反之，偿还债务的能力越强。

根据表 6-1 中 A 公司的财务报表数据：

本年末资产负债率＝ 3 120÷6 000×100% ＝ 52.00%

上年末资产负债率＝ 3 000÷5 420×100% ＝ 55.35%

资产负债率还代表企业的举债能力。一个企业的资产负债率越低，举债就越容易。如果资产负债率高到一定程度，财务风险很高，就无人愿意提供贷款了。这表明企业的举债能力已经用尽。

各类资产的变现能力有显著区别，因此不同企业的资产负债率有较大的差异，这与其持有的资产类别有关。

2.股东权益比率与权益乘数

股东权益比率是股东权益与资产总额的比率，该比率反映企业资产中有多少是所有者投入的。其计算公式为：

股东权益比率＝股东权益总额÷资产总额×100%

股东权益比率与资产负债率之和等于 1，因此这两个比率是从不同的侧面来反映企业长期财务状况的。股东权益比率越大，资产负债率就越小，企业的财务风险就越小，偿还长期债务的能力就越强。

股东权益比率的倒数称做权益乘数，即资产总额是股东权益的多少倍。其计算公式为：

权益乘数＝资产总额÷股东权益总额

该乘数越大，说明股东投入的资本在资产中所占比重越小。

根据表 6-1 中 A 公司的财务报表数据：

本年末股东权益比率＝ 2 880÷6 000×100% ＝ 48.00%

上年末股东权益比率＝ 2 420÷5 420×100% ＝ 44.65%

本年末权益乘数＝ 6 000÷2 880 ＝ 2.08

上年末权益乘数＝ 5 420÷2 420 ＝ 2.24

3.负债股权比率

负债股权比率也称产权比率，是负债总额与股东权益总额的比率。其计算公式为：

负债股权比率＝负债总额÷股东权益总额

该比率实际上是负债比率的另一种表现形式，它反映了债权人所提供资金与股东所提供资金的对比关系，因此它可以揭示企业的财务风险以及股东权益对债务的保障程度。该比率越小，说明企业长期财务状况越好，债权人贷款的安全越有保障，企业财务风险越小。

根据表 6-1 中 A 公司的财务报表数据：

本年末负债股权比率＝ 3 120÷2 880 ＝ 1.08

上年末负债股权比率＝ 3 000÷2 420 ＝ 1.24

4.利息保障倍数与现金流量利息保障倍数

利息保障倍数也称利息所得倍数，是息税前利润与利息费用的比率。其计算公式为：

利息保障倍数＝息税前利润÷利息费用

该比率反映了企业的经营所得支付债务利息的能力。该比率越大，说明企业支付债务利息的能力越强。

根据表6-2中A公司的财务报表数据：

本年利息保障倍数＝（450＋130＋170）÷130＝5.77

上年利息保障倍数＝（420＋168＋165）÷168＝4.48

现金流量利息保障倍数是指企业一定时期经营活动现金流量净额与利息支出的比率。其计算公式为：

现金流量利息保障倍数＝经营活动现金净流量÷现金利息支出

根据表6-2和表6-3中A公司的财务报表数据：

本年现金流量利息保障倍数＝716÷130＝5.51

现金流量利息保障倍数是现金基础的利息保障倍数，表明每1元利息支出有多少倍的经营活动现金流量净额作为支付保障。它比利润基础的利息保障倍数更为可靠，因为实际用以支付利息的是现金，而不是利润。

三、营运能力分析

营运能力比率是衡量公司资产管理效率的财务比率。这方面常用的财务比率有：应收账款周转率、存货周转率、流动资产周转率、营运资本周转率、非流动资产周转率和总资产周转率等。

（一）应收账款周转率

1.计算方法

应收账款周转率是营业收入与应收账款的比率。它有应收账款周转次数、应收账款周转天数和应收账款与收入比三种表示形式，计算公式分别如下：

应收账款周转次数＝营业收入÷应收账款

应收账款周转天数＝365÷（营业收入÷应收账款）

应收账款与收入比＝应收账款÷营业收入

应收账款周转次数，表明1年中应收账款周转的次数，或者说每1元应收账款投资支持的营业收入。应收账款周转天数，也称为应收账款收现期，表明从销售开始到收回现金所需要的平均天数。应收账款与收入比，则表明每1元营业收入所需要的应收账款投资。

根据表6-1中A公司的财务报表数据：

本年应收账款周转次数＝9 000÷（1 192＋66）＝7.15（次/年）

本年应收账款周转天数＝365÷［9 000÷（1 192＋66）］＝51.05（天/次）

本年应收账款与收入比＝（1 192＋66）÷9 000＝13.98%

2.在计算和使用应收账款周转率时应注意的问题

（1）营业收入的赊销比例问题。从理论上讲，应收账款是赊销引起的，其对应的是营业收入中的赊销部分，而非全部，因此计算时应使用赊销额而非营业收入。但是，外部分析人员无法在财务报表内取得公司的赊销数据，只好直接使用营业收入作为替代进行计算，实际上相当于假设现销是收现时间等于0的应收账款。只要现销与赊销的比例保持稳定，不妨碍与上期数据的可比性，只是高估了周转次数。但问题是与其他公司比较时，如不了解可比公司的赊销比例，将无从判断应收账款周转率是否具有良好的可比性。

（2）应收账款年末余额的可靠性问题。应收账款是特定时点的存量，容易受季节性、偶然性和人为因素影响。在用应收账款周转率进行业绩评价时，可以使用年初和年末的平均数，或者使用多个时点的平均数，以减少这些因素的影响。

（3）应收账款的坏账准备问题。财务报表上列示的应收账款是已经计提坏账准备后的净额，而营业收入并未相应减少。其结果是，计提的坏账准备越多，计算的应收账款周转次数越多、天数越少。这种周转次数增加、天数减少不是业绩改善的结果，反而说明应收账款管理欠佳。如果坏账准备的金额较大，就应进行调整，或者使用未计提坏账准备的应收账款进行计算。报表附注中披露的应收账款坏账准备信息，可作为调整的依据。

（4）应收账款周转天数是否越少越好。应收账款是赊销引起的，如果赊销有可能比现销更有利，周转天数就不是越少越好。此外，收现时间的长短与公司的信用政策有关。例如，甲公司的应收账款周转天数是18天，信用期是20天；乙公司的应收账款周转天数是15天，信用期是10天。前者的收款业绩优于后者，尽管其周转天数较多。改变信用政策，通常会引起公司应收账款周转天数的变化。信用政策的评价涉及多种因素，不能仅仅考虑周转天数的缩短。

（5）应收账款分析应与赊销分析、现金分析相联系。应收账款的起点是赊销，终点是现金。正常情况是赊销增加引起应收账款增加，现金存量和经营活动现金流量净额也会随之增加。如果公司应收账款日益增加，而现金日益减少，则可能是赊销产生了比较严重的问题。例如，企业大大放宽信用政策，甚至随意发货，未能收回现金。

总之，应当深入应收账款内部进行分析，并且要注意应收账款与其他指标的联系，才能正确使用应收账款周转率，用于有关评价。

（二）存货周转率

1.计算方法

存货周转率是营业收入或营业成本与存货的比率。它有三种计算方法，计算公式分别如下：

存货周转次数＝营业收入或营业成本÷存货

存货周转天数＝365÷（营业收入或营业成本÷存货）

存货与收入比＝存货÷营业收入

存货周转次数，表明1年中存货周转的次数，或者说每1元存货投资支持的营业收入。存货周转天数表明存货周转一次需要的时间，也就是存货转换成现金平均需要的时间。存货与收入比，表明每1元营业收入需要的存货投资。

根据表6-2中A公司的财务报表数据：

本年存货周转次数＝9 000÷358＝25.14（次／年）

本年存货周转天数＝365÷（9 000÷358）＝14.52（天／次）

本年存货与收入比＝358÷9 000＝3.98%

2.在计算和使用存货周转率时应注意的问题

（1）计算存货周转率时，使用"营业收入"还是"营业成本"作为周转额，要看分析的目的。在短期偿债能力分析中，为了评估资产的变现能力需要计量存货转换为现金的金额和时间，应采用"营业收入"。在分解总资产周转率时，为系统分析各项资产的周转情况并识别主要的影响因素，应统一使用"营业收入"计算周转率。如果是为了评估存货管理的业绩，应当使用"营业成本"计算存货周转率，使其分子和分母保持口径一致。实际上，两种周转率的差额是毛利引起的，用哪一种计算方法都能达到分析目的。

（2）存货周转天数不是越少越好。存货过多会浪费资金，存货过少不能满足流转需要。在特定的生产经营条件下存在一个最佳的存货水平，所以存货不是越少越好。

（3）应注意应付账款、存货和应收账款（或营业收入）之间的关系。一般来说，销售增加会拉动应收账款、存货、应付账款增加，不会引起周转率的明显变化。但是，当企业接受一个大订单时，通常要先增加存货，然后推动应付账款增加，最后才引起应收账款（营业收入）增加。因此，在该订单没有实现销售以前，先表现为存货等周转天数增加。这种周转天数的增加，并没有什么不好。与此相反，预见到销售会萎缩时，通常会先减少存货，进而引起存货周转天数等下降。这种周转天数的下降，不是什么好事，并非资产管理改善。因此，任何财务分析都应以认识经营活动本质为目的，不可只根据数据高低作出简单的结论。

（4）应关注构成存货的原材料、在产品、半成品、产成品和低值易耗品之间的比例关系。各类存货的明细资料以及存货重大变动的解释，应在报表附注中披露。正常情况下，它们之间存在某种比例关系。如果产成品大量增加，其他项目减少，很可能是销售不畅，放慢了生产节奏。此时，总的存货金额可能并没有显著变动，甚至尚未引起存货周转率的显著变化。因此，在财务分析时既要重点关注变化大的项目，也不能完全忽视变化不大的项目，其内部可能隐藏着重要问题。

（三）流动资产周转率

流动资产周转率是营业收入与流动资产的比率。它有三种计算方法，计算公式分别如下：

流动资产周转次数＝营业收入÷流动资产

流动资产周转天数＝365÷（营业收入÷流动资产）

流动资产与收入比＝流动资产÷营业收入

流动资产周转次数，表明1年中流动资产周转的次数，或者说每1元流动资产投资支持的营业收入。流动资产周转天数表明流动资产周转一次需要的时间，也就是流动资产转换成现金平均需要的时间。流动资产与营业收入比，表明每1元销售收入需要的流动资产投资。

根据表6-1和表6-2中A公司的财务报表数据：

本年流动资产周转次数＝9 000÷2 100＝4.29（次/年）

本年流动资产周转天数＝365÷（9 000÷2 100）＝85.08（天/次）

本年流动资产与收入比＝2 100÷9 000＝23.33%

（四）营运资本周转率

营运资本是指流动资产超过流动负债的部分。其计算公式如下：

营运资本＝流动资产－流动负债

当流动资产大于流动负债时，营运资本为正数，表明长期资本的数额大于长期资产，超出部分被用于流动资产。营运资本的数额越大，财务状况越稳定。当全部流动资产未由任何流动负债提供资金来源，而全部由长期资本提供时，企业没有任何短期偿债压力。

当流动资产小于流动负债时，营运资本为负数，表明长期资本小于长期资产，有部分长期资产由流动负债提供资金来源。由于流动负债在1年或1个营业周期内需要偿还，而长期资产在1年或1个营业周期内不能变现，偿债所需现金不足，必须设法另外筹资，这意味着财务状况不稳定。

根据表6-1中A公司的财务报表数据：

本年末营运资本＝2 100－900＝1 200（万元）

上年末营运资本＝2 140－880＝1 260（万元）

营运资本周转率是营业收入与营运资本的比率。它有三种计算方法，计算公式分别如下：

营运资本周转次数＝营业收入÷营运资本

营运资本周转天数＝365÷（营业收入÷营运资本）

营运资本与收入比＝营运资本÷营业收入

营运资本周转次数，表明1年中营运资本周转的次数，或者说每1元营运资本投资支持的营业收入。营运资本周转天数表明营运资本周转一次需要的时间，也就是营运资本转换成现金平均需要的时间。营运资本与营业收入比，表明每1元营业收入需要的营运资本投资。

营运资本周转率是一个综合性的比率。严格意义上讲，应仅有经营性资产和负债被用于计算这一指标，而短期借款、交易性金融资产和超额现金等因不是经营活动必需的应被排除在外。

根据表6-2中A公司的财务报表数据：

本年营运资本周转次数＝9 000÷1 200＝7.50（次/年）

本年营运资本周转天数＝365÷（9 000÷1 200）＝48.67（天/次）

本年营运资本与收入比＝1 200÷9 000＝13.33%

（五）非流动资产周转率

非流动资产周转率是营业收入与非流动资产的比率。它有三种计算方法，计算公式分别如下：

非流动资产周转次数＝营业收入÷非流动资产

非流动资产周转天数＝365÷（营业收入÷非流动资产）

非流动资产与营业收入比＝非流动资产÷营业收入

非流动资产周转次数，表明1年中非流动资产周转的次数，或者说每1元非流动资产投资支持的营业收入。非流动资产周转天数表明非流动资产周转一次需要的时间，也就是非流动资产转换成现金平均需要的时间。非流动资产与营业收入比，表明每1元营业收入需要的非流动资产投资。

非流动资产周转率反映非流动资产的管理效率，主要用于投资预算和项目管理，以确定投资与竞争战略是否一致，收购和剥离政策是否合理等。

根据表6-1和表6-2中A公司的财务报表数据：

本年非流动资产周转次数＝9 000÷3 900＝2.31（次/年）

本年非流动资产周转天数＝365÷（9 000÷3 900）＝158.01（天/次）

本年非流动资产与营业收入比＝3 900÷9 000＝43.33%

（六）总资产周转率

1.计算方法

总资产周转率是营业收入与总资产的比率。它有三种计算方法，计算公式分别如下：

总资产周转次数＝营业收入÷总资产

总资产周转天数＝365÷（营业收入÷总资产）

总资产与收入比＝总资产÷营业收入

总资产周转次数，表明 1 年中总资产周转的次数，或者说每 1 元总资产投资支持的营业收入。总资产周转天数表明总资产周转一次需要的时间，也就是总资产转换成现金平均需要的时间。总资产与营业收入比，表明每 1 元营业收入需要的总资产投资。

根据表 6-1 和表 6-2 中 A 公司的财务报表数据：

本年总资产周转次数＝9 000÷6 000＝1.50（次/年）

本年总资产周转天数＝365÷（9 000÷6 000）＝243.33（天/次）

本年总资产与收入比＝6 000÷9 000＝66.67%

四、盈利能力分析

（一）营业净利率

1.计算方法

营业净利率是指净利润与营业收入的比率，通常用百分数表示。其计算公式如下：

营业净利率＝（净利润÷营业收入）×100%

"净利润"和"营业收入"两者相除可以概括公司的全部经营成果。该比率越大，公司的盈利能力越强。

根据表 6-2 中 A 公司的财务报表数据：

本年营业净利率＝（450÷9 000）×100%＝5.00%

上年营业净利率＝（420÷8 550）×100%＝4.91%

变动＝5.00%－4.91%＝0.09%

2.驱动因素

营业净利率的变动，是由利润表各个项目变动引起的。表 6-5 列示了 A 公司利润表各项目的金额变动和结构变动数据。其中"本年结构"和"上年结构"是各项目除以当年营业收入得出的百分比，"百分比变动"是指"本年结构"百分比与"上年结构"百分比的差额。该表为利润表的同型报表（又称百分比报表），它排除了规模的影响，提高了数据的可比性。

表 6-5　利润表结构百分比变动

项目	本年金额/万元	上年金额/万元	变动金额/万元	本年结构/%	上年结构/%	百分比变动/%
一、营业收入	9 000	8 550	450	100.00	100.00	0.00
减：营业成本	7 912	7 431	481	87.91	86.91	1.00
税金及附加	92	82	10	1.02	0.96	0.06
销售费用	166	160	6	1.84	1.87	-0.03
管理费用	230	240	-10	2.56	2.81	-0.25

续表

项目	本年金额/万元	上年金额/万元	变动金额/万元	本年结构/%	上年结构/%	百分比变动/%
财务费用	130	168	−38	1.44	1.96	−0.52
加：投资收益	18	0	18	0.20	0.00	0.20
二、营业利润	488	469	19	5.42	5.49	−0.06
加：营业外收入	135	116	19	1.50	1.36	0.14
减：营业外支出	3	0	3	0.03	0.00	0.03
三、利润总额	620	585	35	6.89	6.84	0.05
减：所得税费用	170	165	5	1.89	1.93	−0.04
四、净利润	450	420	30	5.00	4.91	0.09

根据表6-5，可进行以下分析。

（1）金额变动分析。本年净利润增加了30万元，影响较大的有利因素是营业收入增加了450万元、财务费用减少了38万元、营业外收入增加了19万元；不利因素是营业成本增加了481万元，增幅大于营业收入的增幅。

（2）结构变动分析。营业净利率增加了0.09个百分点，影响较大的有利因素是财务费用比率降低了0.52个百分点、管理费用比率降低了0.25个百分点；不利因素是营业成本比率增加了1.00个百分点。

进一步分析应重点关注金额变动和结构变动较大的项目，如A公司的营业成本、财务费用和营业外收入。

3. 利润表各项目分析

确定分析的重点项目后，需要深入各项目内部进一步分析。此时，需要依靠报表附注提供的资料以及其他可以收集到的信息。

毛利率变动的原因可以分部门、分产品、分顾客群、分销售区域和分营销人员方面进行分析，具体应根据分析目的以及可取得的资料而定。

在公司年报中，销售费用和管理费用的公开披露信息十分有限，外部分析人员很难对其进行深入分析。财务费用、公允价值变动收益、资产减值损失、投资收益和营业外收支的明细资料，在报表附注中均有较详细披露，为进一步分析提供了可能。

（二）总资产净利率

1. 公式

总资产净利率是指净利润与总资产的比率，它表明每1元总资产创造的净利润。其计算公式如下：

总资产净利率＝（净利润÷总资产）×100%

总资产净利率是公司盈利能力的关键。虽然股东报酬由总资产净利率和财务杠杆共同决定，但提高财务杠杆会增加公司风险，往往并不增加公司价值。此外，财务杠杆的提高有诸多限制，公司经常处于财务杠杆不可能再提高的临界状态。因此，提高权益净利率的基本动力是总资产净利率。

根据表 6-1 和表 6-2 中 A 公司的财务报表数据：

本年总资产净利率＝（450÷6 000）×100%＝7.50%

上年总资产净利率＝（420÷5 420）×100%＝7.75%

变动＝7.50%－7.75%＝－0.25%

2. 驱动因素

总资产净利率的驱动因素是营业净利率和总资产周转次数。

$$总资产净利率＝净利润÷总资产$$
$$＝（净利润÷营业收入）×（营业收入÷总资产）$$
$$＝营业净利率×总资产周转次数$$

总资产周转次数是每 1 元总资产投资支持的营业收入，营业净利率是每 1 元营业收入创造的净利润，两者共同决定了总资产净利率，即每 1 元总资产创造的净利润。

（三）权益净利率

权益净利率，也称净资产净利率，是净利润与股东权益的比率，它反映每 1 元股东权益赚取的净利润，可以衡量企业的总体盈利能力。

$$权益净利率＝（净利润÷股东权益）×100%$$

权益净利率的分母是股东的投入，分子是股东的所得。权益净利率具有很强的综合性，概括了公司的全部经营业绩和财务业绩。

根据表 6-1 和表 6-2 中 A 公司的财务报表数据：

本年权益净利率＝（450÷2 880）×100%＝15.63%

上年权益净利率＝（420÷2 420）×100%＝17.36%

> 📖 素养提升
>
> 财务报表是企业对外展示自身财务状况的重要工具，也是企业诚信和道德水平的体现。通过案例分析，我们认识到诚信和道德在财务报表中的重要性。同时，要思考如何在财务报表中体现诚信和道德，增强诚信意识和道德观念。诚信守法是企业经营的基本原则，也是企业财务状况质量分析的基础。诚信守法经营意味着企业在财务管理和决策中，要遵循法律法规和道德规范，不做假账、不逃税漏税、不从事非法金融活动。这样，企业才能赢得社会的信任和尊重，为企业的长期发展奠定坚实的基础。

任务二　财务综合分析

一、杠杆分析

财务中的杠杆效应，是指由于固定费用的存在而导致的，当某一财务变量以较小幅度变动时，另一相关变量会以较大幅度变动的现象。财务中的杠杆效应，包括经营杠杆、财务杠杆和联合杠杆三种形式。

财务中的杠杆具有放大盈利波动性的作用，从而影响公司的风险与收益。

（一）经营杠杆

经营杠杆是指由于固定成本的存在而导致息税前利润变动大于产销业务量变动的杠杆效应。

1.息税前利润与盈亏平衡分析

息税前利润的计算公式为：

$$EBIT = Q \times (P - V) - F$$

其中：EBIT表示息税前利润；Q表示产品销售数量；P表示单位销售价格；V表示单位变动成本；F表示固定经营成本总额。

当企业的营业收入总额与成本总额相等时，即当息税前利润等于0时，达到盈亏平衡点，此时的产品销售数量为QBE。因此：

$$EBIT = QBE \times (P - V) - F = 0$$

$$QBE = F \div (P - V)$$

【例题6-3】某企业生产产品A，销售单价为50元，单位变动成本为25元，固定经营成本总额为100 000元，则达到盈亏平衡点时产品的销售数量是多少？

$$QBE = F \div (P - V) = 100\,000 \div (50 - 25) = 4\,000（件）$$

销售量超过盈亏平衡点时，企业处于盈利状态，此时距离盈亏平衡点越远，利润越大；销售量跌到盈亏平衡点以下时，企业处于亏损状态，此时距离盈亏平衡点越远，亏损越大。

2.经营风险分析

经营风险，是指企业未使用债务时经营的内在风险。影响企业经营风险的因素有很多，主要有以下几个方面。

（1）产品需求。市场对企业产品的需求稳定，则经营风险小；反之，经营风险大。

（2）产品售价。产品售价稳定，则经营风险小；反之，经营风险大。

（3）产品成本。产品成本是收入的抵减，成本不稳定，会导致利润不稳定。因此，产品成本变动大，则经营风险大；反之，经营风险小。

（4）调整价格的能力。当产品成本变动时，若企业具有较强的调整价格的能力，则经营风险小；反之，经营风险就大。

（5）固定经营成本的比重。在企业全部成本中，固定经营成本所占比重较大时，单位产品分摊的固定经营成本额较多，若产品数量发生变动则单位产品分摊的固定经营成本会随之变动，最后会导致利润更大的变动，经营风险就大；反之，经营风险就小。

3.经营杠杆系数的衡量方法

在影响经营风险的诸多因素中，固定经营成本的影响是一个基本因素。在一定的销售量范围内，固定经营成本总额是不变的，随着销售量的增加，单位固定经营成本就会降低，从而使单位产品的利润提高，息税前利润的增长率将大于销售量的增长率；相反，销售量的下降会提高产品单位固定经营成本，从而单位产品的利润减少，息税前利润的下降率将大于销售量的下降率。如果企业不存在固定经营成本，则息税前利润的变动率将与销售量的变动率保持一致。这种在某一固定经营成本比重的作用下，由于销售量一定程度的变动引起息税前利润产生更大程度变动的现象被称为经营杠杆效应。固定经营成本是引发经营杠杆效应的根源，但企业销售量水平与盈亏平衡点的相对位置决定了经营杠杆的大小，即经营杠杆的大小是由固定经营成本和息税前利润共同决定的。

经营杠杆放大了企业营业收入变化对息税前利润变动的影响程度，这种影响程度是经营风险的一种测度。经营杠杆的大小一般用经营杠杆系数表示，它是企业计算利息和所得税之前的盈余（简称息税前利润EBIT）变动率与营业收入（销售量）变动率之间的比率。经营杠杆系数的定义表达式为：

DOL＝息税前利润变化的百分比÷营业收入变化的百分比

$$= (\Delta \text{EBIT} \div \text{EBIT}) \div (\Delta S \div S)$$

其中：DOL表示经营杠杆系数；ΔEBIT表示息税前利润变动额；EBIT表示变动前息税前利润；ΔS表示营业收入（销售量）变动量；S表示变动前营业收入（销售量）。

假定企业的成本、销量、利润保持线性关系，变动成本在营业收入中所占的比例不变，固定经营成本也保持稳定，经营杠杆系数便可通过营业收入和成本来表示。经营杠杆系数越大，表明经营杠杆作用越大，经营风险也就越大；经营杠杆系数越小，表明经营杠杆作用越小，经营风险也就越小。利用上述定义表达式可以推导出如下经营杠杆系数的两个计算公式：

$$\text{DOL}_Q = [Q \times (P-V) - F] \div [Q \times (P-V)]$$

其中：DOL_Q表示销售量为Q时的经营杠杆系数；P表示单位销售价格；V表示单位变动成本；F表示总固定经营成本。

$$\text{DOL}_S = (S - \text{VC}) \div (S - \text{VC} - F) = (\text{EBIT} + F) \div \text{EBIT}$$

其中：DOL_S表示营业收入为S时的经营杠杆系数；S表示营业收入；VC表示变动成本总额。

在实际工作中，DOL_Q可用于计算单一产品的经营杠杆系数；DOL_S除了用于单一产品外，还可用于计算多种产品的经营杠杆系数。从上述公式可以看出，如果固定经营成本等于0，则经营杠杆系数为1，即不存在经营杠杆效应。当固定经营成本为不为0时，通常经营杠杆系数都是大于1的，即显现出经营杠杆效应。

【例题6-4】某企业生产A产品，固定经营成本为60万元，变动成本率为40%，当企业的营业收入分别为400万元、200万元、100万元时，经营杠杆系数分别是多少？

【解析】经营杠杆系数分别为：

$$DOL_{(1)} = (400 - 400 \times 40\%) \div (400 - 400 \times 40\% - 60) = 1.33$$

$$DOL_{(2)} = (200 - 200 \times 40\%) \div (200 - 200 \times 40\% - 60) = 2$$

$$DOL_{(3)} = (100 - 100 \times 40\%) \div (100 - 100 \times 40\% - 60) \to \infty$$

以上计算结果说明这样一些问题：

第一，在固定经营成本不变的情况下，经营杠杆系数说明了营业收入增长（减少）所引起息税前利润增长（减少）的幅度。比如，$DOL_{(1)}$说明在营业收入为400万元时，营业收入的增长（减少）会引起息税前利润1.33倍的增长（减少）；$DOL_{(2)}$说明在营业收入为200万元时，营业收入的增长（减少）会引起利润2倍的增长（减少）。

第二，在固定经营成本不变的情况下，营业收入越大，经营杠杆系数越小，经营风险也就越小；反之，营业收入越小，经营杠杆系数越大，经营风险也就越大。比如，当营业收入为400万元时，$DOL_{(1)}$为1.33；当营业收入为200万元时，$DOL_{(2)}$为2；而如果营业收入为100万元时，恰好处于盈亏平衡点，$DOL_{(3)}$为∞。显然，企业盈利状况越靠近盈亏平衡点，盈利的不稳定性越大，表明经营风险也越大。

企业管理层在控制经营风险时，不应仅考虑固定经营成本的绝对量，更应关注固定经营成本与盈利水平的相对关系。企业一般可以通过增加营业收入、降低单位变动成本、降低固定经营成本比重等措施使经营杠杆系数下降，降低经营风险，但这往往要受到条件的制约。

（二）财务杠杆

财务杠杆是指由于债务利息的存在而导致普通股每股利润变动大于息税前利润变动的杠杆效应。

1.财务风险

财务风险，是指由于企业运用了债务融资方式而产生的丧失偿付能力的风险，而这种风险最终是由普通股股东承担的。企业在经营中经常会发生借入资本进行负债经营，不论经营利润多少，债务利息是不变的。当企业在资本结构中增加了债务这类具有固定融资成本的资本比例时，固定的现金流出量就会增加，特别是在利息费用的增加速度超过息税前利润增加速度的情况下，企业因负担较多的债务资本成本将引发对净利润减少的冲击作用，发生丧失偿债能力的概率也会增加，导致财务风险增加；反之，当债务资本比率较低时，财务风险就小。

2.财务杠杆系数的衡量方法

在影响财务风险的因素中，债务利息或优先股股息这类固定融资成本是基本因素。在一定的息税前利润范围内，债务融资的利息成本是不变的，随着息税前利润的增加，单位利润所负担的固定利息费用就会相对减少，从而单位利润可供股东分配的部分会相应增加，普通股股东每股收益的增长率将大于息税前利润的增长率。反之，当息税前利润减少时，单位利润所负担的固定利息费用就会相对增加，从而单位利润可供股东分配的部分相应减少，普通股股东每股收益的下降率将大于息税前利润的下降率。如果不存在固定融资费用，则普通股股东每股收益的变动率将与息税前利润的变动率保持一致。这种在某一固定的债务与权益融资结构下由于息税前利润的变动引起每股收益产生更大变动程度的现象被称为财务杠杆效应。固定融资成本是引发财务杠杆效应的根源，但息税前利润与固定融资成本之间的相对水平决定了财务杠杆的大小，即财务杠杆的大小是由固定融资成本和息税前利润共同决定的。

企业的负债比率是可以控制的，企业可以通过合理安排资本结构，适度负债，使财务杠杆利益抵消风险增大所带来的不利影响。

财务杠杆放大了企业息税前利润变化对每股收益变动的影响程度，这种影响程度是财务风险的一种测度。财务杠杆的大小一般用财务杠杆系数表示，它是企业计算每股收益的变动率与息税前利润的变动率之间的比率。财务杠杆系数越大，表明财务杠杆作用越大，财务风险也就越大；财务杠杆系数越小，表明财务杠杆作用越小，财务风险也就越小。财务杠杆系数的定义表达式为：

$DFL = $ 每股收益变化的百分比 $\div$ 息税前利润变化的百分比

$\quad = （\Delta EPS \div EPS）\div（\Delta EBIT \div EBIT）$

其中：DFL 表示财务杠杆系数；ΔEPS 表示普通股每股收益变动额；EPS 表示变动前的普通股每股收益；$\Delta EBIT$ 表示息税前利润变动额；$EBIT$ 表示变动前的息税前利润。

依据上述定义表达式，可以推导出如下财务杠杆系数的计算公式：

$DFL = EBIT \div [EBIT - I - PD \div（1 - T）]$

其中：I 表示债务利息；PD 表示优先股股利；T 表示所得税税率。

从上述公式可以看出，如果固定融资成本（债务利息和优先股股利）等于 0，则财务杠杆系数为 1，即不存在财务杠杆效应。当债务利息和优先股股利不为 0 时，通常财务杠杆系数都是大于 1 的，即显现出财务杠杆效应。此外，该公式除了用于单一产品外，还可用于计算多种产品的财务杠杆系数。

在实际工作中，还可用下述公式计算单一产品的财务杠杆系数：

$DFL = [Q \times（P - V）- F] \div [Q \times（P - V）- F - I - PD \div（1 - T）]$

企业管理层在控制财务风险时，不应仅考虑负债融资的绝对量，更应关注负债利息成本与盈利水平的相对关系。

（三）联合杠杆

从以上介绍可知，经营杠杆系数衡量营业收入变化对息税前利润的影响程度，而财务杠杆系数衡量息税前利润变化对每股收益的影响程度。联系起来衡量考察营业收入的变化对每股收益的影响程度，即把这两种杠杆的作用叠加，称为联合杠杆（又称总杠杆）作用。

联合杠杆是指由于固定经营成本和固定融资成本的存在而导致的每股收益变动率大于营业收入变动率的杠杆效应。联合杠杆直接考察了营业收入的变化对每股收益的影响程度，联合杠杆作用的大小可以用联合杠杆系数（DTL）表示，其定义表达式为：

DTL＝每股收益变化的百分比÷营业收入变化的百分比

$$= (\Delta EPS \div EPS) \div (\Delta S \div S)$$

依据经营杠杆系数与财务杠杆系数的定义表达式，联合杠杆系数可以进一步表示为经营杠杆系数和财务杠杆系数的乘积，反映了企业经营风险与财务风险的组合效果。

$$DTL = DOL \times DFL$$

联合杠杆系数也有两个具体计算公式：

$$DTL = [Q \times (P - V)] \div [Q \times (P - V) - F - I - PD \div (1 - T)]$$

$$DTL = (EBIT + F) \div [EBIT - I - PD \div (1 - T)]$$

例如，甲公司的经营杠杆系数为2，财务杠杆系数为1.5，联合杠杆系数为：$2 \times 1.5 = 3$。

联合杠杆的作用是经营杠杆和财务杠杆的连锁作用。营业收入的任何变动都会放大每股收益。联合杠杆系数对企业管理层具有一定的意义：一方面，使企业管理层在一定的成本结构与资本结构下，当营业收入变化时，能够对每股收益的影响程度作出判断，即能够估计出营业收入变动对每股收益造成的影响。例如，一家企业的联合杠杆系数是3，则说明当营业收入每增长（减少）1倍，就会造成每股收益增长（减少）3倍。另一方面，通过经营杠杆与财务杠杆之间的相互关系，有利于管理层对经营风险与财务风险进行管理，即为了控制某一联合杠杆系数，经营杠杆和财务杠杆可以有很多不同的组合。比如，经营杠杆系数较高的企业可以在较低的程度上使用财务杠杆；经营杠杆系数较低的企业可以在较高的程度上使用财务杠杆等。这有待企业在考虑各相关具体因素之后作出选择。

二、杜邦分析体系

杜邦分析体系，又称杜邦财务分析体系，简称杜邦体系，是利用各主要财务比率之间的内在联系，对企业财务状况和经营成果进行综合评价的系统方法。该体系以权益净利率为核心，以总资产净利率和权益乘数为分解因素，重点揭示企业获利能力及杠杆水平对权益净利率的影响，以及各相关指标间的相互关系。杜邦体系最初因美国杜邦公司成功应用而得名。

（一）杜邦分析体系的核心比率

权益净利率是杜邦分析体系的核心比率，具有很好的可比性，可用于不同企业之间的比较。资本具有逐利性，总是流向投资报酬率高的行业和企业，因此各企业的权益净利率会比较接近。如果一个企业的权益净利率经常高于其他企业，就会引来竞争者，迫使该企业的权益净利率回到平均水平。如果一个企业的权益净利率经常低于其他企业，就难以增获资本，会被市场驱逐，从而使幸存企业的权益净利率平均水平回归正常。

权益净利率不仅有很强的可比性，而且有很强的综合性。企业为了提高权益净利率，可从如下三个分解指标入手：

权益净利率＝（净利润÷营业收入）×（营业收入÷总资产）×（总资产÷股东权益）

＝营业净利率×总资产周转次数×权益乘数

无论提高其中的哪个比率，权益净利率都会提高。其中，"营业净利率"是利润表的一种概括表示，"净利润"与"营业收入"两者相除可以概括企业经营成果；"权益乘数"是资产负债表的一种概括表示，表明资产、负债和股东权益的比例关系，可以反映企业最基本的财务状况；"总资产周转次数"把利润表和资产负债表联系起来，使权益净利率可以综合分析评价整个企业经营成果和财务状况。

（二）杜邦分析体系的基本框架

杜邦分析体系的基本框架如图 6-1 所示。

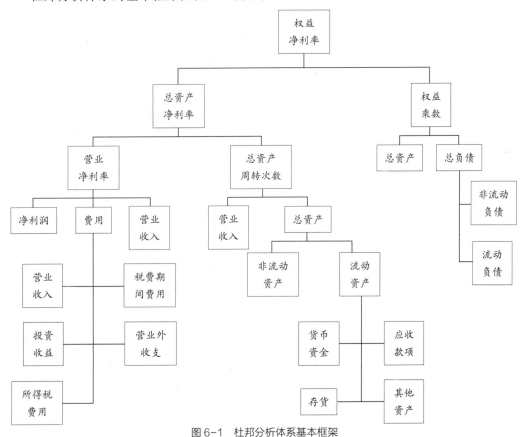

图 6-1　杜邦分析体系基本框架

由图 6-1 可见，该体系是一个多层次的财务比率分解体系。各项财务比率，可在每个层次上与本企业历史或同业财务比率比较，然后向下一级继续分解，逐级向下分解，逐步覆盖企业经营活动的每个环节，以实现系统、全面评价企业经营成果和财务状况的目的。

第一层次的分解，是把权益净利率分解为营业净利率、总资产周转次数和权益乘数。这三个比率在各企业之间可能存在显著差异。通过对差异的比较，可以观察本企业与其他企业的经营战略和财务政策有什么不同。

分解出来的营业净利率和总资产周转次数，可以反映企业的经营战略。一些企业营业净利率较高，而总资产周转次数较低；另一些企业与之相反，总资产周转次数较高而营业净利率较低。两者经常呈反方向变化。这种现象并不偶然。为了提高营业净利率，就要增加产品附加值，往往需要增加投资，这会引起周转次数的下降。与此相反，为了加快周转，就要降低价格，引起营业净利率下降。通常，营业净利率较高的制造业，其周转次数都较低；周转次数很高的零售业，营业净利率很低。采取"高盈利、低周转"还是"低盈利、高周转"的方针，需要企业根据外部环境和自身资源作出战略选择。正因为如此，仅从营业净利率的高低并不能看出业绩好坏，应把它与总资产周转次数联系起来考察企业的经营战略。真正重要的是两者共同作用得到的总资产净利率。总资产净利率可以反映管理者运用企业资产赚取盈利的业绩，是最重要的盈利能力。

分解出来的财务杠杆（以权益乘数表示）可以反映企业的财务政策。在总资产净利率不变的情况下，提高财务杠杆可以提高权益净利率，但同时也会增加财务风险。如何配置财务杠杆是企业最重要的财务政策。一般而言，总资产净利率较高的公司，财务杠杆较低，反之亦然。这种现象不是偶然的。可以设想，为了提高权益净利率，公司倾向于尽可能提高财务杠杆。但是，债权人不一定会同意这种做法。债权人不分享超过利息的收益，更倾向于为预期未来经营活动现金流量净额比较稳定的企业提供贷款。为了稳定现金流量，企业的一种选择是降低价格以减少竞争；另一种选择是增加营运资本以防止现金流中断，这都会导致总资产净利率下降。也就是说，为了提高流动性，只能降低盈利性。因此，经营风险低的企业可以得到较多的贷款，其财务杠杆较高；经营风险高的企业，只能得到较少的贷款，其财务杠杆较低。总资产净利率与财务杠杆呈负相关，共同决定了企业的权益净利率。因此，企业必须使其经营战略和财务政策相匹配。

（三）权益净利率的驱动因素分解

该分析体系要求，在每一个层次上对财务比率进行分解和比较。通过与上年比较可以识别变动的趋势，通过与同业比较可以识别存在的差距。分解的目的是识别引起变动（或产生差距）的原因，并衡量其重要性，为后续分析指明方向。

（四）杜邦分析体系的局限性

杜邦分析体系虽然被广泛使用，但也存在某些局限性。

1.计算总资产净利率的"总资产"与"净利润"不匹配

总资产为全部资产提供者享有，而净利润则专属于股东，两者不匹配。总资产净利率的"投入与产出"不匹配，因此该指标不能反映实际的报酬率。为了改善该比率，要重新调整分子和分母。

企业资金的提供者包括无息负债的债权人、有息负债的债权人和股东，无息负债的债权人不要求分享收益，要求分享收益的是股东和有息负债的债权人。因此，需要计量股东和有息负债债权人投入的资本，并且计量这些资本产生的收益，两者相除才是合乎逻辑的报酬率，才能准确反映企业的基本盈利能力。

2.没有区分金融活动损益与经营活动损益

传统的杜邦分析体系不区分经营活动和金融活动。对于大多数企业来说，金融活动是净筹资，它们在金融市场上主要是筹资，而不是投资。筹资活动不产生净利润，而是支出净费用。这种筹资费用是否属于经营活动费用，在会计准则制定过程中始终存在很大争议，各国的会计准则对此的处理不尽相同。

3.没有区分金融资产与经营资产

从财务管理角度看，企业的金融资产是尚未投入实际经营活动的资产，应将其与经营资产相区别。由此，金融资产和金融损益匹配，经营资产和经营损益匹配，可以据此正确计量经营活动和金融活动的基本盈利能力。

4.没有区分金融负债与经营负债

既然要把金融活动分离出来单独考察，就需要单独计量筹资活动成本。负债的成本（利息支出）仅仅是金融负债的成本，经营负债是无息负债。因此，必须区分金融负债与经营负债，利息与金融负债相除，才是真正的平均利息率。此外，区分金融负债与经营负债后，金融负债与股东权益相除，可以得到更符合实际的财务杠杆。经营负债没有固定成本，本来就没有杠杆作用，将其计入财务杠杆，会歪曲杠杆的实际效应。

如何客观评价上市
公司的财务状况

📖 素养提升

　　企业作为社会的重要组成部分，承担着不可推卸的社会责任。企业在追求经济效益的同时，也要关注社会效益，积极参与社会公益事业，为社会做出积极的贡献，提高企业的品牌形象和市场竞争力。企业的社会责任是现代企业管理的重要内容之一。在财务报表分析中，可以通过分析企业的社会责任履行情况，思考企业的社会责任与企业发展的关系。认识到企业在追求经济效益的同时，也需要积极履行社会责任，实现经济、社会、环境的协调发展。

💡 项目检测

一、单项选择题

1.（   ）是财务报表分析的中心内容。

    A.财务比率分析   B.财务报表项目分析

    C.横向分析   D.纵向分析

2.企业资产运用、循环效率的高低指的是企业的（   ）。

    A.偿债能力   B.盈利能力   C.营运能力   D.发展能力

3.（   ）是通过实际数与基数的对比来揭示实际数与基数之间的差异，借以了解经济活动的成绩和问题的一种分析方法。

    A.比率分析法   B.比较分析法   C.因素分析法   D.差额分析法

4.股东权益比率与资产负债率之和（   ）。

    A. > 0 B. $= 0$ C. > 1 D. $= 1$

5.影响企业经营风险的因素不包括（   ）。

    A.产品需求   B.市场平均价格

    C.产品成本   D.调整价格的能力

6.财务杠杆系数越大，表明财务杠杆作用（   ），财务风险也就（   ）。

    A.越大，越大   B.越大，越小   C.越小，越小   D.越小，越大

7.下列关于联合杠杆系数（DTL）的表达式不正确的是（   ）。

    A. $DTL = (\Delta EPS \div EPS) \div (\Delta S \div S)$

    B. $DTL = DOL + DFL$

    C. $DTL = [Q \times (P - V)] \div [Q \times (P - V) - F - I - PD \div (1 - T)]$

    D. $DTL = (EBIT + F) \div [EBIT - I - PD \div (1 - T)]$

8.财务中的杠杆效应，是由于（   ）的存在而导致的。

    A.变动成本   B.期间费用   C.所得税费用   D.固定费用

9.财务杠杆是指由于（   ）的存在而导致普通股每股利润变动大于息税前利润变动的杠杆效应。

    A.债务利息   B.固定经营成本   C.息税前利润   D.税费

10.（   ）是杜邦分析体系的核心比率。

    A.营业净利率   B.毛利率   C.权益净利率   D.总资产净利率

二、多项选择题

1.企业的财务报表是反映企业特定日期的财务状况和一定时期的经营成果以及现金流量情况的书面文件，主要包括（   ）。

    A.资产负债表   B.利润表   C.现金流量表   D.附表

2.对财务报表的初步分析可分为（　　　　）。

　　A.综合分析　　　　　　B.横向分析　　　　　　C.斜向分析　　　　　　D.纵向分析

3.常用的财务报表分析方法有（　　　　）。

　　A.比较分析法　　　　　B.因素分析法　　　　　C.差额分析法　　　　　D.比率分析法

4.分析短期偿债能力的常用指标有（　　　　）。

　　A.资产负债率　　　　　　　　　　　　B.流动比率

　　C.速动比率　　　　　　　　　　　　　D.现金比率

5.营运能力比率是衡量公司资产管理效率的财务比率，这方面常用的财务比率有（　　　　）。

　　A.应收账款周转率　　　　　　　　　　B.现金流量比率

　　C.存货周转率　　　　　　　　　　　　D.流动比率

三、判断题

1.财务报表分析的起点是阅读财务报表，终点是作出某种判断。（　　　　）

2.经营风险，是指企业使用债务时经营的内在风险。（　　　　）

3.资产负债率反映企业资产中有多少是所有者投入的。（　　　　）

4.存货周转天数越少越好。（　　　　）

5.负债股权比率越大，说明企业长期财务状况越好，债权人贷款的安全越有保障，企业财务风险越小。（　　　　）

6.现金流量比率是企业经营活动现金净流量与年末流动负债的比率，二者的会计期间不同。（　　　　）

7.股东权益比率越大，资产负债率就越大，企业的财务风险就越小，偿还长期债务的能力就越强。（　　　　）

8.如果固定融资成本（债务利息和优先股股利）等于0，则财务杠杆系数为1，不存在财务杠杆效应。（　　　　）

9.股东报酬由总资产净利率和财务杠杆共同决定，因而提高财务杠杆一定能够增加公司价值。（　　　　）

10.杜邦分析体系，是利用各主要财务比率之间的内在联系，对企业财务状况和经营成果进行综合评价的系统方法。（　　　　）

四、简答题

1.财务报表分析的基本方法有哪些，如何使用连环替代法进行财务分析？

2.一般采用哪些指标对企业进行偿债能力、营运能力及盈利能力的分析？

3.简述经营杠杆和财务杠杆的作用及意义。

项目六项目检
测参考答案

参考文献

[1] 陈强，李莉，陈腾. 会计学基础：非财务会计类专业使用[M]. 北京：清华大学出版社，2021.

[2] 陈强. 企业财务分析 [M]. 3版. 北京：高等教育出版社，2021.

[3] 方红星，池国华. 内部控制[M]. 5版. 大连：东北财经大学出版社，2022.

[4] 高翠莲. 企业内部控制[M]. 2版. 北京：高等教育出版社，2023.

[5] 梁文涛. 企业纳税实务[M]. 北京：高等教育出版社，2023.

[6] 刘爱荣. 成本会计[M]. 8版. 大连：大连理工大学出版社，2021.

[7] 庞凤喜，薛钢，田彬彬. 税收原理与中国税制[M]. 北京：中国财政经济出版社，2023.

[8] 任延东，景冬梅. 基础会计[M]. 9版. 大连：大连理工出版社，2019.

[9] 谭光荣，曹越. 税收学[M]. 北京：清华大学出版社，2021.

[10] 徐珏. 企业财务报表分析[M]. 4版. 大连：东北财经大学出版社，2023.

[11] 张桂春. 成本核算与管理[M]. 3版. 北京：高等教育出版社，2023.

[12] 中国注册会计师协会.财务成本管理[M]. 北京：中国财政经济出版社，2023.

[13] 中国注册会计师协会.经济法[M]. 北京：中国财政经济出版社，2023.

[14] 中国注册会计师协会.税法[M]. 北京：中国财政经济出版社，2023.

[15] 周丹萍，孙爱平，刘帅. 经济法基础教程 [M]. 5版. 北京：高等教育出版社，2022.

[16] 朱小平，秦玉熙，袁蓉丽. 基础会计[M]. 北京：中国人民大学出版社，2021.